Hans Christoph Binswanger

Vorwärts zur Mäßigung

Hans Christoph Binswanger

Vorwärts zur Mäßigung

Perspektiven einer nachhaltigen Wirtschaft

MURMANN

Dieses Buch wurde klimaneutral produziert

Print CO_2 geprüft

Die Deutsche Bibliothek – CIP-Einheitsaufnahme
Ein Titelsatz für diese Publikation ist bei
der Deutschen Bibliothek erhältlich
ISBN 978-3-86774-072-2

2. Auflage, Februar 2010

Lektorat: Matthias Meyer-Schwarzenberger, St. Gallen
Umschlaggestaltung: Rothfos & Gabler, Hamburg
Herstellung und Gestaltung: Eberhard Delius, Berlin
Satz: Offizin Götz Gorissen, Berlin
Gesetzt aus der Minion und der Meta
Druck und Bindung: Freiburger Graphische Betriebe, Freiburg
Printed in Germany

Besuchen Sie uns im Internet: www.murmann-verlag.de
Ihre Meinung zu diesem Buch interessiert uns!
Zuschriften bitte an **info@murmann-verlag.de**
Den Newsletter des Murmann Verlages können Sie anfordern unter
newsletter@murmann-verlag.de

Inhalt

Vorwort

Vorwärts zur Mäßigung! Warum?

Die bisherige Wirtschaftsweise mit dem Ziel, das Wachstum des Sozialprodukts immer schneller voranzutreiben, ist – nach großen Erfolgen, auf denen wir weiter aufbauen sollten – ins Schleudern geraten. Diese Wirtschaftsweise gefährdet sich selbst, wenn sie in spekulative Übertreibungen ausartet, die in Finanz- und Wirtschaftskrisen münden. Sie stößt zudem immer heftiger an die Schranken, die sich dem Wachstum wegen der Endlichkeit der natürlichen Ressourcen entgegenstellen.

Es gilt daher, den Schritt zu verlangsamen, umsichtiger vorzugehen, Mäßigung zu üben. Aber dies genügt nicht. Wenn das Ziel das gleiche bleibt, ist das Gebot der Mäßigung nur ein Ärgernis, ein Hindernis auf dem Weg, den man bisher verfolgt hat und weiter verfolgt. Gegen dieses Hindernis wird man stets mit neuem Elan anrennen, wenn man durch Verlangsamung der Schritte Atem geholt hat, in der Hoffnung, es doch überwinden und in derselben Richtung immer weiterrennen zu können.

Wenn man aber einsieht, dass das Ziel eines unendlichen wirtschaftlichen Wachstums eine Illusion ist, weil die Welt endlich ist und daher die Gefährdungen zunehmen, je mehr man sich dieser Illusion ausliefert, dann muss die Mäßigung selbst zum Ziel werden. Vorwärts zur Mäßigung heißt dann mehr, als nur langsamer voranzuschreiten. Es heißt, Perspektiven zu gewinnen für eine nachhaltige Wirtschaftsweise, in der das rechte Maß gefunden und eine Balance hergestellt wird zwischen weiterem Wachstum des Sozialprodukts, der Vermeidung von Wirtschaftskrisen und der dauernden Erhaltung der natürlichen Grundlagen des Wirtschaftens. Es gilt, die Gefährdungen, die sich aus der alleinigen Konzentration auf das Wachstumsziel ergeben, zu vermeiden und den Menschen sowohl der gegenwärtigen wie der zukünftigen Generationen die Chance zu geben, ihre Lebensziele auf sicherer Grundlage verfolgen zu können.

*

Das vorliegende Buch enthält Texte, die über mehrere Jahre hinweg entstanden sind. In ihnen werden die Gefährdungen der modernen Wirtschaft analysiert und Reformen vorgeschlagen, die geeignet sind, diese Gefährdungen zu reduzieren.

Schon in seiner Antrittsvorlesung aus dem Jahr 1969 – sie ist am Schluss dieses Buches im Wortlaut wiedergegeben – stellte sich der Autor die Frage, wie ein ständiges Wachstum des Sozialprodukts möglich sei, obwohl das physikalische Gesetz der Erhaltung von Energie und Masse feststellt, dass in der materiellen Welt nie etwas mehr werden kann, ohne dass gleichzeitig etwas anderes weniger wird. Da das physikalische Gesetz nicht in Frage zu stellen ist, liegt folgende Erklärung nahe: Offensichtlich wird etwas mehr, das man mit Geld bezahlt, also zählt und unter dem Titel des Sozialprodukts zusammenzählt, während etwas anderes weniger wird, das man nicht bezahlt und daher auch nicht zählt – und weil man es nicht zählt, auch nicht vom Sozialprodukt abzieht, nämlich der Umwelt- und Ressourcenverbrauch.

Wenn man dies einsieht, wird es zu einer verpflichtenden Aufgabe der ökonomischen Wissenschaft, das Feld ihrer Forschung so zu erweitern, dass eine Optimierung zwischen dem Mehr und dem Weniger möglich ist, und zwar unter Berücksichtigung auch derjenigen Größen, die nicht im Sozialprodukt enthalten sind, aber die Grundlagen darstellen für eine langfristige Stabilität der Wirtschaft. Dieser Aufgabe hat sich der Autor sowohl durch den Versuch einer systematischen Weiterentwicklung der ökonomischen Theorie wie durch Einbezug zusätzlicher Erkenntnisgrundlagen, die in Berichten, Mythen und philosophischen Betrachtungen enthalten sind, gewidmet.

Die vom Autor angestrebte Weiterentwicklung der ökonomischen Theorie ist ausführlich in seinem Buch *Die Wachstumsspirale* (2006) dargestellt. Eine Kurzfassung des zentralen Arguments findet sich im einleitenden Kapitel des vorliegenden Buches über Wachstumszwang und Wachstumsdrang.

Im darauf folgenden ersten Hauptteil des Buches ist eine Reihe von Aufsätzen zusammengefasst, in denen ökonomische Erkenntnisse aus primär nichtökonomischen Texten gewonnen werden.

Während diese nichtökonomischen Texte die für die Entwicklung der Wirtschaft maßgebende sukzessive Aufwertung der Geldwerte und Abwertung der Naturwerte thematisieren, hat sich die konventionelle Wirtschaftswissenschaft paradoxerweise aus der Auseinandersetzung mit dieser Frage immer stärker zurückgezogen, indem sie den Wirtschaftsprozess ohne Bezug auf Geld und Natur erklärt. Um das Wesen der wirtschaftlichen Entwicklung zu verstehen, ist die (Wieder-)Eingliederung von Geld und Natur in die ökonomische Theorie nötig. Dies ist Gegenstand der Aufsätze, die im zweiten Hauptteil des Buches enthalten sind. Im Vordergrund steht dabei die Wiederaufnahme der Natur in die ökonomische Theorie. Sie wird ergänzt durch eine Auseinandersetzung mit der bisherigen Umweltökonomie.

Man darf aber nicht bei theoretischen Erörterungen stehen bleiben. Wo Krisen drohen, müssen Reformen erfolgen, die sich aus diesen Erörterungen ergeben. Vorschläge dazu hat der Autor schon früher in Zusammenarbeit mit anderen Autoren in den beiden Büchern *Wege aus der Wohlstandsfalle* (1979) und *Arbeit ohne Umweltzerstörung* (1983) unterbreitet. Im dritten Teil des vorliegenden Bandes sind *zusätzliche* Vorschläge enthalten, die am Wachstumszwang und Wachstumsdrang ansetzen und der Aufforderung »Vorwärts zur Mäßigung« konkrete Ziele geben.

*

Das Einleitungskapitel sowie die Kapitel III.1, III.2 und III.6 sind neu verfasst. Die übrigen Kapitel sind früher erschienen, aber für dieses Buch zum Teil grundlegend überarbeitet worden. Eine Liste der ursprünglichen Erscheinungsorte findet sich am Ende des Buches.

*

Bei der Ausarbeitung des Buches war das Lektorat von Matthias Meyer-Schwarzenberger eine bedeutende Hilfe. Er hat wesentlich dazu beigetragen, das Buch stilistisch zu verbessern, es verständlicher zu machen und den Zusammenhang zwischen den Kapiteln zu verdeutlichen. Dafür bin ich ihm zu großem Dank verpflichtet. In diesen Dank schließe ich auch Dr. Christian Berger ein, der sich um die Zeichnung der Grafiken verdient gemacht hat.

Einen großen und herzlichen Dank spreche ich Frau Vreny Knöpfler Mousa aus für die Unermüdlichkeit bei der Erstellung des Manuskripts, die wegen der vielen Überarbeitungen sehr viel Geduld und Hingabe erforderte. Bei dieser Gelegenheit möchte ich ihr außerdem für die hervorragende Arbeit, die sie seit vielen Jahren zu meiner Unterstützung geleistet hat, meine Anerkennung aussprechen.

Danken möchte ich auch allen jenen, die mich in Gesprächen über verschiedene Teilaspekte des Buches inspiriert haben, vor allem meinem Kollegen Johannes Rüegg-Stürm und Dr. Johannes Stellmann für wichtige Hinweise, die die Genossenschafts- und Stiftungsidee betreffen.

Zu danken habe ich ebenfalls dem Institut für Wirtschaft und Ökologie der Universität St. Gallen, in dem ich auch nach meiner Emeritierung weiter arbeiten darf. Dies war eine wichtige Voraussetzung für das Entstehen des Buches.

Wachstumszwang und Wachstumsdrang in der modernen Wirtschaft

Die moderne Wirtschaft ist auf Wachstum angelegt. Sie unterliegt einem Wachstumszwang und einem Wachstumsdrang. Wachstumszwang heißt, dass die Alternative zum Wachstum Schrumpfung ist. Wachstumsdrang heißt, dass in der modernen Wirtschaft Kräfte wirksam sind, die das Wachstum über das zur Vermeidung der Schrumpfung notwendige Ausmaß hinaustreiben.

Das Wachstum ist in den letzten 20 Jahren in gefährlicher Weise ausgeufert. Es droht immer häufiger in spekulative Blasen auszuarten. Das Platzen solcher Blasen führt über Finanzkrisen zu Wirtschaftskrisen. Wenn die Unterstützungsmaßnahmen der Zentralbanken und der Regierungen helfen, die Krise zu überwinden, führt dies zwar zu einer neuen Belebung des Wachstums, aber auch bald wieder zu neuen Krisenerscheinungen, zur Bildung neuer Blasen oder zur Inflation.

Zusätzlich müssen wir in der Folge des fortdauernden Wachstums mit der Zunahme ökologischer Krisen rechnen. Seit den 70er Jahren des letzten Jahrhunderts, als sich die ersten Anzeichen solcher Krisen bemerkbar machten, sind überall große Anstrengungen zur Ressourceneinsparung und zum Umweltschutz unternommen worden. Aber trotz vieler Erfolge hat der Verbrauch von Rohstoffen, Energie, Wasser und Boden sowie die Menge der Abfälle, der Emission von Treibhausgasen und anderer Emissionen in einer Weise zugenommen, dass die ökologischen Krisen immer deutlicher spürbar werden.[1]

Im Zuge von Finanz- und Wirtschaftskrisen flacht sich zwar der Ressourcen- und Umweltverbrauch ab, aber die ökonomischen Krisen sind nicht die »Lösung« für ökologische Krisen.

Vielmehr gilt es, die Wirtschaftsstruktur und den Wirtschaftsprozess so zu ändern, dass die wirtschaftliche Entwicklung sowohl weniger krisenanfällig und damit ökonomisch stabiler wird als auch gleichzeitig dem ökologischen Anspruch auf Vermeidung von Raubbau an der Natur genügt. Eine solche nachhaltige Wirtschaftsweise ist nicht möglich ohne Mäßigung. Dabei geht es nicht um einen Verzicht auf Wachstum, sondern um eine Minderung des exponentiellen Wachstumszwangs und Wachstumsdrangs. Das Ziel muss sein, den Reichtum zu halten, indem man auf seine exzessive Steigerung verzichtet. Um dieses Ziel zu erreichen, muss die globale Wachstumsrate so weit gesenkt werden, dass das Wachstum

- nicht immer wieder in spekulative Blasen ausartet, die, wenn sie platzen, die gesamte Wirtschaft in Mitleidenschaft ziehen, und außerdem
- nur so hoch ist, dass die durch spezifische Maßnahmen erreichte bzw. erreichbare Minderung des Ressourcen- und Umweltverbrauchs pro Produkteinheit nicht ständig durch eine Erhöhung der Produktmenge überholt wird.

Da der Ressourcen- und Umweltverbrauch durch die Zunahme der Weltbevölkerung mitverursacht wird, müssen ergänzende Maßnahmen zur Bremsung des Bevölkerungswachstums durch eine entsprechende Bevölkerungspolitik hinzutreten.

*

Um sich vorstellen zu können, welche Reformen nötig sind, um eine Minderung des Wachstumszwangs und Wachstumsdrangs zu erreichen, muss die Funktionsweise der modernen Wirtschaft eingehender untersucht werden, als dies in der konventionellen Ökonomie üblich ist. Insbesondere muss das Geld und die sich ins Unendliche fortsetzende Geldschöpfung mit ihrer Auswirkung auf den Naturverbrauch in die Erklärung einbezogen werden.

Ausgangspunkt ist die einfache Feststellung: Aufs Geld kommt es an! Im Geld – sowohl in seiner Entstehung wie in seinen Wirkungen – liegt in gewissem Sinn eine Magie verborgen, die ein stetes Wachstum ermöglicht und gleichzeitig dazu antreibt; eine Magie, die durchaus rational beschrieben werden kann, aber doch als Magie bestehen bleibt. Ohne Einbezug dieser Magie ist die moderne Wirtschaft nicht erklärbar und nicht im Sinne der Nachhaltigkeit reformierbar.

Zuerst muss man wissen, was Geld ist; was *heute* Geld ist. Geld ist alles, womit man zahlen kann, nämlich einerseits mit Banknoten, also mit Papiergeld, sowie andererseits mit Sichtguthaben bei den Banken, d.h. mit Guthaben, die auf den Girokonten bei den Banken verbucht werden. Das Bank- oder Buchgeld kann in Banknoten eingelöst werden, aber die Banknoten nicht mehr wie früher in Goldmünzen. Die letzten Reste einer solchen Einlösungspflicht sind anfangs der 1970er Jahre abgeschafft worden. Seither ist die Zentralbank in der Lage, ohne Rücksicht auf irgendwelche Goldreserven den Banken Einlagen auf Zentralbankkonten zur Verfügung zu stellen, die in Banknoten umgewandelt werden können. Auf diese Weise kann die Menge des Geldes – des Zentralbankgeldes und des Bank- bzw. Buchgeldes – stets erhöht werden, ohne an Grenzen zu stoßen, die früher durch die begrenzten Goldvorräte gegeben waren. Man spricht daher von Geldschöpfung in Analogie zur Weltschöpfung, von der es heißt, dass sie aus dem Nichts entstanden ist.

Der »Zaubertrick« der Geldschöpfung ist, dass sie sowohl das reale Wachstum des Sozialprodukts und damit der Einkommen der Haushalte verursacht als auch, wenn sich das Wachstum fortsetzt, gleichzeitig eine ständige Steigerung der Gewinne – der Geldgewinne – ermöglicht, die das Wachstum attraktiv machen. Die Geldschöpfung lohnt sich also sowohl im Bereich der realen als auch im Bereich der monetären Werte.

Dadurch erhält das wirtschaftliche Wachstum gewissermaßen eine magische Anziehungskraft. Wie kommt es zu dieser Belohnung, zu dieser Anziehungskraft? Dies ist die entscheidende Frage, der die konventionelle Ökonomik ausweicht, der man sich aber stellen muss, wenn man den Wachstumsprozess, der sich in einer Spiralform entwickelt, in seiner Funktionsweise begreifen will. Ich gehe in drei Schritten vor, um diese Entwicklung zu erklären. In drei weiteren Schritten werden die Konsequenzen aufgezeigt.

1. Das Prinzip der Geldschöpfung: Schulden verwandeln sich in Geld

Ausgangspunkt unserer Überlegungen ist die Feststellung, dass die Banken nicht einfach nur Geld, das von irgendjemand gespart wird, an diejenigen vermitteln, die Geld benötigen, d.h. von dem einen Geld leihen, das sie anderen weiterverleihen. Sie sind nicht nur Zwischenhändler. Vielmehr schöpfen sie, wie bereits gesagt, zusammen mit der Zentralbank, Geld. Sie sind Produzenten von Geld. Sie schaffen ständig neues Geld. Wie geschieht dies? Die Geldschöpfung erfolgt durch Kreditschöpfung, d.h. dadurch, dass die Banken den Kreditnehmern – es handelt sich neben dem Staat und den privaten Haushalten vor allem um Unternehmungen – den Kreditbetrag auf einem Giro- oder Kontokorrentkonto bei sich gutschreiben. Dieser Kreditbetrag ist eine Einlage bei der Bank, die man als Sichteinlage bezeichnet, weil man ohne Voranmeldung – auf Sicht – über sie verfügen, d.h. damit zahlen oder sie in Banknoten einlösen kann.

Der Kredit der Bank an den Kreditnehmer ist eine Schuld des Kreditnehmers an die Bank. Aber das Guthaben des Kreditnehmers bei der Bank, die Sichteinlage, ist ebenfalls eine Schuld, nämlich eine Schuld der Bank an den Kreditnehmer. Sie wird auf der Passivseite der Bankbilanz gebucht. Warum? Weil die Bank verpflichtet ist, dieses Guthaben in Banknoten, d.h. in Geld der Zentralbank, einzulösen. *Diese Schuld ist aber – wir haben es schon gesagt – gleichzeitig Geld, nämlich Bank- oder*

Buchgeld. Weil man mit dem Bank- oder Buchgeld genauso gut oder sogar noch bequemer als mit Bargeld – durch Schecks, Überweisungsaufträge oder mit Hilfe von Kreditkarten – zahlen kann, wird es nur zu einem geringen Teil in Banknoten eingelöst. Es bleibt somit als Sichtguthaben der Kreditnehmer bei der Bank und damit als Schuld der Bank auf den Girokonten der Kreditnehmer stehen. Das Bank- oder Buchgeld vermehrt sich daher ständig mit den Schulden der Kreditnehmer *und* den Schulden der Banken, *also durch eine gegenseitige Verschuldung von Kreditnehmern und Banken.*

Die Verschuldung der Banken und die Verschuldung der Kreditnehmer sind nun allerdings asymmetrisch. Der Kreditnehmer muss die Schuld begleichen und einen Zins bezahlen, solange er schuldig bleibt. Die Banken hingegen müssen nur einen kleinen Teil der Schuld begleichen, nämlich den (geringen) Teil, der in Banknoten eingelöst wird. Sie brauchen auch für diese Schuld keinen bzw. nur einen geringen Zins zu zahlen. Warum? Weil ihre Schuld eben Geld darstellt.

Wie steht es nun aber mit den Banknoten der Zentralbank? In dem (geringen) Ausmaß, als das Buchgeld in Banknoten eingelöst wird, steigt deren Menge parallel zur Ausweitung der Buchgeldmenge, indem die Zentralbank den Banken Zentralbankgeld auf dem Kreditweg – genauer: durch Übernahme eines Teils der Kredite, die die Banken gewährt haben – in Form von Einlagen bei sich zur Verfügung stellt. Die Banken verschulden sich also bei der Zentralbank. Das Zentralbankgeld, d.h. die Zentralbankeinlagen der Banken bzw. die Banknoten, sind aber ebenfalls eine Schuld – eine Schuld der Zentralbank. Sie wird auf der Passivseite der Zentralbankbilanz gebucht, denn die Zentralbank musste sie ursprünglich in Gold einlösen. Auch hier handelt es sich also um eine gegenseitige Verschuldung, nämlich eine Verschuldung der Banken bei der Zentralbank und der Zentralbank bei den Banken.

Auch in diesem Fall sind die Verschuldungen asymmetrisch. Die Banken müssen die Schuld begleichen, d.h. die Kredite an ihre Kreditnehmer, die sie an die Zentralbank weitergereicht haben, wieder zurücknehmen und für den Kredit einen Zins bezahlen. Die Zentralbank selber muss aber – das ist nun das Entscheidende – ihre Schuld nie begleichen, weil sie sie nie mehr in Gold einlösen muss. Es handelt sich um eine »ewige« Schuld. Die Zentralbank zahlt auch den Banken in der Regel keine Zinsen, weil die Zentralbankschuld für die Banken – und, wenn sie in Banknoten umgewandelt wird, auch für die Nicht-Banken – Geld darstellt.

Daraus resultiert: Da die einzige Schranke für die Ausgabe von Buchgeld der Banken ihre Einlösbarkeit in Zentralbankgeld bzw. Banknoten ist, diese aber nicht mehr in Gold eingelöst werden müssen, und weil die Zentralbank den Banken daher grundsätzlich unbeschränkt Zentralbankgeld bzw. Banknoten zur Verfügung stellen kann, beruht unser *ganzes* Geldsystem heute auf der Vermehrung »ewiger« Schulden. »Ewige« Schulden, die man nie bezahlen muss, kann man unendlich vermehren! So werden Schulden zu Geld, d.h. zu Vermögen, das sich unendlich anhäuft. Das ist das Wesen der im Geldsystem waltenden Magie: aus Minus (–) gleich Schuld wird ein Plus (+) gleich (Geld-)Vermögen.

2. Die Metamorphose des Geldes: Das Wachstum der Geldmenge verwandelt sich in reales Wachstum

Maßgebend für die Metamorphose des Geldes in reale Güter ist: Die Kredite der Banken werden von den Unternehmungen im Wesentlichen dazu verwendet, zu investieren, d.h., um zusätzliche Rohstoffe, Energie und Arbeitsleistungen zu kaufen und mit deren Hilfe die Produktion zu steigern, denn sie wollen ja Geld verdienen, indem sie Güter produzieren, die sie verkaufen können. So wird das neu geschöpfte Geld, wenn auch erst *nachträglich*, doch einlösbar – zwar nicht in Gold, aber in zusätzlich produzierte Güter. Es ist zwar in der Regel eine geringe Erhöhung des Preisniveaus damit verbunden, die sogenannte schleichende Inflation, aber die Produktionsmenge steigt normalerweise schneller. Die Geldvermehrung verpufft also nicht einfach in Inflation. Die Geldschöpfung führt vielmehr zur realen Wertschöpfung, d.h. zu einem realen Zuwachs des Sozialprodukts. Dies ist die moderne Metamorphose des Geldes, d.h. die Verwandlung des Geldes in reale Güter. So wird das Geld, das (Geld-)Vermögen, auch zu einem realen Vermögen.

3. Das Perpetuum mobile: Die Geldschöpfung führt über die Wertschöpfung zur Zunahme der Gewinne – und die Zunahme der Gewinne ermöglicht weitere Geld- und Wertschöpfung

Damit die Verwandlung der Geldschöpfung in reale Wertschöpfung gelingt, müssen die Unternehmungen, die in Ergänzung zum Eigenkapital Kredite aufnehmen, einen Gewinn erzielen können, aus dem der Zins für die Kredite bezahlt wird und der darüber hinaus auch noch einen Reingewinn enthält, der das Investitionsrisiko des Eigenkapitals kompensiert. Das Investitionsrisiko ergibt sich daraus, dass die Investitionen erst in der Zukunft ausreifen, indem die Güter, die aufgrund der Investitionen heute produziert werden, erst morgen verkauft werden können; denn sie können erst verkauft werden, wenn sie produziert worden sind. Die Arbeitsleistungen und Produktionsmittel (Boden, Energie, Rohstoffe) müssen aber heute schon bezahlt werden – und die Zukunft ist immer unsicher. Ohne Aussicht auf einen Gewinn, d.h., ohne dass der Erwartungswert des Gewinns positiv ist, werden daher die Unternehmungen nicht investieren, kein Kapital einsetzen, das Investitionsrisiko nicht auf sich nehmen.

Dies muss im Durchschnitt für *alle* Unternehmungen gelten, wenn die Wirtschaft funktionieren soll. Das heißt: Es muss die Chance eines Gewinns stets größer sein als die Chance eines

Verlusts. Der Erwartungswert des Gewinns in der Gesamtwirtschaft muss positiv sein. Dies ist aber nur dann der Fall, wenn die Häufigkeit des Gewinns stets größer war und weiterhin größer ist als die Häufigkeit des Verlusts, wenn also die Unternehmungen im Saldo stets Gewinne gemacht haben und machen, also aus der Summe von Gewinnen und Verlusten stets ein Gewinnüberschuss resultiert. Wie ist dies möglich?

Die Gewinne aller Unternehmungen zusammen sind grundsätzlich gleich der Differenz zwischen den Einnahmen und den Ausgaben der Unternehmungen, genauer: zwischen den Einnahmen und den Ausgaben der Unternehmungen für die Herstellung der Produkte, aus denen sie dann Einnahmen erzielen. Damit die Unternehmungen zusammen im Saldo stets Gewinne erzielen können, müssen daher die Einnahmen aller Unternehmungen zusammengenommen stets größer sein als die Ausgaben aller Unternehmungen zusammen. Dies ist offensichtlich nicht möglich, wenn das Geld nur im Kreis läuft, d.h., wenn das Geld, das die Unternehmungen den Haushalten für ihre Produktionsleistungen bezahlen, einfach wieder von den Haushalten dazu verwendet wird, um die Produkte zu kaufen, die die Unternehmungen mit ihrer Hilfe hergestellt haben. Denn dann würden sich Einnahmen und Ausgaben der Unternehmungen nur immer gerade ausgleichen. Es entstünde also in der Summe von Gewinnen und Verlusten kein positiver Gewinnsaldo. Es könnten dann weder Zinsen bezahlt noch Reingewinne erzielt werden, die das Risiko des Kapitaleinsatzes decken. Ein positiver Gewinnsaldo und damit die Möglichkeit, Zinsen für das Fremdkapital zu bezahlen und Reingewinne zu erzielen, kann gesamtwirtschaftlich nur entstehen, wenn ständig Geld zufließt.

Wie fließt aber in der modernen Wirtschaft Geld zu? Wir wissen es bereits: indem die Unternehmungen bei den Banken Kredite aufnehmen, die die Banken mindestens zum Teil durch Geldschöpfung bereitstellen, also durch Vermehrung der Geldmenge auf dem Kreditweg. Die Unternehmungen brauchen die Kredite – wie gesagt –, um zu investieren, d.h., um das aufgenommene Geld, zusammen mit dem reinvestierten Reingewinn, für den Kauf zusätzlicher Arbeitsleistungen und Produktionsmittel zu verwenden, also um zu wachsen. Die Einkommen der Haushalte als Anbieter dieser Arbeits- und Produktions*vor*leistungen steigen auf diese Weise mit dem Wachstum des Sozialprodukts, und die Gewinne der Unternehmungen steigen ihrerseits mit dem Wachstum der Einkommen der Haushalte, die für den Kauf der Produkte ausgegeben werden, die die Unternehmungen hergestellt haben.

Dabei ist zu beachten: Die Haushalte geben ihr Einkommen für den Kauf der Produkte, welche die Unternehmungen herstellen, *sofort* aus. Ihre Einkommen werden daher *sofort* zu Einnahmen der Unternehmungen, die aus dem Verkauf der Produkte an die Haushalte resultieren. Der Einkommenseffekt der Investitionen tritt also unmittelbar ein. Zu diesem Zeitpunkt können die Unternehmungen aber nur die Produkte verkaufen, die schon produziert worden sind, die sie also *vor* der neuen Investition hergestellt haben; für deren Herstellung sie also im Betrag der neuen Investitionssumme weniger Geld ausgegeben haben. Der Kapazitäts- bzw. Produktionseffekt hinkt somit dem Einkommenseffekt hinterher. Der Vorsprung des Einkommens- vor dem Kapazitäts- bzw. Produktionseffekt bedeutet, dass die Einnahmen der Unternehmungen *vor* den Ausgaben für die Produkte, die sie verkaufen, steigen. So entsteht in der Volkswirtschaft gesamthaft, d.h. im *Saldo* aller Gewinne und Verluste, stets ein Gewinn, wenn sich das Wachstum der Wirtschaft fortsetzt.

Dies sind die drei Schritte zur Erklärung der Wachstumsspirale und der ihr zugrunde liegenden Magie. Der Wirtschaftskreislauf weitet sich zu einer Wachstumsspirale aus. Auf diese Weise hält sich der Wachstumsprozess mit Hilfe stets neuer Schulden, die zu Geld werden, selbst im Gange. Er wird zu einem Perpetuum mobile. (Vgl. Abb. 1)

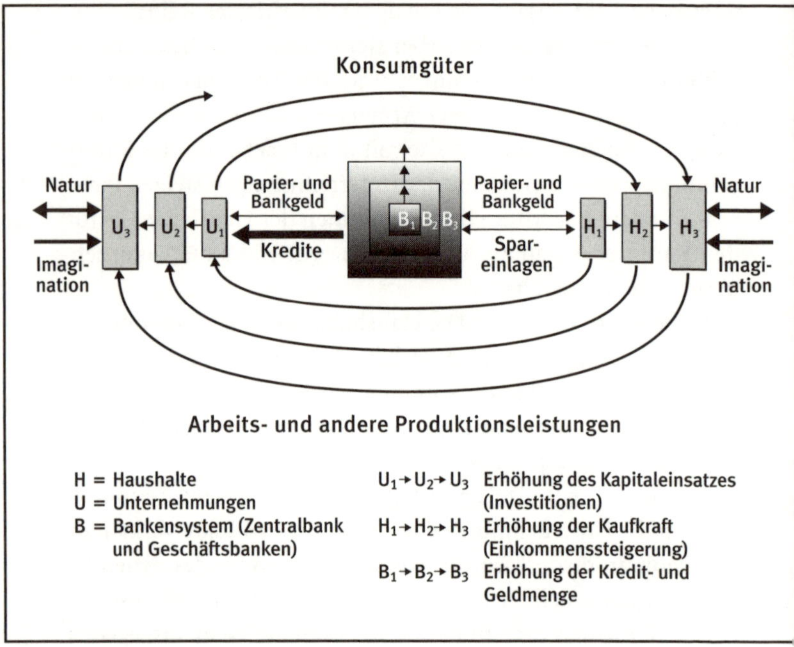

Abbildung 1: *Die Wachstumsspirale. Der wirtschaftliche Kreislauf zwischen Haushalten und Unternehmungen – Kauf der von Haushalten erbrachten Arbeits- und Produktionsleistungen durch die Unternehmungen und Kauf der von den Unternehmungen produzierten Konsumgüter durch die Haushalte – weitet sich durch die Investitionen der Unternehmungen sowie durch die Einkommenssteigerung der Haushalte bei jeder »Umdrehung« aus. So wird aus dem Kreislauf eine Spirale.*

Die Zahlungen der Unternehmungen an die Haushalte und die der Haushalte an die Unternehmungen erfolgen über das Bankensystem (Papier- und Bankgeld). Das Bankensystem weitet sich aus durch das Wachstum der Bankbilanzen aufgrund der Erhöhung der Kredit- und Geldmenge.

Die Ausweitung des Kreislaufs zur Spirale wird ermöglicht durch die Entnahme von Ressourcen aus der Natur (bei gleichzeitiger Abgabe von Abfällen und Emissionen an die Natur), durch die Imagination des Menschen, der neue Produkte und Verfahren erfindet, sowie durch die Geldschöpfung auf dem Kreditweg (dicke Pfeile).

4. Der Wachstumszwang: Die Alternative zum Wachstum ist Schrumpfung!

Das Wachstum des Sozialprodukts mündet allerdings – das ist die Kehrseite der Medaille – in einen Wachstumszwang. Der Wachstumsprozess *muss* immer weitergehen, denn wenn nicht immer eine neue Ausweitung der Geldmenge aufgrund neuer Investitionen erfolgt, die eine zusätzliche Nachfrage erzeugt, fällt die aus der letzten Investition nachrückende Angebotserhöhung sozusagen ins Leere. Dann steht dem schon erfolgten Zuwachs des Angebots kein entsprechender Zuwachs der Nachfrage gegenüber. Der Kapazitäts- bzw. Produktionseffekt der Investitionen der vergangenen Periode tritt ein, ohne dass er vom Einkommenseffekt einer neuen Investition aufgenommen wird. Entsprechend sinkt die Gewinnrate.

Dabei ist zusätzlich zu berücksichtigen, dass sich durch die Zinszahlungen der Unternehmungen an die Banken die Geldmenge ständig reduziert. Dieser Geldschwund muss wieder durch eine zusätzliche Erhöhung der Bankkredite ausgeglichen werden. Sonst sinkt die Gewinnrate schließlich unter die Höhe, welche die Unternehmungen bzw. die Kapitalgeber im Minimum für das Eingehen des Investitionsrisikos erwarten. Dann werden die Unternehmungen nicht mehr für Ersatzinvestitionen sorgen und so allmählich die Produktion auslaufen lassen. Schließlich können auch die Zinsen nicht mehr bezahlt werden. Ein immer größerer Teil der Unternehmungen wird Verluste machen und daher durch Bankrott aus dem Produktionsprozess ausscheiden. An die Stelle des Wachstums der Wirtschaft tritt eine fortlaufende Schrumpfung der Wirtschaft. Die Wachstumsspirale kehrt sich um und mündet in eine Schrumpfungsspirale.

Offenbar besteht also im heutigen Geldsystem ein Wachstums*zwang* in dem Sinne, dass, wenn eine minimale Wachstumsrate unterschritten wird, die Alternative zum Wachstum Schrumpfung ist. (Vgl. Abb. 2) Das heißt: Stabilität und Nullwachstum sind im heute gegebenen Geldsystem nicht möglich.

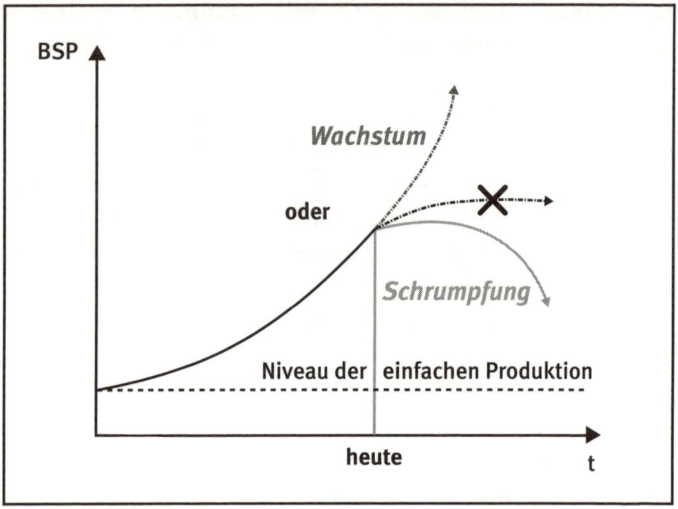

Abbildung 2: *Der Wachstumszwang. Die Alternative zum Wachstum ist Schrumpfung.*

Es darf bei den gegebenen Bedingungen unseres Geldsystems kein Ende des Wachstums geben. Dieser Zwang ist sozusagen der Preis, den wir für die Magie zahlen müssen, die unser Geldsystem mit dem ihm immanenten wirtschaftlichen Wachstum kennzeichnet.

5. Der Wachstumsdrang: Gewinnmaximierung und Spekulation führen zu Finanzblasen und Wirtschaftskrisen

Dem Wachstumszwang steht ein Wachstums*drang* zur Seite. Dieser ergibt sich daraus, dass die Unternehmungen bzw. die Eigenkapitalgeber, also vor allem die Aktionäre der Aktiengesellschaften, wenn sie schon das Risiko der Investition eingehen, nicht nur einen minimalen, sondern einen möglichst großen Reingewinn erzielen wollen. Dieses Streben nach Gewinnmaximierung wird dadurch verstärkt, dass der Wert des Eigenkapitals bzw. der Aktien gleich dem Gegenwartswert der Summe der mit dem Zinssatz abdiskontierten *erwarteten* künftigen Reingewinne ist, und weil die Gewinnerwartung und damit auch die Dividendenerwartung umso höher ist, je größer die Investitionen sind, je größer also das Wachstum der Produktion ist.

Der Wachstumsdrang macht aber nicht bei der Forcierung des realen Wachstums halt. Vielmehr werden in der Dynamik der Geldvermehrung auch Bankkredite aufgenommen, die nicht der Finanzierung produktiver Investitionen dienen, sondern dazu, spekulative Vermögenswerte zu kaufen. Man kauft Vermögenswerte, von denen man annehmen darf, dass sie im Preis steigen werden, wenn sich die Nachfrage wegen der ständigen Geldausweitung weiter erhöht. Wenn man sie jetzt kauft, kann man daher sozusagen gratis einen Vermögensgewinn erzielen. Dies gilt insbesondere für Aktien, deren Wert sich wegen der Reinvestition eines Teils der Gewinne erwartungsgemäß ständig erhöht. Es lohnt sich daher, sich zu verschulden, also Kredite aufzunehmen und dafür Zinsen zu zahlen, solange die erwartete Kurssteigerung höher ist als der Zins. Diese Erwartung ist allerdings eine Spekulation. Wie jede Spekulation ist sie gefährdet, und zwar insbesondere dadurch, dass die Zinsen, die man für die spekulativen Kredite aufgenommen hat, steigen können. Dies ist dann der Fall, wenn die Zentralbank den Geschäftsbanken zur Ausweitung von deren Krediten nur noch gegen höhere Zinsen Kredit gewährt und die Banken ihrerseits entsprechend höhere Zinsen verlangen. Die Zentralbanken erhöhen die Zinsen, wenn sie – gerade wegen der spekulativen Geldvermehrung – eine inflationäre Entwicklung befürchten. Wenn die Zinssätze für Bankkredite die erwartete Steigerung der Vermögenswerte übersteigen, kommt es zum Zusammenbruch der Spekulation und damit der Finanzblase, woraus eine Wirtschaftskrise folgen kann.

6. Wachstumszwang, Wachstumsdrang und die Knappheit der Natur

Was wäre aber, wenn es keine Finanzkrisen geben würde? Wäre dann alles in Ordnung? Nein, weil sich Wachstumszwang und Wachstumsdrang nur durchsetzen lassen, wenn genügend natürliche Ressourcen vorhanden sind, aus denen die Rohstoffe und die Energie gewonnen werden, welche die Basis der Produktion bilden. Dabei gilt: Die Rohstoffe und Energieträger können der Natur entnommen werden, ohne dass der Eigentümer etwas dafür bezahlen muss. Der Verbrauch der Natur ist gratis. Dies kommt einer Verschuldung gegenüber der Natur gleich, die man nie begleichen muss. Das macht es lukrativ, sich möglichst viele Ressourcen der Natur anzueignen und diese produktiv zu verwerten, denn es entstehen selbstverständlich dort die größten Gewinne, wo man etwas verkaufen kann, das man nicht gekauft hat, weil man es einfach ohne Bezahlung in Besitz nehmen kann.

Mehr und mehr wird jedoch das Wirtschaftswachstum mit der langfristigen Knappheit der Natur konfrontiert, denn die Welt und damit die Natur ist nicht unendlich groß. Ihre Nutzung kann nicht beliebig ausgedehnt werden. Im Gegensatz zum Papier- und Bankgeld, das der Mensch selber herzustellen vermag, ist die Welt – die Natur – dem Menschen vorgegeben und damit begrenzt. Er sollte haushälterisch damit umgehen, d.h. die Natur nachhaltig bewirtschaften. Diesem Imperativ stehen aber der Wachstumszwang und der Wachstumsdrang entgegen.

Bei Licht betrachtet ist die Wachstumsspirale der Wirtschaft ein Schneeballsystem, das darauf beruht, dass die Gewinnauszahlungen an frühere Investoren aus den Einzahlungen neuer Investoren gespeist werden. Man zahlt alte Schulden mit neuen Schulden. Im Unterschied allerdings zu kriminellen Schneeballsystemen, wie sie immer wieder durch betrügerische Kettenbriefaktionen lanciert werden, entstehen im gesamtwirtschaftlichen Schneeballsystem der Wachstumsspirale reale Gewinne und Einkommenszuwächse, weil die Natur gezwungen wird mitzuspielen. Die Schulden an die Natur müssen ja nicht beglichen werden. Wenn aber die Natur nicht mehr mitspielt, d.h., wenn sich die natürlichen Ressourcen und unser Lebensraum verknappen, weil wir die Natur bzw. die Naturleistungen nicht nachhaltig bewirtschaften, sondern vergeuden, dann macht sich dies schließlich auch wirtschaftlich bemerkbar. Die Ressourcenpreise steigen tendenziell an, wodurch entweder die Inflation weiter angeheizt wird oder die Gewinne der Unternehmungen bzw. die Einkommen der Haushalte sich schmälern. Gleichzeitig erhöhen sich die Kosten für den Umweltschutz, d.h. die Reparationskosten für die Natur, soweit Reparaturen überhaupt möglich sind. Oder wir gehen der direkten Naturleistungen verlustig, indem wir auf gute Luft, sauberes Wasser, schöne Landschaften, Artenvielfalt und ein menschenverträgliches Klima verzichten müssen. Damit drohen aber schließlich unsere Existenzgrundlagen zu schwinden.

Die Herausforderung, vor der wir stehen, ist es, das Schneeballsystem, d.h. die sich kumulierende ökonomische und ökologische Verschuldung, rechtzeitig zu bremsen. Wir müssen uns mehr der Qualifizierung des Reichtums als der Steigerung seiner Quantität widmen, um so, wenn auch in quantitativ bescheidenerer Weise als bisher, reich zu bleiben.

Die Ursprünge der Wachstumsdynamik – Wie alles begann und wohin es geführt hat

I.1 Schenja und das Geld – Vom Ende der Genügsamkeit

In einem Zeitungsbericht der *Neuen Zürcher Zeitung* über die Ewenken und Burjaten, zwei sibirische Völker, die am Baikalsee leben, wird darauf hingewiesen, dass sie lange Zeit einen archaischen Lebensstil bewahren konnten und sich nur zögernd auf die moderne Lebensweise einlassen. In diesem Bericht schildert der Verfasser seinen Besuch bei einer Ewenkenfamilie. Er schreibt:

> Zum Frühstück gibt es Tee, wie immer, Bratkartoffeln, weichgekochte Eier und rohen Fisch aus dem Baikalsee, den Schenja kurz vor der Jagd noch gefangen hat. Wie schon sein Vater fährt auch er auf den See hinaus und weiß alles über Wind und Tiere. Und doch unterscheidet sich Schenja von seinem Vater, der sagt: »Nimm so viele Fische aus dem See, wie du unbedingt zum Leben brauchst, nimm keinen Fisch mehr, die Natur will es so.« Schenja fischt heimlich ein Mehrfaches und bringt die Fische an einen anderen Ort, bevor er ins Dorf zurückkehrt, damit sein Vater nichts davon erfährt.[1]

Diese Schilderung von Schenja, der mehr fischt, als er unbedingt braucht, ist eine sehr genaue Darstellung des Anfangs des Wirtschaftswachstums. Es erhebt sich die Frage: Warum fängt der junge Fischer mehr Fische als sein Vater? Als Erstes können wir die allgemeine Feststellung machen: Der Mensch ist offensichtlich ein Wesen, das fähig ist, mehr zu wollen, als es braucht. Beim Menschen müssen sich die Aussagen »Man arbeitet, um zu essen« und »Man isst, um zu arbeiten« nicht die Waage halten; vielmehr dominiert bei ihm die Aussage »Man arbeitet, um zu essen«. Er isst gerne mehr, als er braucht, um zu arbeiten. Dies, unter anderem, unterscheidet den Menschen vom Tier.

Aber diese Feststellung – so wichtig sie an und für sich ist – kann nicht genügen, wenn man erklären will, warum Schenja gerade am Ende des 20. Jahrhunderts anfängt, mehr zu fischen als sein Vater. Die Ewenken und Burjaten sind ein sehr altes Volk. Es heißt, dass ein Teil der Ewenken und Burjaten einmal ausgewandert ist nach Norden und Westen und dass von ihnen die Indianer Amerikas und die Eskimos der nördlichen Polarkreise abstammen. Das war vor vielen Jahrtausenden. In dieser ganzen Zeit haben sie so gelebt wie Schenjas Vater. Die grundsätzliche anthropologische Fähigkeit, mehr zu wollen, als man braucht, kann daher nicht die Erklärung dafür sein, warum Schenja 2000 Jahre nach Christi Geburt plötzlich anfängt, seine Fischbeute zu vergrößern.

Die anthropologische Erklärung trifft umso weniger zu, als sich erweist, dass die Menschen am Baikalsee früher gar nicht so schlecht gelebt haben, ja unter Umständen sogar besser als heute. Im genannten Bericht heißt es nämlich auch:

> Ihre Kultur betreffend hat mir Professor Melnikow in Nowosibirsk versichert, es sei heute erwiesen, dass diese Völker einen höheren Lebensstandard hatten als die Eroberer des Westens. Und tatsächlich stimmen alle Ewenken, die ich hier besuche, darin überein, dass sie früher mehr und bessere Kleider, mehr und gesünder zu essen hatten, große Hochzeiten feierten und dass sie kaum Krankheiten kannten, außer der Epilepsie, die von den Schamanen geheilt wurde.

Das heißt, sie haben auch früher schon in einem gewissen Ausmaß mehr gegessen, als sie brauchten, um zu arbeiten, aber sie hatten bei einem bestimmten Überschuss haltgemacht. Sie wollten *mehr*, aber sie wollten nicht *immer mehr*. Offensichtlich hat nun dieses *Immer-mehr*, wegen der ungleichen Verteilung des *Mehr*, sogar einen großen Teil der Bevölkerung ärmer gemacht.

Und trotzdem nun das plötzliche Begehren nach der Steigerung des Ertrags und des Erlöses. Warum? Das Beispiel der

Ewenken und Burjaten ist deswegen so interessant, weil hier eine weitere denkbare Antwort verwehrt wird, die uns Europäern besonders naheliegt, wenn wir unser Streben nach ständiger Steigerung der Überschüsse verstehen wollen. Wir sagen, dass unsere Kultur dafür verantwortlich ist, weil sie durch die jüdisch-christlich-griechische Tradition geprägt ist und diese Tradition in spezifischer Weise den Menschen von der Natur entfernt, ihn der Natur gegenüberstellt und ihn so in die Lage versetzt, sie mit Hilfe der Technik zu manipulieren, sich also nicht ihren Gesetzen zu fügen, sondern umgekehrt sich die Natur untertan zu machen. Es hat ein Ableger dieser Tradition, nämlich der sozialistische Fortschrittsglaube, schließlich auch die sibirischen Völker erreicht. Keineswegs aber ist dieser Glaube – wenn man dem Bericht folgt – maßgebend für ihren Lebensstil geworden. Ihre eigene kulturelle Tradition blieb und bleibt für sie immer noch ausschlaggebend.

Was hat sich also wirklich geändert? Was ist zu Ende des 20. Jahrhunderts so neu, dass es Schenja zur Änderung seiner Wirtschaftsweise bewegen kann? Die Antwort ist eindeutig. Neu ist die Möglichkeit, einen Mehrertrag der Fische nicht einfach nur selbst zu verspeisen oder allenfalls bei den Nachbarn, die sich mehr der Landwirtschaft widmen, gegen Brot und Gemüse einzutauschen, sondern ihn auf dem Markt gegen Geld zu verkaufen. Die Geldwirtschaft ist neu – die Geldwirtschaft, die in der sozialistischen Wirtschaft zweifellos langsamer Fuß gefasst hat als bei uns, aber eben auch im Osten bis hin nach Sibirien immer mehr das Wirtschaftsleben geprägt hat.

Schenja bekommt Geld, wenn er die Fische verkauft. Das Geld aber lässt sich anhäufen. Es verdirbt nicht. Es lässt sich ständig vermehren. Man hat von ihm nie genug. Denn es ist geeignet, gegen Konsumgüter aller Art eingetauscht zu werden, auch gegen solche, die man noch gar nicht kennt, aber schon irgendwie erträumt. Außerdem kann man Geld nicht nur gegen Konsumgüter eintauschen, sondern auch gegen Investitionsgüter, z. B. gegen ein größeres Boot, mit dem es möglich ist, noch mehr zu fischen, noch mehr Geld zu erwirtschaften. Oder man kann das Geld auf einem Sparguthaben anlegen, das einen Zins trägt, so dass sich das Geld, wie es scheint, von selbst vermehrt. Lohnt es sich nicht, wegen einer solchen Möglichkeit, mehr, immer mehr Fische zu fangen? Schenja hat diese Frage mit Ja beantwortet.

Noch etwas anderes wird aber an diesem Beispiel deutlich. Es demonstriert, was *Produzieren* eigentlich heißt und woher der Mehrertrag stammt, der sich in Geld verwandelt. Er stammt im Wesentlichen aus der Natur, aus der Ausbeutung der Natur im wörtlichen Sinne, z. B. aus der Beute beim Fischfang. Und Mehrproduktion bedeutet vor allem: Vermehrung der Beute. Dies muss deutlich hervorgehoben werden, weil immer noch die Vorstellung herrscht, dass der Mehrertrag entweder aus der Ausbeutung der Arbeit stamme oder aber das Resultat eisernen Leistungswillens in Kombination mit großer Sparsamkeit oder intensiver Forschung sei.

Selbstverständlich spielen diese beiden Faktoren ebenfalls eine Rolle. Dabei können sie sogar manchmal zusammenfallen, wie etwa bei Schenja, der sicher länger fischen und auf einen Teil seiner Muße verzichten musste, wenn er mehr Fische fing. Diesen Mehraufwand an Arbeitszeit kann man dann ebenso gut als Selbstausbeutung wie als eisernen Fleiß deuten. Er musste vielleicht auch einmal auf Konsum von Fischen verzichten, um mehr Fische auf dem Markt verkaufen zu können. Er hat also auch gespart. Aber dies ist nicht entscheidend. Entscheidend ist, dass dieser zusätzliche Aufwand an Arbeit und Sparen, wenn er einmal stattgefunden hat, später wieder durch zusätzliche Ausbeutung der Natur reduziert werden kann, nämlich durch Ausbeutung von Energiequellen, die genügend Energie liefern, um die bisher aufgewendete Arbeit zu ersetzen oder gar zu verdoppeln, zu verzehnfachen, zu verhundertfachen. Schenja kann, unter Umständen auf Kredit, z. B. ein Motorboot kaufen und in kürzerer Zeit ein Vielfaches von dem fischen, was er ohne Benzin fischen konnte. Dadurch kann er die Selbstausbeutung bzw. seinen Fleiß oder seinen Sparwillen wieder einschränken.

Allerdings ist zuzugeben: Irgendwann vorher und woanders hat auch die Erfindungsgabe in diesem Prozess eine Rolle gespielt. Dies bleibt gültig. Zweifellos liefert der menschliche Geist neben der Natur einen dauernden zusätzlichen Beitrag zum Mehrertrag. Ja, der Geist kann auch zum Teil die Natur ergänzen, wenn neue Güter produziert werden, die sich vor allem durch ihre Qualität auszeichnen. Aber das darf nicht darüber hinwegtäuschen, dass die Mehrproduktion – immer noch – vor allem aus der Natur stammt und der Geist meist nur der Förderung dieser Mehrproduktion dient. Das beweisen die steigenden Abfallberge.

Produktion heißt daher – weiterhin – vor allem Verwandlung von Natur in geldwerte Waren und schließlich in Geld, und zwar in Geld, das sich selber in seiner Substanz immer mehr von der Natur löst, weil es aus bloßem Papier beliebig hergestellt werden kann und schließlich nur noch aus Zahlen besteht, die auf Bankkonten gutgeschrieben werden (Buchgeld). Es kann deshalb auch praktisch unendlich vermehrt werden, ohne an natürliche Grenzen zu stoßen. Man spricht somit zu Recht von Geld-*Schöpfung*. Indem alle Produkte unter dem Geldaspekt erscheinen, lösen sich die Bande, welche die Produktion ursprünglich an die – begrenzte – Natur gebunden hatten: Die Natur erscheint im Bereich der Geldwerte auf einmal ebenso unendlich vermehrbar wie das Geld selbst. In Wirklichkeit wird sie aber gerade wegen dieser scheinbaren Unendlichkeit erst recht ausgebeutet und zerstört, wenn bestimmte Grenzen der Beanspruchung überschritten werden.

Wir haben so die Bedeutung des Geldes als Lockmittel zum Wachstum der Wirtschaft erkannt. Aber: Ist es nicht in unser Belieben gestellt, ob wir uns locken lassen wollen oder nicht? Ist es nicht so, dass die Lockung einfach darin besteht, dass durch das Geld die Möglichkeit geschaffen wird, natürliche Ressourcen oder Waren aus dem Boden oder aus Regionen herbeizuholen, die man gar nicht kennt, deren ökologischer Begrenzungen man sich nicht bewusst ist und die daher als unerschöpfliche Reservoirs von Ressourcen- oder Warenvorräten erscheinen? Ist es daher nicht einfach notwendig und genügend, sich klarzumachen, dass es ein Raumschiff Erde gibt und dass dieses Raumschiff Erde eine einheitliche, in sich geschlossene ökologische Nische ist; dass der *carrying capacity* dieses Raumschiffs genauso Rechnung getragen werden muss wie derjenigen des Baikalsees, nur jetzt eben insgesamt, für die ganze Menschheit, nicht mehr lokal für die Ewenken und Burjaten? Das mag schwierig sein, weil es nicht nur vieler Informationen bedarf, sondern auch der Bereitschaft, diese Informationen aufzunehmen, die ja nicht mehr wie früher vom Vater auf den Sohn vererbt werden. Aber – so lässt sich argumentieren – es muss doch möglich sein, das Wissen von Schenjas Vater auf die ganze Menschheit zu übertragen.

Es besteht kein Zweifel: Dieses Wissen ist notwendig, wenn wir die ökologische Krise überwinden wollen, in die wir geraten sind. Aber genügt es, um den Weg, den Schenja eingeschlagen hat, wieder zu verlassen? Solange wir nur bei Schenja und seiner Wirtschaftsweise bleiben, scheint diese Antwort positiv beantwortet werden zu können. Schenja hat einen Ausflug in den Überfluss gemacht, aber er kann – aus Einsicht – wieder zum ursprünglichen Zustand zurückkehren. Aber vielleicht genügt heute die bloße Einsicht nicht mehr? Schon Schenja dürfte es schwerfallen, auf den größeren Fischfang zu verzichten, wenn er einmal ein Boot gekauft und dafür einen Kredit aufgenommen hat in Erwartung künftiger Mehrerträge, wenn also das Boot zu Kapital geworden ist, das sich rentieren muss. Erst recht gilt dies aber für die heutige Wirtschaft, die in ihrer Gesamtheit auf ein dichtes Netz von Kreditbeziehungen aufbaut. Diese werden im Wesentlichen getragen vom Bankensystem, das über die Kreditgewährungen neues Geld schafft, wobei das neue stoffwertlose Geld gesamtwirtschaftlich nur so weit Geltung hat bzw. behält, als sich die Kredite durch Gewinne aus den mit diesen Krediten finanzierten Investitionen rechtfertigen. Das neue Geld ist ja nichts anderes als Schulden des Bankensystems, die man als Schulden (d.h. als Forderungen gegenüber der Bank) stehen bzw. gelten lässt, weil man über sie zu Zahlungszwecken, d.h. als Geld, verfügen kann. Dies setzt aber die Zahlungsfähigkeit der Banken und als Grundlage dafür die Rentabilität der Wirtschaft voraus. Wenn diese nicht gegeben ist, wenn die Kapitalanlagen nicht halten, was sie versprechen, dann gerät das ganze Kreditnetz und damit die Wirtschaft in Unordnung und unter Umständen in eine Krise. Nicht nur das Kapital, sondern auch das Geld wird wertlos.

*

Die Problematik, vor der wir stehen, lässt sich im phänomenologischen Sinne verdeutlichen, wenn wir die alte Wirtschaftsweise von Schenjas Vater mit der modernen, auf Geldziele ausgerichteten Wirtschaftsweise bezüglich ihres spezifischen *Orts* und ihrer spezifischen *Zeit* vergleichen. Der Ort, in dem Schenjas Vater wirtschaftet, ist, phänomenologisch gesehen, das Biotop: er erlebt den Baikalsee als in sich geschlossenen Raum. Die Zeit ist entsprechend der ökologische Kreislauf, in dem sich in einem zeitlichen Rhythmus Entstehen und Vergehen abwechseln, so dass der Anfang immer wieder an das Ende anschließt.

Demgegenüber ist der phänomenologische Ort der neuen Geldwirtschaft, die mit Schenjas neuer Wirtschaftsweise beginnt, der Horizont, d.h. der Ort, der in dem Ausmaß in die Ferne rückt, als man auf ihn zuschreitet, obwohl er in endlicher Entfernung zu liegen scheint. Die diesem Horizont der modernen Wirtschaft entsprechende Zeit ist deshalb diejenige des dauernden Fort-Schritts, mit dem man sich auf diesen Horizont zubewegt.

Dieser Horizont ist der Geldwert (Barwert) des investierten Kapitals, der sich aus der Vision der Zukunft – genauer: aus der Summe der auf heute bezogenen, durch den Zinssatz dividierten zukünftigen Erträge – ergibt. Das Kapital entwertet sich zwar in dem Ausmaß, wie es sich real verbraucht, indem die Geräte und Maschinen, in denen sich das Kapital konkretisiert, veralten. Aber es wertet sich wieder auf durch die aus früheren Gewinnen und aus Krediten finanzierten Investitionen in neue, größere und bessere Geräte und Maschinen. So behält das Kapital immer seinen Wert, ähnlich wie der Horizont immer in gleicher Distanz bleibt, auch wenn man sich ihm nähert; es wächst ständig neue Distanz hinzu.

Dieser Sachverhalt lässt sich mathematisch verdeutlichen. Man investiert heute ein bestimmtes Kapital, das erwartungsgemäß einen Jahresertrag in der Höhe von jeweils E abwirft. Der Barwert jedes Ertrags ist umso geringer, je später er anfällt. Der Barwert des gesamten investierten Kapitals B ist dann gleich der Summe der mit dem als konstant angenommenen Zinssatz i abgezinsten künftigen Erträge. Wenn man annimmt, dass die Erträge sich unendlich lang fortsetzen ($n \to \infty$), weil immer entsprechende Ersatzinvestitionen vorgenommen werden, ist der Barwert B des investierten Kapitals gemäß der Formel für die Summe einer unendlichen geometrischen Reihe:

$$B = \lim_{n \to \infty} \frac{E_1}{(1+i)} + \frac{E_2}{(1+i)^2} + \ldots + \frac{E_n}{(1+i)^n} = \frac{E}{i}$$

Der Barwert der Summe der Geldeinheiten (GE) einer *unendlich* langen Reihe ist also eine bestimmte *endliche* Größe. Es sei z. B. E = 100 GE, und der jährliche Zinssatz betrage 4 Prozent (i=0,04). Dann ist B = 2500 GE.

Zur Verdeutlichung des Vergleichs mit dem Horizont wollen wir von einer historischen Zeitreihe ausgehen und die einzelnen Jahre, für die der Barwert berechnet wird, getrennt betrachten. Nehmen wir an, wir investieren im Jahr 2000 einen bestimmten Betrag, der ab dem Jahr 2001 einen jährlich gleichen Ertrag $E_t (t = 1, 2, 3 \ldots)$ abwirft; dabei identifizieren wir $t = 0$ mit dem Jahr 2000, $t = 1$ mit dem Jahr 2001, $t = 2$ mit dem Jahr 2002 usw.

Es wird erwartet, dass die Ertragslage immer gleich bleibt. Dann gilt für den Barwert B_t ($t = 0, 1, 2 \dots$):

$$B_0 = \lim_{n \to \infty} \frac{E_1}{(1+i)} + \frac{E_2}{(1+i)^2} + \dots + \frac{E_n}{(1+i)^n} = \frac{E}{i}$$

$$B_1 = \lim_{n \to \infty} \frac{E_2}{(1+i)} + \frac{E_3}{(1+i)^2} + \dots + \frac{E_n}{(1+l)^n} = \frac{E}{i}$$

$$B_n = \lim_{n \to \infty} \frac{E_3}{(1+i)} + \frac{E_4}{(1+i)^2} + \dots + \frac{E_n}{(1+i)^n} = \frac{E}{i}$$

usw.

Obwohl jedes Jahr ein Ertrag E_t konsumiert (!) wird, bleibt der Barwert immer gleich. Zwar werden im Barwert B_1 des Jahres 2001 der Ertrag E_1, im Barwert B_2 des Jahres 2002 die Erträge E_1 und E_2, im Barwert B_3 des Jahres 2003 die Erträge E_1, E_2 und E_3 usw. nicht mehr mitgezählt, weil sie konsumiert worden sind, aber aus dem Unendlichen wachsen stets neue (erwartete) Erträge zu!

Dem Barwert B_t entspricht die Distanz zum Horizont. Er bleibt immer gleich, auch wenn man auf ihn zuschreitet. Dem Ertrag E_t, den man jährlich konsumiert, entspricht die Strecke, die man in einer bestimmten Zeit bei der »Annäherung« an den Horizont durchschreitet.

Entsprechend gilt für die Phänomenologie der modernen Wirtschaft: So wie mit jedem Ertrag, den man realisiert und der in die Vergangenheit verschwindet, ein neuer Ertrag aus der unendlichen Zukunft zuwächst, taucht mit jedem Schritt in Richtung auf den Horizont zu eine Entfernung gleicher Größe aus der Unendlichkeit hinter dem Horizont auf, so dass die Entfernung zum Horizont wie der Barwert des Kapitals immer gleich bleibt. Auf diese Weise kann man unendlich lang auf ein scheinbar endliches Ziel zuschreiten!

Der Ort des Horizonts übt eine große Anziehungskraft aus: er hat die Attraktion des Entfernten, noch Unbekannten. Aber er liegt doch in sichtbarer Nähe. Man glaubt, ihn gleich in ein paar

Fort-Schritten erreichen zu können, und bemerkt nicht, wie er sich dem Auf-ihn-Zuschreitenden entzieht. Er ist ein Ziel, das immer Ziel bleibt. Er ist Gegenwart und Zukunft zugleich: gegenwärtige Zukunft.

Wir stehen heute vor der schwierigen Aufgabe, eine Verbindung herzustellen zwischen den Anforderungen, die sich aus der Phänomenologie des Horizonts und der Phänomenologie des Biotops ergeben. Der erste Schritt dazu ist zweifellos, dass wir uns der ungeheuren Attraktivität des Horizonts, der steten Vergegenwärtigung der Zukunft, bewusst werden und auch der Tatsache, dass man den Weg auf den Horizont zu nicht verlassen kann, ohne die Orientierung zu verlieren. Dann können und müssen wir allerdings auch die Schranken, die der Horizont bildet – jeder Horizont ist beschränkt! –, durchbrechen, um zu realisieren, dass die Welt rund und endlich ist und dass man schließlich wieder dort ankommt, von wo man ausgegangen ist: beim Biotop, das die Welt ist. Hier begegnet man auch wieder der Vergangenheit und den Schädigungen der Natur, die man in Kauf genommen hat, um Material und Energie zu gewinnen für den Bau des Weges zum Horizont.

*

Es gibt keine andere Lösung. Wir müssen versuchen, die Wirtschaft so zu reformieren, dass der Naturverbrauch zumindest nicht mehr gesteigert, wenn möglich sogar vermindert wird. Wir müssen auf die schnelle Art des Reichtumserwerbs durch unbekümmerte Aneignung der Naturgüter verzichten. Die Investitionen müssen sich vor allem auf eine verbesserte Umformung von Materialien, auf neue, qualitativ bessere Produkte, auf Einsparung von Rohstoff- und Energieeinsatz und auf die Vermeidung weiterer Umweltbelastungen konzentrieren. Der Raum für neue Inanspruchnahme von Natur ist nur dort frei, wo dies – noch – ohne weitere Schädigung der Natur möglich ist.

Dabei müssen wir uns der Tatsache bewusst sein, dass die

Realität des Geldes – des Horizonts – mit der Realität der Natur – des Biotops – in Konflikt gerät. Wir müssen die Wirtschaft so ordnen, dass dieser Konflikt weder zu einer Wirtschaftskrise führt, weil wir die Realität des Geldes nicht ernst nehmen, noch zu einer Umweltkrise, weil wir die Realität der Natur missachten. Vielmehr gilt es, nicht nur die Möglichkeiten auszuschöpfen, welche die Dynamik des Geldes bietet, um neue Lösungen für eine umweltkonforme Ausrichtung der Investitionen zu finden, sondern auch diese Dynamik so zu bändigen, dass sie sich nicht verselbständigt und in ein nicht mehr kontrollierbares Wachstum einmündet. Die Geldschöpfung, die im Belieben des Menschen steht, muss der Natur-Schöpfung, die nicht Sache des Menschen ist, untergeordnet werden. Wir müssen wieder »Ökonomie« lernen im ursprünglichen Sinne des guten Haushaltens. Dann – und nur dann – kann es gelingen, die ökonomisch-ökologische Synthese herzustellen, die wir anstreben.

I.2 König Midas' Wunsch nach Gold – Vom ungestillten Hunger

Die historischen Umstände, die zur Geldwirtschaft und zum damit verbundenen Wirtschaftswachstum geführt haben, lassen sich auf abstrakte Weise erfassen und analysieren; das ist die Form, in der Erkenntnisse heute üblicherweise entwickelt und weitergegeben werden. Früher verpackte man dieselben Erkenntnisse in Sagen und Mythen. Wenn wir – bildlich gesprochen – das Wissen von Schenjas Vater bewahren wollen, dann sollten wir diese alten Geschichten nicht vergessen.

Dass eine genaue Lektüre solcher Erzählungen sehr lohnend sein kann, zeigt das Beispiel der Sage vom König Midas und dem Midas-Effekt. Der Midas-Effekt besteht darin, dass alles, was Midas anfasst, sich in Gold verwandelt. Daher wird es ungenießbar. So wird Midas reich an Gold, aber arm an allem, was zur Nahrung und zum Leben dient. Gustav Schwab und Richard Carstensen berichten in einer Nacherzählung der *Metamorphosen* des römischen Dichters Ovid:[1]

> Der König von Phrygien – Midas – hatte sich einst Bacchus, den Gott des Weines, zu Dank verpflichtet. »Zur Belohnung gebe ich dir einen Wunsch frei«, sagte der Gott, »sprich aus, was du begehrst! Deine Bitte soll dir erfüllt werden!« Als habe der König auf solche Gunst gewartet, hielt er sogleich seinen Wunsch bereit: »So lass alles, was ich berühre, erhabener Gott, zu Gold werden!« Ungern nur stimmte Bacchus solcher Bitte zu, denn er wusste ja, wie töricht der habgierige König gewählt hatte. Doch dann winkte er Gewährung. Mit welcher Freude machte Midas sich davon! Er konnte es nicht abwarten, das Geschenk zu erproben – und siehe, der Zweig, den er von der Eiche abbrach, verwandelte sich sogleich in schimmerndes Gold! Er hob einen

Stein vom Boden auf: der Stein war zu Gold geworden! ... In überquellender Freude ließ König Midas sich von seinen Dienern die Mahlzeit richten. Die Tafel bog sich unter der Fülle von kostbaren Speisen, wie es sich bei solch festlichem Anlass geziemte. Midas griff nach dem Brote, das Demeter, die Göttin der Feldfrüchte, gespendet hatte – da wurde die göttliche Gabe zu Gold ... Er schenkte edlen Wein in sein Glas: Bacchus, dem er seine verhängnisvolle Kraft verdankte, ließ auch das Getränk zu Gold werden. Fassungslos blickte Midas auf das unselige Wunder der Verwandlung; zu spät musste der arme Reiche jetzt erkennen, welch törichten Wunsch er ausgesprochen hatte ... Voll Verzweiflung hob Midas die Arme zum Himmel. »Hab Nachsicht mit mir, Bacchus, erhabener Gott«, kamen flehend seine Worte, »verzeih mir – hab Mitleid mit mir und befrei mich aus diesem glänzenden Elend!« Bacchus blickte in göttlicher Milde auf den reuigen Toren. »So will ich deine Bitte erhören«, sagte er gnädig. »Geh zum Flusse, der das mächtige Reich der Lyder berührt, und folge seinem Laufe, bis du die Quelle findest. Dort, wo sie aus dem Boden springt, tauche deine Hand hinein, bade dich in der schäumenden Flut und reinige dich damit von dem Unglück, in das deine Habgier dich gestürzt hat!« Midas folgte der göttlichen Weisung und stieg den Flusslauf empor, bis er auf die Quelle stieß. Da wich der unselige Zauber von ihm; aber die Wunderkraft ging auf den Fluss über, so dass er seit jener Zeit Gold in seinen Wellen führt. Wie atmete der Phrygierkönig auf, als er von der verhängnisvollen Gabe befreit war! Voll Abscheu ließ er von seiner Gier nach Reichtum, zog sich in die Waldeinsamkeit zurück und verehrte fortan Pan, den bocksfüßigen Gott; oft war Midas bei ihm in seinen schattigen Felsengrotten zu Gast.

Midas war ein sagenhafter König in Phrygien bzw. Lydien, einem Land in Kleinasien östlich von Izmir, mit der Hauptstadt Sardes (heute Sart). Dort wurde schon früh Gold aus dem Fluss Paktol gewonnen, der vom Tmolos-Gebirge herkommt. Eine poetische Spur davon findet sich im berühmten Gedicht »Patmos« von Hölderlin. Dort ist von dem Land die Rede, »wo herab vom Tmolos fährt der goldgeschmückte Paktol«.

Ich habe Lydien, heute eine Provinz der Türkei, vor einigen Jahren besucht. Sart ist eine kleine Provinzstadt und die Gegend um den Paktol eine idyllische Landschaft. Der Fluss plätschert leise dahin. Der Wind flüstert im Schilf. Die Frösche quaken, und die Sonne glitzert auf dem Wasser. An verschiedenen Stellen träumen die Ruinen griechischer Tempel vor sich hin. Niemand würde denken, dass hier der Ursprung des Welthandels und der Weltwirtschaft war, dass hier die Globalisierung der Wirtschaft ihren Anfang genommen hat. Und doch ist es so. Hier wurden im 7. Jahrhundert v. Chr. zum ersten Mal Goldmünzen geprägt. Von hier aus hat sich die Geldwirtschaft, die mit der Prägung von Goldmünzen und sehr bald auch von Silbermünzen begonnen hat, zuerst über Griechenland, dann über das Römische Reich, dann über Europa und den Nahen Osten, schließlich über die ganze Welt ausgebreitet.

Wer hat dies verursacht? Es war, wie wir erfahren haben, König Midas, weil er, um sich von der Erfüllung des verhängnisvollen Wunsches zu befreien, dass alles zu Gold würde, was er anfasse, im Fluss Paktol badete und so dem Fluss das Gold übermachte, von dem er sich befreien wollte. Er selbst stellte sich von nun an unter die Herrschaft des Gottes Pan, d.h. unter die Gesetze der einfachen Natur. Aber das Gold – und das Silber – hat als Geld die Welt erobert. Zuerst wurde Lydien reich. Die Symbolgestalt des reichen Mannes ist nicht zufällig ein anderer König von Lydien, nämlich Krösus. Aber allmählich sind wir alle – oder fast alle – mindestens im globalisierten Teil der Welt zu Krösussen geworden.

*

Die Frage stellt sich: Wieso ist Lydien und in der unmittelbaren Folge Griechenland zur Wiege der Weltwirtschaft, des Weltmarkts geworden? Was ist das Besondere an der Münzung von Gold und Silber? Es hat schon früher geprägtes Geld gegeben, z. B. in China, aber es bestand aus Kupfer, und es wurde auch früher schon mit Gold und Silber gezahlt, z. B. in Ägypten, aber das Gold und Silber war nicht geprägt, vielmehr musste die nötige Menge von Gold und Silber in jedem Einzelfall abgewogen werden. Weder die Münzung als solche noch das Gold und Silber als solches genügte offenbar als Voraussetzung dafür, dass sich die bescheidene Naturalwirtschaft in eine üppige Geldwirtschaft verwandelte, in der alles in Geld gemessen und gegen Geld ausgetauscht wurde und die Wirtschaft sich auf der Basis des Geldes zur Weltwirtschaft erweitern konnte. Dazu bedurfte es eben beides: der Münzprägung *und* der Verwendung von Gold und Silber als die Stoffe, aus denen die Münzen geprägt werden. Warum?

Gold und Silber wurden im Unterschied zu Kupfer um ihres Eigenwerts begehrt. Dies ergab sich daraus, dass die Edelmetalle einen sakralen Charakter hatten. Wir müssen daran denken, dass Gold und Silber über viele Jahrhunderte zu einem fixen Verhältnis umgetauscht wurden: ein Gramm Gold galt 13 1/3 Gramm Silber. Dies war deshalb der Fall, weil Gold der Sonne und Silber dem Mond zugeordnet waren und das Verhältnis 1 : 13 1/3 dem Verhältnis der Umlaufzeiten von Sonne und Mond entspricht. Sonne und Mond waren Gottheiten. Gold und Silber galten daher als göttliche Substanzen. Ihr Besitz repräsentierte somit Reichtum in einem absoluten, eben in einem sakralen Sinne. Man spricht heute von der Wertaufbewahrungsfunktion des Geldes. Gold und Silber waren wegen ihres Stoffwerts bzw. ihres Eigenwerts aber mehr; sie waren selber Wert, absoluter Wert. Ihr Besitz war Selbstzweck. Sie wurden deshalb auch langfristig aufbewahrt bzw. gehortet.

Durch die Prägung, d. h. durch die Herstellung von standardisierten und homogenen Münzen, wurde aber aus Gold und Silber auch ein allgemeines Tauschmittel bzw. Zahlungsmittel, d. h. ein stellvertretendes Gut, das man annahm, um es später weitergeben zu können, ohne dass ein mühsames Abwiegen nötig war. Es erhielt dadurch sozusagen auch eine profane Aufgabe. Es erleichterte den Tausch, indem man nicht mehr einen Tauschpartner suchen musste, der sowohl das Gut hat, das man selber haben möchte, als auch gleichzeitig das Gut begehrt, das man selber zum Tausch bereithält. Dies hatte den Tausch außerordentlich erschwert. Erst indem man Geld als selbstvertretendes Gut, als allgemeines Tauschmittel annahm, konnte die Marktwirtschaft entstehen, in der sich Angebot von und Nachfrage nach jedem einzelnen Gut begegnen können, ohne dass gleichzeitig darauf Rücksicht genommen werden muss, wie sich Angebot und Nachfrage nach den anderen Gütern entwickeln. Diese Position als stellvertretendes Gut konnten die Gold- und Silbermünzen einnehmen, weil man sicher sein konnte, dass sie immer weitergebbar waren, sei es, weil ein anderer sie um ihres Stoffwerts willen behalten, also horten wollte, sei es, weil ein anderer sie begehrte, um sie selber wieder weiterzugeben. Auf diese Weise begegneten sich Geld und Waren in einem reziproken Sinn. Die Waren waren wertvoll, weil man wertvolles Geld dafür bekam, aber das Geld war auch wertvoll, weil man nützliche Waren damit kaufen konnte. Die Gold- und Silbermünzen hatten wegen ihres Eigenwerts und ihres Tauschwerts sowohl eine sakrale wie eine profane Funktion.

Die Gold- und Silberwährung hatte aber immer noch einen großen Nachteil: man konnte die Gold- und Silbermünzen nicht gleichzeitig in ihrer sakralen und ihrer profanen Funktion verwenden, d.h. sowohl horten wie zum Kauf von Gütern verwenden, gleichzeitig behalten und ausgeben. In dem Ausmaß, als man die Güter verkaufte und das verdiente Geld hortete, trat der Midas-Effekt ein: man wurde reich an Gold, aber im gleichen Ausmaß ärmer um die Güter, die man verkauft hatte. Man hatte die Wahl, aber auch die Qual der Wahl.

Dieses Dilemmas wurde man seit dem 17. Jahrhundert zunehmend enthoben durch die Schaffung des Papiergeldes, das, weil es stoffwertlos ist, ständig vermehrt werden kann, sowie durch die Schaffung der Kapitalgesellschaft, deren Kapital in Form von Aktien sich dank des stoffwertlosen Geldes ständig erhöhen kann. Die Banknoten der Notenbank und das Buchgeld der Banken übernahmen die profane Funktion der Münzen als Zahlungsmittel; die Aktien übernahmen die sakrale Funktion der Münzen, weil man sie um ihrer eigenen Werte willen begehrt und hortet. Diese »sakrale Funktion« der Aktien ergibt sich daraus, dass, wenn ein Teil der Gewinne, die mit den Aktiengesellschaften verdient werden, wieder reinvestiert wird, die Gewinne und damit die Geldwerte der Aktien im Laufe der Zeit immer weiter steigen, ohne dass ein Ende abzusehen ist. Es ist diese Unendlichkeitsperspektive, die die Aktien sozusagen »sakralisiert«. Infolge dieser Aufspaltung der Münzfunktionen in zwei verschiedene Kunstprodukte, die nebeneinander und miteinander vermehrt werden können, nämlich Zahlungsmittel in Form von Banknoten und Buchgeld und Vermögenswerte in Form von Aktien, hat sich eine ganz neue Dynamik im Sinne eines ständigen Wachstums der Wirtschaft entwickelt.

Entscheidend ist dabei, dass der »Zaubertrick« der modernen Wirtschaft demjenigen des Gottes Bacchus wesentlich überlegen ist. Bacchus konnte dem Midas die Fähigkeit, alle Dinge in Gold – in den sakralen Wert des Goldes – zu verwandeln, nur geben, indem er sie ungenießbar machte. Dadurch verlor das Gold seinen profanen Wert, weil man nichts mehr damit kaufen konnte. Im Gegensatz dazu können wir in der modernen Wirtschaft gleichzeitig den »sakralen« Wert des Geldes in Form des Vermögenswerts der Aktien wie den »profanen« Wert des Geldes in Form der realen Kaufkraft steigern, so dass wir uns immer mehr Dinge aneignen können, die wir nutzen und genießen können, während wir gleichzeitig immer reicher werden an Geldwerten. Wir müssen also nicht mehr wählen zwischen dem Reichtum an Geld und dem Reichtum an Gütern. Wir sind unvergleichlich viel glücklicher als König Midas.

*

Dennoch müssen wir uns die Frage stellen: Sind wir in *jeder* Hinsicht glücklicher als König Midas, und sind wir es *auf Dauer*? Ist es nicht so, dass wir in bestimmten Bereichen schon heute und in der Zukunft in immer stärkerem Ausmaß mit der Frage konfrontiert werden, ob wir zwar immer reicher an Geldwerten werden, aber ärmer an Gütern, die wir »essen« können bzw. die der Erhaltung des Lebens dienen? Könnte daher der Midas-Effekt nicht wieder aktuell werden? Haben wir ihn eventuell nur hinausgezögert?

Diese Frage stellt sich, weil das Geld zwar unendlich vermehrt werden kann, aber nicht die Welt, die wir nutzen und verbrauchen, um zu Geld zu kommen. Aus diesem Unterschied zwischen Geld und Welt ergeben sich vor allem zweierlei Gefahren.

Erstens: Auch wenn wir die Güter in einem gewissen Ausmaß »entmaterialisieren« können, so ist doch ein ständiges Wachstum der Gütermenge nicht möglich ohne einen steigenden Verbrauch natürlicher Ressourcen. Auch die größten Vorräte nichterneuerbarer Ressourcen – Rohstoff- und Energieressourcen – werden schließlich zur Neige gehen, wenn wir so weitermachen wie bisher. Noch akuter ist die Gefahr der Übernutzung erneuerbarer Ressourcen wie Wald, Fische, Boden, Wasser mit der Konsequenz, dass sie sich nicht mehr bzw. nicht mehr in nutzbarer Form erneuern können.

Zweitens: Die Welt ist nicht nur Lieferant von Ressourcenleistungen für die Wirtschaft, sondern auch Lebensraum. Der Mensch existiert nicht nur, indem er Güter kauft, die auf dem Markt angeboten werden. Er existiert auch – und vor allem! – aufgrund der Luft, die er einatmet, des Wassers, das er trinkt, der Ruhe, die er für die Erholung benötigt, eines Klimas, das ihm gemäß ist, und der Landschaft, in der er sich orientiert. Wenn durch die Inanspruchnahme der natürlichen Ressourcen und durch die Abfälle bzw. Emissionen, die aus dem Verbrauch der natürlichen Ressourcen resultieren, die Luft verschmutzt, das Wasser verunreinigt, die Ruhe gestört und das Klima verändert wird, die Landschaft verödet und außerdem die Gesundheit und das Leben der Menschen durch die Schäden beeinträchtigt werden, die mit dem wirtschaftlichen Wachstum auf der Basis bestimmter technischer Entwicklungen verbunden sind oder sein können, dann wird die Lebensqualität des Menschen in dramatischer Weise reduziert.

Diese negativen Folgen des wirtschaftlichen Wachstums lassen sich zurückdrängen bzw. übersehen, solange das wirtschaftliche Wachstum noch in Grenzen bleibt. Aber es zielt notwendigerweise ins Unendliche. Es kann, wie wir im ersten Kapitel gesehen haben, nicht aufhören. Darin liegt die doppelte Gefahr ökologischer und ökonomischer Krisen. Das ist die Kehrseite des »Zaubertricks« der modernen Wirtschaft.

*

König Midas konnte sich durch die Hilfe des Gottes Bacchus von der verheerenden Konsequenz des Midas-Effekts befreien, indem er im Fluss Paktol badete. Er hat sich reingewaschen, indem er uns das Gold hinterließ, das wir zu Münzen geprägt, dann aber durch Papier- und Buchgeld ersetzt haben, auf dem das wirtschaftliche Wachstum aufbaut. Er selbst hat sich zum Gott Pan geflüchtet, zur einfachen Natur zurückgewendet. Wir haben uns dagegen schon zu weit von der Natur entfernt, als dass uns dieser Fluchtweg noch offenstünde. Wir können uns nicht mehr reinwaschen. Wir werden in der Logik unseres Wirtschaftens immer stärker dem Midas-Effekt ausgesetzt sein, d.h., wir müssen alles, was wir anfassen, in Geldwerte verwandeln, auch wenn dies schließlich nur auf Kosten der Lebenswerte möglich ist und unter Umständen womöglich auch die Geldwerte schon nicht mehr halten, was sie versprechen.

Wir können allerdings versuchen, die Logik unseres Wirtschaftens so zu ändern, dass wir dem Wachstumszwang entgehen. Dies wird aber nicht möglich sein, ohne dass wir auf die »Sakralisierung« des Geldes bzw. der Aktien und damit auf die

Unendlichkeitsperspektive, die mit dieser »Sakralisierung« verbunden ist, verzichten. Wir müssen das Ziel der Gewinnmaximierung durch das bescheidenere Ziel der Gewinnoptimierung und Verlustvermeidung ersetzen. Auch wenn dies in einer Welt, in der unsere »Zauberkünste« immer noch große Erfolge feiern, fast »unendlich« schwer zu erreichen ist, sollte uns die Midas-Sage doch zur Warnung gereichen und uns veranlassen, intensiver als bisher über die Logik unseres Wirtschaftens und seine fatalen Konsequenzen nachzudenken.

I.3 Erysichthons Frevel – Unersättlichkeit als Strafe

Die beiden Kernelemente der beiden vorstehenden Kapitel – der historische Wandel, verkörpert durch den Sohn Schenja, und das gespannte Verhältnis zur Natur, verkörpert im König Midas – finden sich in der Sage vom Königssohn Erysichthon vereint und erweitert wieder. Erysichthon vergriff sich frevelnd am Heiligen Hain der Demeter, der Göttin der Erde und des Korns. Er drang mit der Axt in den Heiligen Hain ein, um Holz für einen Festsaal zu schlagen, in dem er seine Gastmähler abhalten wollte. Für dieses Vergehen wurde er von der Göttin bestraft.

Die Erysichthon-Sage ist in verschiedenen Dichtungen überliefert, die allerdings nur zum Teil vollständig erhalten sind. Der früheste vollständige Text stammt vom alexandrinischen Dichter Kallimachos, der im 3. Jahrhundert vor Christus lebte.[1] Er ist in einer Hymne an Demeter enthalten. Darin wird Folgendes berichtet:

> Die Pelasger bewohnten einst das heilige Land von Dotion. Dort hatten sie für Demeter einen schönen Hain geweiht, dicht standen die Bäume, kaum hätte ein Pfeil hindurchfliegen können. Fichten standen darin und große Ulmen, Birnbäume und schöne Apfelbäume. Wie Bernstein floss das Wasser durch die Gräben des Hains. Heiß liebte Demeter diesen Ort, fast ebenso sehr wie Eleusis.

Die Göttin ist dem Lande wohlgesinnt, weil der Herrscher Triopas den Heiligen Hain achtet. Dieses Wohlwollen kehrt sich aber in Zorn um, als dessen Sohn Erysichthon mit seinen Knechten kommt, um den höchsten Baum im Heiligen Hain, der stolz in den Himmel ragt, zu fällen. Demeter warnt ihn in Gestalt der Priesterin. Aber er lässt sich nicht abhalten. So heißt es weiter:

Er aber, sie schrecklicher anblickend, als die Löwin in den Bergen den Jäger anblickt, sprach: »Hebe dich weg, damit ich nicht meine schwere Axt in deinen Leib schlage! Diese Bäume werden die Balken der Decke meines Saales sein, in dem ich herrliche Mahlzeiten in Fülle mit meinen Freunden feiern werde.« So sprach der Jüngling. Demeter aber ergriff unsäglicher Zorn, Göttin wurde sie wieder, ihr Haupt ragte bis zum Himmel. Zu dem gottlosen Herrn wandte sie sich jetzt: »Gut, baue dein Haus, ... in dem du deine Feste feiern wirst – unablässig wirst du deine Feste feiern.« Und mit diesen Worten schuf sie dem Erysichthon Arges: sogleich legte sie Hunger in ihn, heftigen und wilden, glühenden; von schrecklicher Krankheit wurde er gequält: der Arme, was er verschlungen hatte, nach dem ergriff ihn sogleich wieder die Begierde.

Er saß drinnen im Palast Tag und Nacht an der Tafel und aß und aß unermesslich viel. Solange es im Hause des Triopas noch irgendetwas gab, kannte nur der Palast das Unglück; aber als die unersättlichen Zähne alles im Palast aufgezehrt hatten, da saß er, der Königssohn, an den Straßenkreuzungen und bettelte um Bissen und Abfälle.

Zwei Jahrhunderte danach – kurz vor der Zeitwende – nimmt der römische Dichter Ovid die Erzählung Erysichthons in seiner Dichtung *Die Metamorphosen* wieder auf und führt sie zur letzten Konsequenz.[2] Eindrücklich wird geschildert, wie Ceres – die römische Demeter – die Hunger-Göttin herbeiruft, die Erysichthon den unaufhörlichen Hunger einflößt:

Immer noch mehr verlangt er, je mehr in den Bauch er hinabsenkt.
So wie das Meer einschlinget die sämtlichen Ströme des Erdreichs,
Und, ungesättigt der Flut, austrinkt die entlegensten Sprudel;
So wie das raffende Feuer auch niemals Nahrungen abweist,
Und unzählbare Balken verbrennt, und, je größerer Zuwachs
Kommt, je mehreres heischt, und gefräßiger selbst im Gewühl ist:

So nimmt alles, was nährt, Erysichthons Mund, des Entweihers,
Nimmt, und fordert zugleich; und jegliche Speis' ist in jenem
Lockung der Speis', und immer wird leer sein Magen durch
Essen.

Schließlich bleibt Erysichthon nichts übrig, als dass er seine eigenen Glieder verschlingt. So schließt das Gedicht, mit der dem Lateinischen eigenen Präzision: »minuendo corpus alebat« – »Er nährt seinen Leib, indem er ihn aufzehrt.«

Ist dies nicht – diese Frage drängt sich auf – ein genaues Abbild der Dynamik der modernen Wirtschaft? Ist nicht auch sie geprägt durch Unersättlichkeit im Sinne des exponentiellen Wachstums, das das Grundprinzip der modernen Wirtschaft ist? Exponentiell bedeutet, dass die Wachstums*rate* jeweils auf die Vorperiode bezogen und konstant ist. Das heißt: Der Zuwachs wächst mit. Der *absolute* Zuwachs wird daher von Periode zu Periode größer. Man kennt dieses Wachstum aus dem Zinseszinsprozess, wenn der Zins zum Kapital geschlagen wird und somit der Zins selber auch Zins trägt. Es ist der gleiche Sachverhalt, den Ovid mit dem Vers ausdrückt: »Jede Speis' ist Lockung der Speis'«, oder mit dem anderen Vers, in dem er den Hunger mit dem Feuer vergleicht: »Je größerer Zuwachs kommt, je mehreres heischt« es. Das exponentielle Wachstum des Sozialprodukts geht immer weiter. Es hat seinem Wesen nach keine Grenze.

Ist aber – so muss man sich weiter fragen – ein solches exponentielles Wachstum des Sozialprodukts, das mit einem entsprechenden Verzehr an natürlichen Ressourcen einhergeht, in unserer begrenzten Welt, auf der Grundlage der begrenzten Natur, möglich? Führt es nicht dazu, dass wir schließlich unsere Lebens- und Wirtschaftsgrundlagen zerstören, so wie Erysichthon seinen eigenen Leib verzehrt?

Es gilt ja zu bedenken, dass der Mensch gar nicht existieren kann, wenn er nicht *mit* der Natur existiert. Die Natur ist unsere *Lebensgrundlage*. Sie ist in diesem Sinne sozusagen Teil unseres

Lebens. Dies kommt in dem Aphorismus des deutschen Dichters und Bergbauingenieurs Hardenberg-Novalis deutlich zum Ausdruck, der lautet: »Die Luft ist genauso Organ des Menschen wie das Blut.« Wenn man nicht atmen kann, stirbt man; wenn man nicht gute Luft atmen kann, wird man krank. Das Gleiche gilt für das Wasser, das wir trinken, die Erde mit ihren Nährstoffen als Grundlage der Nahrungsproduktion, die Tiere, mit denen wir in vielfältiger Symbiose leben, die Landschaft, in der wir uns orientieren. All das gehört zu uns, wird von uns im gleichen Sinne benötigt wie unsere Gliedmaßen. Wenn wir nicht mehr darüber verfügen, wenn das Wasser ungenießbar wird, wenn die Erde unfruchtbar wird, wenn die Arten der Lebewesen immer mehr dezimiert werden, wenn die Landschaft verödet, dann werden wir physisch und psychisch krank. Genau das aber ist die notwendige Folge eines exponentiellen Wachstums des Sozialprodukts, das mit einer kontinuierlichen Zunahme des Verbrauchs natürlicher Ressourcen und der zunehmenden Belastung der Umwelt mit Abfällen und Emissionen einhergeht.

Die Natur ist also unsere Lebensgrundlage, aber wir müssen ihre Substanz auch als *Wirtschaftsgrundlage* bewahren. Erysichthon griff nicht einfach die unberührte Natur an, sondern einen Baum in einem Heiligen Hain, der der Demeter geweiht war. Demeter ist die Göttin, die den Menschen die Landwirtschaft und das Getreide gebracht hat. Die Heiligen Haine waren Naturschutzgebiete, die auch dem Schutz der genutzten Natur dienten, indem sich im Hain die Natur, die stets durch Übernutzung gefährdet ist, wieder erholen konnte. Die alten Griechen waren offensichtlich darum bemüht gewesen, sich der Geschenke der Demeter dadurch würdig zu erweisen, dass sie nicht *alles* urbar machten, was möglich war, sondern z. B. einen Wald stehen ließen in der Einsicht, dass irgendwo – um einen Ausdruck von Martin Buber zu gebrauchen – dem Nutzen des Nutzlosen Raum gegeben werden muss.

Diese Zurückhaltung hat Erysichthon in seiner Begierde nicht geübt. Er ist in den Heiligen Hain eingebrochen und hat damit Demeter beleidigt, d.h. die Aufrechterhaltung der Fruchtbarkeit der Erde gefährdet.

Demeter bestraft Erysichthon mit nichts anderem als einfach mit der Konsequenz, mit der Logik seines eigenen Tuns. Das ist das Raffinierte an dieser Geschichte. »Du wirst deine Gastmähler halten«, sagt Demeter zu ihm, »aber wenn du keine Grenzen einhalten *willst*, dann sollst du es auch nicht mehr *können*, dann sollst du nie genug bekommen und wirst dich selbst, deine Lebens- und Wirtschaftsgrundlage zerstören.«

*

Warum – das ist nun die entscheidende Frage – will Erysichthon nicht vom Bau des Prachtsaals Abstand nehmen, in dem er seine Gastmähler abhalten will? Warum missachtet er das Verbot der Demeter, den heiligen Baum zu fällen? Eine einfache Antwort scheint nahezuliegen: Es ist der Egoismus des Erysichthon, des habgierigen Menschen, der für sich allein haben will, was eigentlich der Allgemeinheit gehört.

Aber kann der Egoismus, kann der Eigennutz allein schon Ursprung der ökologischen Krise sein? Ein gewisser Eigennutz ist dem Menschen ja durchaus natürlich. Wenn der Eigennutz als solcher die Grundlage der ökologischen Krise wäre, dann wäre sie sozusagen ein anthropologisches Phänomen, dem Menschen als solchem eigen, und damit unausweichlich – es sei denn, der Mensch würde sich selbst übersteigen, sich selbst überwinden. Eine solche Forderung ist aber wohl eine Utopie. Sie ist in der Erzählung auch nicht angelegt. Das Verhalten Erysichthons ist nicht etwas, das zum Menschen als solchem gehört. Sein Vater Triopas und dessen Vorfahren haben den Heiligen Hain ja geachtet. Im Unterschied zwischen dem Verhalten des Vaters zu dem des Sohnes kommt vielmehr zum Ausdruck, dass die Begierde Erysichthons ein historisches Phänomen ist, also etwas, was nicht dem Menschen als solchem eigen ist, sondern einem neuen Menschen, wie ihn Erysichthon repräsentiert.

Es gilt auch festzuhalten, dass der eigennützige Mensch – in der Ökonomie als Homo oeconomicus bezeichnet –, selbst wenn er den Vorteil der anderen nicht mitbedenkt, eine Grenze seines Begehrens hat, nämlich die Grenze der eigenen Sättigung. In der ökonomischen Theorie spricht man vom Gesetz des abnehmenden Grenznutzens. Das heißt: Je mehr der Homo oeconomicus hat, umso unwichtiger wird ihm ein Zuwachs. Der Grenznutzen definiert sich als der Nutzen einer zusätzlichen Einheit, die zu einer bestehenden Menge hinzukommt. Er wird immer geringer, wenn die Menge anwächst. Der satte Homo oeconomicus – und wir sind ja, mindestens in der industrialisierten Welt, satt – kann daher als solcher nicht verantwortlich sein für ein unbegrenztes Wachstum des Sozialprodukts.

Es muss daher eine besondere Ursache dafür geben, dass sich die Tendenz zum sinkenden Grenznutzen nicht durchsetzt. Es muss Kräfte geben, die der Sättigung entgegenwirken. Für die Erklärung dieser Kräfte bieten nun, so meine ich, die Erysichthon-Erzählungen wichtige Erklärungen an.

1. Das Verlangen nach Positions- oder Geltungsgütern

Eine erste Erklärung für die Unersättlichkeit findet sich in der Erzählung von Kallimachos selbst. Warum will Erysichthon den heiligen Baum schlagen? Wozu braucht er das Holz? Er will – wir wissen es – einen Festsaal bauen, um Gastmähler abzuhalten. Er braucht ihn, um viele Gäste einzuladen. Mit solchen Einladungen kann er sich auszeichnen. Er gewinnt Ansehen, Prestige und Macht. Er braucht den Festsaal für etwas, das seinen Wert dadurch hat, dass es andere nicht haben. Für solche Güter hat sich in der Ökonomie der Begriff »Positionsgüter« eingebürgert, weil sie die höhere Position des Besitzers gegenüber den Nichtbesitzern markieren oder sogar begründen. Man könnte auch von »Geltungsgütern« sprechen, also von Gütern, die dem Besitzer vor allem Geltung verschaffen. Ein Streben nach solchen Gütern ist im Prinzip nicht sättigbar, weil man in dem Ausmaß, als die anderen nachrücken, also ebenfalls über solche Positionsgüter verfügen, selber wieder weiter vorrücken muss. Nur die Differenz zeichnet ja aus!

Positionale Güter gewinnen große Bedeutung in einer Gesellschaft, in der die Position der Einzelnen nicht mehr durch die Tradition gegeben ist, in denen die Rangordnungen nicht mehr feststehen, sondern in denen jeder im Prinzip nach oben gelangen kann und jeder, der oben ist, durch den Erwerb solcher positionalen Güter seine Position stets neu behaupten muss. Es scheint, dass die Entwicklung vom Verhalten von Triopas zum neuen Verhalten von Erysichthon bereits diesen Übergang von einer traditionellen, festgefügten, zu einer neuen Gesellschaft darstellt, in der die gesellschaftlichen Schranken durchlässig geworden sind.

Eine solche Durchlässigkeit wird erzeugt durch den Übergang und die Ausbreitung der Geldwirtschaft, in der Waren gegen Geld getauscht werden und der Erwerb von Geld es den Erwerbenden ermöglicht, die auf traditionellem Reichtum – vor allem auf Bodenbesitz – aufbauenden Rangordnungen in Frage zu stellen. Dieser Übergang vollzog sich allmählich seit der Einführung von Gold- und Silbermünzen im 7. Jahrhundert v. Chr., weil es erst dadurch möglich wurde, den Handel zu verallgemeinern. Beliebige Güter konnten nun gegen Gold- und Silbermünzen, das heißt gegen Geld, getauscht und dieses als Ausweis des Reichtums angehäuft werden. Geld selbst ist das Positionsgut par excellence, weil es sich beliebig anhäufen lässt, ohne zu verderben, und weil es überall begehrt wird.

Gleich nach der Einführung der Münzen prägte einer der sieben Weisen des Altertums, Pittakos, den Satz: »Gewinn ist unersättlich.« Damit meinte er den Gewinn in Münzen, in Geld. Es ist daher wohl auch kein Zufall, dass in dieser Zeit, im 7. Jahrhundert v. Chr., zum ersten Mal in einem Fragment – es wird Hesiod zugeschrieben – von einem unersättlichen Erysichthon die Rede ist. Dieser wurde das Vorbild der späteren Erysichthon-Erzählungen.

Die Bedeutung des Geldes hat im Laufe der Jahrhunderte – nach einer Unterbrechung im Mittelalter infolge des Untergangs des Römischen Reichs – seit der Entdeckung Amerikas und der dortigen Gold- und Silbervorräte, dann noch wesentlich stärker seit der Erfindung des staatlichen Notengeldes und des darauf aufbauenden Bankensystems, in ungeheurem Ausmaß zugenommen.

2. Das Verlangen nach neuen Genüssen

Der Erwerb von Positionsgütern, der durch den Übergang zur Geldwirtschaft zu einem allgemeinen Bedürfnis geworden ist und sich vor allem auch in der Anhäufung von Geldvermögen manifestiert, ist aber nicht der einzige Grund dafür, dass das Gesetz vom abnehmenden Grenznutzen im Wachstumsprozess außer Kraft gesetzt wird.

Geld ist auch dadurch wertvoll, dass es stets ermöglicht, den Bedarfshorizont zu erweitern. Es ermöglicht die Ausweitung des Handels, mit dessen Hilfe immer neue Güter am Horizont erscheinen, die neue Genüsse versprechen, die neue Bedürfnisse befriedigen; Bedürfnisse, die vielleicht schon latent vorhanden waren, aber erst durch das Auftauchen dieser neuen Güter geweckt werden. So bleibt der Hunger immer akut, auch wenn der Grenznutzen der schon *vorhandenen* Güter infolge Überflusses sinkt.

Diese Möglichkeit zur Erweiterung des Bedarfshorizonts von Gütern ist ebenfalls ein Bestandteil der Erysichthon-Erzählung. Er findet sich allerdings nicht in der Fassung von Kallimachos, sondern in der Fassung von Ovid. Erysichthon hat bei Ovid eine erwachsene Tochter. Ihr hat Poseidon, der Gott des Meeres, die Gabe der Verwandlung geschenkt. Erysichthon benutzt diese Fähigkeit seiner Tochter dazu, sie immer neu als Sklavin zu verkaufen, denn sie kommt in verwandelter Gestalt immer wieder zu ihm zurück. Wörtlich heißt es:

> Als der Vater erkannt, dass wandelbar jener der Leib sei,
> Bot er sie oft zum Verkauf, die Triopidin, doch jene,
> Bald als Vogel, als Ross, bald Kuh, bald Hündin, entweichend,
> Schuf dem begierigen Vater die unrechtmäßige Nahrung.

Die Verwandlung der Tochter in verschiedene Gestalten rechtfertigte die Aufnahme der Erysichthon-Geschichte in das Buch der »Metamorphosen«, d.h. der Verwandlungen. Schon früh wurde festgestellt, dass die Tiere, in die die Tochter sich verwandelt, symbolisch für den Geldlohn stehen: für den Dienstbotenlohn bzw. den Sklavenlohn, den sie erhält. Im Kommentar einer alten französischen Ausgabe der *Metamorphosen* aus dem Jahr 1757 heißt es: »Il y a des auteurs qui prétendent que tous ces changements marquent les gages qu'elle recevait de ceux qu'elle servait en qualité d'esclave« (Es gibt Autoren, die behaupten, dass alle diese Verwandlungen die Belohnungen darstellen, die sie in ihrer Eigenschaft als Sklavin verdiente).[3] Die Tochter kommt sozusagen in der Metamorphose des Geldes, in Form des Sklavenlohns zum Vater zurück. Dieser muss so hoch sein, dass sich der Wert der Tochter als Sklavin wiederherstellt und er außerdem einen Zusatz enthält, der vom Vater konsumiert werden kann. Der Handel mit der Tochter wird auf diese Weise sinnbildlich für den Handel schlechthin. Der Händler verkauft Waren, um den Ankaufswert der Waren, zusammen mit einem Gewinn, zurückzuerhalten. Den Gewinn kann er konsumieren, während er sich gleichzeitig mit dem ursprünglich angelegten und wieder zurückerhaltenen Geld neue Waren beschafft, um auch diese Waren wieder mit Gewinn zu verkaufen. Er wirft jedes Mal – um Karl Marx zu zitieren, der um provozierende Formulierungen nie verlegen war – »beim Kauf der Ware Geld in die Zirkulation, um es ihr wieder zu entziehen durch den Verkauf derselben Ware. Er entlässt das Geld nur mit der hinterlistigen Absicht, seiner wieder habhaft zu werden«.[4] So verkauft auch Erysichthon seine Tochter »in der hinterlistigen Absicht«, ihrer wieder habhaft zu werden.

Durch den Verkauf der Tochter wird es Erysichthon möglich, mehr und mehr Güter zu erwerben. Aber weil die neue Nahrung nur neue Bedürfnisse weckt und so neuen Hunger verursacht, muss er immer mehr Waren zum Verkauf bringen, bis er schließlich Raubbau an den eigenen Ressourcen treibt und damit seine Wirtschafts- und Lebensgrundlagen und sozusagen sich selbst zerstört. So heißt es denn am Schluss der Erzählung Ovids:

> Aber, als allen Stoff die Gewalt seines Übels verzehrt und doch nur neue Nahrung der schrecklichen Krankheit gegeben, fing er mit Bissen an zu zerfleischen die eigenen Glieder, und der Unselige nährt seinen Leib, indem er ihn aufzehrt.

3. Das Verlangen nach Gewinn

Auch mit der Verwandlung der Tochter ist die Erysichthon-Geschichte in Bezug auf die Frage nach der Unersättlichkeit noch nicht ausgeschöpft. Es gibt eine dritte Version, die sich auf die Erzählung von Ovid bezieht, ihr aber eine ganz neue Wendung gibt. Sie stammt von Pierre de Ronsard, dem größten französischen Dichter der Renaissance. Er lebte im 16. Jahrhundert, in dem es in der Folge der Gold- und Silberimporte aus dem neu entdeckten Amerika zu einem neuen Wachstumsschub kam.

Ronsard wendet sich »gegen die Holzfäller im Wald von Gâtine« – so heißt sein Gedicht, in dem die Göttin Demeter unter ihrem römischen Namen Ceres auftritt.[5] In einem Kommentar zu diesem Gedicht findet sich folgende Erklärung: »Ronsards geliebter Wald von Gâtine, der sich am linken Ufer der Loire in Richtung Tours erstreckt, wurde 1573 von seinem Eigentümer Henri de Bourbon verkauft und abgeholzt.« Ronsards Gedicht ist ein Protest gegen die Abholzung. Die erste Strophe lautet:

Wer einst als Erster sich des Frevels unterfängt,
Dass er dich, hoher Wald, mit hartem Beil bedrängt,
Den soll sein eigener Stab mit scharfem Stahl aufspießen,
Und Erysichthon gleich soll er den Hunger büßen,
Der am geweihten Baum der Ceres sich vergangen,
Der danach, ungestillt in rasendem Verlangen,
Die Herden allesamt, so Rind wie Lamm, verheerte
Und sich, vor Hunger toll, am Ende selbst verzehrte.
Er soll zuerst die Pacht, soll dann sein Land verprassen.

In der zweiten Strophe wird die Ursache dieses Verprassens geschildert. Der Besitzer des Waldes, der den Wald abholzen lässt, soll immer neue Darlehen aufnehmen müssen, dem Darlehensgeber Zins und Zinseszinsen schulden und schließlich sein ganzes Hab und Gut daransetzen, das Darlehen zurückzubezahlen:

Er soll, auf dass der Wald gerächt sei für sein Blut,
Auf immer neuen Zins stets neu geborgtes Gut
Dem Gläubiger schuldig sein, und schließlich alle Habe
Aufbrauchen, dass er nur die Schuld beglichen habe.

Ronsard gießt seinen Zorn – das ist das Bemerkenswerte – nicht, wie dies sonst immer üblich war, über den Darlehensgeber aus, den Gläubiger, der Zinsen verlangt, sondern über denjenigen, der das Darlehen aufnimmt, den Schuldner. Dieser ist hier der Waldbesitzer, der Geld aufnimmt, damit er die Holzfäller bezahlen kann. Der Hunger, der den Waldbesitzer antreibt, ist der Hunger nach Gewinn, den er aus der Abholzung des Waldes zieht.

Aber aus dem Gewinn muss er auch den Zins für das Darlehen bezahlen. Diesen Zins muss er fortlaufend, Jahr für Jahr, neu bezahlen, solange er dem Gläubiger das aufgenommene Geld schuldig bleibt. Der Gewinn aber fällt, wenn der Holzschlag nicht nachhaltig betrieben wird, nur ein Mal an. Daher muss der Besitzer, wenn er einmal mit Raubbau begonnen hat, versuchen, durch immer weiteren Raubbau neuen Gewinn zu erzielen, um die Zinsschuld zu begleichen. Schließlich ist aber der Wald kahl geschlagen. Der Besitzer muss sein Hab und Gut verkaufen, um die Darlehen zurückzubezahlen, und vernichtet auf diese Weise seine Existenzgrundlage selbst, so wie Erysichthon seinen eigenen Leib verzehrt.

Am Schluss gibt Ronsard der Erysichthon-Geschichte eine Wendung ins Allgemeine. Es geht nicht mehr nur um seinen Wald, den Wald von Gâtine, überhaupt nicht mehr nur um Wald, sondern um die ganze Umwelt, die Welt schlechthin. Ronsard klagt darüber, dass nur die Materie bestehen bleibt, aber alle Form verzehrt wird, in der sich die Welt manifestiert: »La matière demeure et la forme se perd« (Die Materie bleibt, aber die Form geht verloren). Vielleicht gehen aus der Materie auch wieder neue Formen hervor. Aber dem Dichter spendet dies wenig Trost. Die Vernichtung des Waldes von Gâtine hat daher – so sagt der Kommentar – eine »apokalyptische Dimension«.[6]

*

Aber geht diese Klage Ronsards nicht doch zu weit? Musste man nicht viele Wälder fällen, um das Land urbar machen zu können, musste und muss man nicht die Natur umformen, damit die vielfältigen Produkte geschaffen werden können, die allein erst Kultur und Zivilisation ermöglichen? Ein anderer großer Dichter, Friedrich Schiller, kommt genau zu diesem Schluss. In einem Gedicht mit dem Titel »Das Eleysinische Fest«, das um 1800 geschrieben wurde, also zu Beginn der industriellen Revolution, wird die Begeisterung beschrieben, mit der gerade im Dienste der Göttin Ceres/Demeter ein Wald gefällt wird:

> Alle Nymphen, Oreaden,
> Die der schnellen Artemis
> Folgen auf des Berges Pfaden,
> Schwingend ihren Jägerspieß,
> Alle kommen, alle legen
> Hände an, der Jubel schallt,

Und von ihren Äxte Schlägen
Krachend stürzt der Fichtenwald.

Ceres/Demeter ist diese Urbarmachung des Landes offenbar wohlgefällig. Von einem Erysichthon, der frevelhaft einen heiligen Baum fällt, ist hier nicht die Rede.

Was gilt nun: Freut sich Ceres/Demeter, wenn man den Wald fällt, oder ist sie zornig? Um diese Frage zu beantworten, müssen wir wieder daran denken, dass Erysichthon nicht irgendeinen Wald fällt, sondern den Heiligen Hain, der der Göttin geweiht ist. Offensichtlich geht es nicht darum, sich jeden Eingriffs in die Natur zu enthalten, genauso wenig wie es darum geht, den Egoismus des Homo oeconomicus als solchen zu verurteilen. Nicht die Nutzung der Natur als solche ist gefährlich, auch nicht die individuelle Aneignung der Natur, sondern der Kahlschlag, die bedenkenlose Übernutzung der Natur. Diese hat – und das ist der reale Hintergrund der Erysichthon-Sage – schon im Altertum zur ersten großen Umweltkatastrophe geführt, zur Verkarstung des ganzen Mittelmeerraums. Sie wird von Plato im Dialog »Kritias« mit den Worten beschrieben: »Wenn man den heutigen Zustand mit dem damaligen vergleicht«, so ist »gleichsam noch das Knochengerüst eines Leibes übrig, der von einer Krankheit verzehrt wurde: ringsum ist aller fette und weiche Boden weggeschwemmt worden, und nur das magere Gerippe des Landes ist übrig geblieben«.

Heute geht es immer noch oder wieder um die Vernichtung der Wälder, besonders der Urwälder mit ihrer reichen biologischen Substanz, die mit der Abholzung unwiederbringlich verloren geht. Wer schon einmal miterlebt hat, wie so ein gewaltiger Urwaldriese gefällt wird – einer nach dem anderen –, kann den Zorn der Demeter gut verstehen! Aber es geht natürlich nicht nur um die Vernichtung von Wäldern, sondern um die gesamte zunehmende Umweltbelastung und -zerstörung bei uns und in der ganzen Welt.

Die Tatsache, dass wir die Natur nutzen müssen, um zu wirtschaften, heißt eben nicht, dass sie bis zum Letzten ausgenutzt werden darf, sondern vielmehr, dass man auch die Grenzen der Nutzung einhalten muss, um sie weiterhin nutzen zu können.

*

Zusammenfassend lässt sich sagen: Der Ursprung der ökologischen Krise liegt in der Unfähigkeit, notwendige Grenzen der wirtschaftlichen Nutzung der Welt zu setzen und zu beachten. Die Entgrenzung steht – wie uns die Erysichthon-Erzählungen von Kallimachos, Ovid und Pierre de Ronsard verdeutlichen – im Zusammenhang mit der Ausbreitung der Geldwirtschaft und der Dynamik des Geldes. Diese wirkt der natürlichen Tendenz zum abnehmenden Grenznutzen, zur Sättigung bei steigendem Sozialprodukt, entgegen. Die Unersättlichkeit wird zum obersten Prinzip.

Sie muss in einer begrenzten Welt dazu führen, dass wir schließlich unsere eigenen Wirtschafts- und Lebensgrundlagen zerstören. Das ist die Schlussfolgerung der Erysichthon-Erzählungen.

Wir sehen in der modernen Zeit die Dinge allerdings anders: wir sehen vor allem den großen Reichtum, den die moderne Wirtschaft gebracht hat. Wir freuen uns über die Umformung der Natur zu unserem Nutzen durch das Wachstum des Sozialprodukts. Warum sollten wir uns auch diese Freude verwehren? Nur sollten wir auch im Auge behalten, dass die oberste Richtlinie der Ökonomie das ökonomische Prinzip ist, nämlich der haushälterische Umgang mit knappen Gütern. Es geht um die Notwendigkeit, die Nutzung *aller* knappen Güter – auch der Naturgüter – so zu gestalten, dass zwar der größtmögliche Nutzen daraus gewonnen werden kann, dass aber die Grenzen der Nutzung nicht überschritten werden. Die Ökonomie muss dabei auch der erst in Zukunft fühlbaren Knappheit der Natur Rechnung tragen. Es geht also nicht um eine Maximierung, sondern um eine Optimierung der Nutzung unter Einbezug der Zukunft, unter Einbezug der Nachhaltigkeit.

Das heißt: Wollen wir unsere Lebens- und Wirtschaftsgrundlagen bewahren, müssen wir der Naturnutzung ganz *bewusst und willentlich* Grenzen setzen, sowohl bezüglich des Ressourcen- und Bodenverbrauchs als auch bezüglich der Umweltverschmutzung und neuer Risiken. Diese Grenzen müssen in die Rahmenordnung der Wirtschaft eingehen und der Tendenz zur Unersättlichkeit in der Wirtschaft entgegenwirken. Der Markt kann sich dann so gestalten, dass man durch Nutzung der Natur nicht nur Geld *verdient*, sondern für die Nutzung der Natur auch Geld *bezahlen* muss. Je mehr man sich den Grenzen der zulässigen Nutzung nähert, umso mehr muss sich die Reduktion des Naturverbrauchs – statt eines zusätzlichen Naturverbrauchs – lohnen. Erst dann wird auch ein qualitatives Wachstum des Sozialprodukts möglich. Dann, aber auch erst dann, kann das ökonomische Prinzip, d.h. der haushälterische Umgang mit knappen Gütern in einem umfassenden Sinn, unter Einbezug der Natur zur Geltung kommen, ohne dass die Freiheit des Einzelnen als Homo oeconomicus, als eigennütziger Mensch, anders als durch den Markt eingeschränkt wird.

Die Grenzen selber kann allerdings der eigennützige Einzelne und auch der Markt nicht ziehen. Im Altertum hat Demeter sie vorgegeben: die Grenzen des Heiligen Hains. Diese Grenzen wurden überschritten. Heute muss die Wissenschaft stärker an diesen Grenzziehungen mitwirken. Aber ohne Übernahme einer Mitverantwortung jedes Einzelnen auf der Grundlage der Einsicht in die Notwendigkeit – und in die Schwierigkeit! – der Grenzziehungen ist es nicht möglich, die Grenzen zu bestimmen. Vielleicht kann der Blick auf Erysichthon dazu beitragen, diese Einsicht zu fördern und zu vertiefen. Wir müssen uns neu auf die Kräfte in uns besinnen, die uns im Bild der Demeter entgegentreten.

I.4 Ein früher Lösungsversuch: Platos Utopie der Nachhaltigkeit

Die Problematik der heutigen Wirtschaft besteht ganz offensichtlich darin, dass sie kein Maß kennt. Ihre Maßlosigkeit ergibt sich aus dem exponentiellen Wachstum des Sozialprodukts, bei dem – das gehört zur Natur des exponentiellen Wachstums – der jährliche (absolute) Zuwachs immer größer wird, ohne dass je ein Ziel erreicht wird. Das Ziel wird sozusagen ins Unendliche verlegt. Dieses Unendlichkeitsstreben hängt, wie wir mehrfach festgestellt haben, mit der Einführung der Geldwirtschaft und der Vermehrbarkeit des Geldes zusammen.

Die Ausbreitung des Geldverkehrs begann mit der Einführung der Münzen im kleinasiatischen Raum im 7. Jahrhundert vor Christus. Dass damit ein ganz neuer Zug in die Wirtschaft kam, wurde sehr bald begriffen, so schon von Solon, dem großen Staatsmann Athens. Berühmt ist seine Aussage:

»(Geld-)Reichtum hat keine Grenze, die greifbar den Menschen gesetzt ist.«

Gegen die ausschließliche Ausrichtung der Wirtschaft auf das Geldstreben und die damit verbundene Utopie des grenzenlosen Wachstums wurde aber schon sehr bald eine Gegenutopie entworfen, nämlich ca. 200 Jahre nach dem Beginn des Geldzeitalters. Es handelt sich um den Entwurf einer Wirtschaftsordnung in dem Alterswerk Platos *Die Gesetze*.[1] Dieser Entwurf ist bisher die einzige umfassende Gegenutopie zur Wachstumswirtschaft geblieben. Sie hat auch einen ökologischen Gehalt, obwohl ökologische Fragestellungen im eigentlichen Sinne nur am Rande einbezogen werden, so z. B. durch die Forderung nach Schaffung bzw. Ausdehnung der sogenannten »heiligen Haine«, in denen weder gejagt noch Holz gefällt werden darf und die wir daher als Vorformen der Naturschutzparks ansehen können.

Den ökologischen Anforderungen wird aber vor allem durch die Mäßigung der wirtschaftlichen Expansion Rechnung getragen.

Plato geht aus von der Forderung nach der Einführung und Aufrechterhaltung des »richtigen Maßes«: Wenn man mit »Überschreitung des richtigen Maßes dem Kleineren eine zu große Gewalt gibt, z. B. einem Schiff zu große Segel, einem Körper zu viel Nahrung, einer Seele zu bedeutende Gewalt, dann schlägt alles um und gerät außer Rand und Band. Das eine rennt in Krankheiten hinein, das andere in Ungerechtigkeit ... Sich vor diesen Folgen also zu hüten, nachdem man das richtige Maß erkannt, das ist die Aufgabe großer Gesetzgeber«. (691 A–691D)

Das Anliegen Platos ist es also, Barrieren gegen die menschliche Maßlosigkeit zu setzen, die zu äußeren wie inneren Übelständen führt. Dies gilt auch für die Wirtschaft. Seine Vorschläge beziehen sich dabei auf die Neugründung einer Stadt, das heißt, er überträgt Vorschläge zur Reform einer bestehenden in Vorschläge zur Schaffung einer neuen Ordnung. Dabei ist unter »Stadt« auch das dazugehörige Land zu verstehen, so dass es also im Grunde um die Neuordnung einer ganzen Volkswirtschaft geht, in der die Beziehung Stadt–Land ebenfalls geregelt werden muss.

Die Gesetze, auf denen »die Stadt der Zukunft« beruht, sollen so formuliert werden, dass die Stadt nicht nur bevölkerungsmäßig stabil bleibt, sondern dass auch kein Anlass und kein Antrieb zur steten wirtschaftlichen Expansion besteht. Wie wird dies erreicht?

Der Gesetzgebung geht die Frage nach der Lage der neu zu gründenden Stadt voraus, wobei unter »Lage« nicht der genaue Standort zu verstehen ist, sondern die Entfernung vom Meer und damit das Ausmaß der Eingliederung in den Seehandel. Wenn Plato sagt, die Stadt soll nicht mehr als 80 Stadien (ca. 15 km) vom Meer entfernt liegen, so bedeutet dies: Die Stadt soll zwar die Möglichkeit haben, die wirklich nötigen Dinge, die sie nicht selber produziert, zu importieren. Aber sie darf auf keinen Fall direkt mit einem Hafen verbunden sein. Sie muss also im wörtlichen und übertragenen Sinne vom internationalen Handel bzw. der internationalen Arbeitsteilung Abstand nehmen und in einem gewissen Ausmaß autark bleiben.

Das erste Stabilitätspostulat betrifft die Bevölkerung. Sie soll weder zu- noch abnehmen. Die natürliche Tendenz zur Vermehrung wird einerseits durch gewisse moralische und institutionelle Schranken, etwa in Bezug auf das Heiratsalter, gehemmt; eine allfällige überschüssige Bevölkerung aber soll in eine Kolonie auswandern. Heute ist angesichts der Übervölkerung der ganzen Welt die Möglichkeit der Auswanderung zur Beschränkung des Bevölkerungswachstums weitgehend verbaut; an ihre Stelle ist aber als entsprechender Ausweg – so könnte man vielleicht argumentieren – die Familienplanung getreten.

Entsprechend der Zahl der Bevölkerung soll auch die Zahl der Haushalte ein für alle Mal festliegen. Wie viele Haushalte soll es in einer Stadt geben? Bei der Beantwortung dieser Frage sucht Plato eine Zahl, die eine zwar vielfältige, aber doch stabile Ordnung der Stadt ermöglicht. Jede Ordnung setzt Gruppierungen und Untergruppierungen voraus, die je nach ihrer Funktion verschieden viele Haushalte umfassen sollen. Die Gesamtzahl der Haushalte muss daher eine Zahl sein, die möglichst viele Teiler aufweist. Eine solche Zahl ist 5040.[2] Diese Zahl, die – wie Plato hervorhebt – durch alle Zahlen von 1 bis 12 mit Ausnahme von 11 teilbar ist, bestimmt somit die Größe der Stadt und der 12 Stämme (Provinzen), in die sich die Stadt zur Hauptsache gliedert. »Der Anfang der nunmehr von uns aufzustellenden Gesetze soll nun folgender sein, von der Religion beginnend: Hierbei müssen wir vor allem wiederholen, wie bequem sich die Zahl 5040 zerlegen lässt … sowohl im Ganzen wie in den einzelnen Stämmen, die wir als $^{1}/_{12}$ des Ganzen gesetzt haben, was denn gerade 20 mal 21 ausmacht.[3] Die ganze Zahl lässt sich von uns durch 12 dividieren, und ebenso ist es bei der Zahl des einzelnen Stammes. Wir müssen daher jeden einzelnen Teil als ein heiliges Geschenk des Himmels ansehen, weil ihre Zahl der Zahl der Monate und dem Umlauf der Welt entspricht.« (771 A–771 E)

In dieser Zahlenvorschrift kommt die Auffassung zum Ausdruck, dass sich eine maßvolle Ordnung auch tatsächlich an festen, verbindlichen Massen orientieren muss. Diese sollen praktisch sein im Sinne der Teilbarkeit, erhalten aber auch einen sakrosankten Charakter durch Entsprechungen in der kosmischen Ordnung.

Innerhalb dieser Ordnung lässt sich auch das Prinzip der Gerechtigkeit verwirklichen, indem jeder Familie bei der Gründung der Stadt – unabhängig vom mitgebrachten Vermögen – die gleichen Chancen bei der Landzuteilung gewährt werden. Wir würden heute von einer Landreform sprechen. Es werden 5040 Lose gebildet; jedes Los zerfällt in zwei Stücke, wovon das eine nah, das andere weit entfernt von der Stadt liegt. Im Sinne des Postulats der Chancengleichheit soll der im Zentrum der Stadt gelegene Teil mit dem an der äußersten Grenze des Landes gelegenen Teil *ein* Los bilden, der zweitnächste zum Zentrum der Stadt mit dem zweitweitesten auf dem Land und so weiter; im gleichen Sinn ist auch ein Ausgleich bezüglich der Schlechtigkeit oder der Güte des Bodens zu suchen. Auch innerhalb der Stadt hat jeder Bürger zwei Wohnungen; die eine im Zentrum der Stadt, die andere an den Außenseiten. In dieser Landreform ist die Vorstellung impliziert, dass jeder gleichzeitig Stadt- und Landbewohner ist und somit keine eigentliche Arbeitsteilung zwischen Stadt und Land stattfindet. Vielmehr hat jeder Haushalt eine eigene Selbstversorgungsbasis.

Die Grundlage der Wirtschaftsordnung bildet das Privateigentum am Boden und am übrigen Vermögen; die Bodenbearbeitung ist also individuell und nicht gemeinschaftlich. In diesem Sinne unterscheidet sich die platonische Utopie deutlich von einer kommunistischen Ordnung. Das Privateigentum am Boden ist aber auf die Nutzung des Bodens und die Aneignung der Bodenfrüchte beschränkt, schließt somit die Veräußerung und die Belehnung des Bodens aus. Das Eigentum beinhaltet also ein Nutzungs-, aber nicht ein Verfügungsrecht. Auch ist im Eigentums*recht* eine Bewirtschaftungs*pflicht* enthalten, indem der

Boden ideell als Gemeingut des ganzen Staates betrachtet wird: »Weil nun aller Grund und Boden dem Vaterlande gehört, so muss der Besitzer dessen auch warten und pflegen wie eine Mutter ihr Kind; denn der Heimatboden ist für uns sterbliche Menschen auch eine gebietende ewige Gottesmacht.« (739 E–740 D) Darüber hinaus gilt die Einschränkung, dass nur ein Drittel der Bodenfrüchte bzw. des Viehs auf dem Markt angeboten werden darf, während zwei Drittel der Selbstversorgung dienen sollen.

Wenn jeder Einwanderer einen Anteil am Boden erhält, so wird doch der eine mit einem größeren, der andere mit einem kleineren Besitze gekommen sein. Auch werden im Laufe der Zeit unterschiedliche Leistungen zu unterschiedlichen Einkommen führen. Aus diesen Gründen werden die einen reicher, die anderen ärmer sein. Dieser Unterschied soll und kann nach Plato nicht aufgehoben werden. Es soll aber keine extreme Armut und auch kein extremer Reichtum bestehen. Daher sind eine Ober- und eine Untergrenze des Einkommens zu bestimmen. Die Untergrenze bildet der Ertrag aus dem ursprünglich zugeteilten Land, das der Besitzer nicht veräußern kann und das ihm auch nicht unter irgendeinem Titel weggenommen werden darf. Als Obergrenze schlägt Plato das Vierfache dieses Ertrags vor. Ein allfälliger Überschuss soll dem Staat abgegeben werden. In diesem Vorschlag schwingt der Gedanke mit, dass die Wirtschaft nicht durch übermäßige Besitzsucht destabilisiert werden darf, welche die maßvolle Ordnung zerstören würde.

Der eigentliche Kern der Unruhe und der Unmäßigkeit ist aber für Plato das Geld. Zwar ist die Benutzung des Geldes nicht zu vermeiden, da die Güter ja auf dem Markt gegen Geld ausgetauscht werden. Aber das Geld soll nicht gegen Zinsen ausgeliehen, also nicht zu Kapital werden. Die Kapitalisierung des Geldes soll dadurch verhindert oder doch wenigstens behindert werden, dass der Gläubiger weder die Stammsumme noch die Bezahlung der Zinsen vor Gericht einklagen kann.

Entsprechend der Zurückdrängung des Geldes ist auch die Währungsordnung gestaltet. Gold- und Silbermünzen, die als

Ausdruck des Reichtums gelten und um ihrer selbst willen begehrt werden, sollen im Innern keine Gültigkeit haben und nur im Außenverkehr eine Rolle spielen. Im Innern sollen nur Münzen aus unedlem Metall umlaufen.

*

Schon für Plato stellt sich allerdings die Frage, ob sich solche Vorschläge überhaupt verwirklichen lassen. Plato ist insoweit selber skeptisch, als er bemerkt, dass vieles dem Schicksal überlassen bleibt: »Ich wollte sagen, dass eigentlich niemals irgendein Mensch Gesetze macht. Schicksale und Ereignisse von mancherlei Art in allen möglichen Fällen sind's: *die* machen uns alle Gesetze. Entweder hat ein Krieg in seinem überwältigenden Verlauf Verfassungen umgeworfen und Gesetze verändert oder war's die Not jämmerlicher Armut. Häufig zwingen auch Krankheitsverhältnisse zu Neuerungen, wenn Seuchen hereinbrechen und oft lange, lange Zeit hindurch böse Missjahre kommen. Wenn man das alles so vor sich sieht, drängt's einen wohl zu sagen ..., dass keine Menschenseele jemals ein Gesetz macht, sondern alle Dinge in der Welt lediglich Zufall und Schicksal sind. Und in der Tat, behauptet man dies vom Schiffswesen, von der Steuerung, von der Heilkunst, von dem Beruf eines Heerführers, so, glaube ich, hat man vollkommen recht.« (708 D–709 B) Aber Plato fügt hinzu, dass es in den Stürmen des Schicksals *auch* auf die gute Steuerung ankomme und so, in Bezug auf die Entwicklung der öffentlichen Ordnung, *auch* auf die gute, rechte Staatskunst: »Aber ebenso hat man bei den nämlichen Dingen auch *damit* recht..., dass Gott alles in der Welt lenkt und *mit* Gott der Zufall und der Augenblick. Noch feiner ist es sicherlich, wenn man zugibt, dass auch ein Drittes hinzukommen muss, nämlich die Kunst. Im Augenblick eines Sturms die Kunst des Steuermanns zu Hilfe nehmen zu können, das möchte ich doch weit höher anschlagen, als wenn man's nicht kann ... Und so muss man das Nämliche auch für die Gesetzgebung annehmen.« (709 B)

Wird aber gerade die Utopie einer maßvollen Ordnung Gefallen finden? Plato möchte nichts weiter als ein Leitbild geben, auf das sich der praktische Gesetzgeber ausrichten kann, ohne dass mit einer völligen Verwirklichung zu rechnen ist: überall scheint »der Gesetzgeber« – so sagt Plato in Bezug auf seine eigenen Ideen! – »fast traumhafte Vorschläge auszusprechen oder eine Stadt samt ihren Bürgern aus Wachs kneten zu wollen. Derartige Einwürfe sind gewiss nicht unbegründet; doch hat man auch Folgendes nochmals bei sich zu beherzigen. Abermals richtet der Gesetzgeber an uns die Worte: Glaubt nicht, liebe Freunde, dass mir selbst bei unseren Beratungen die vorgebrachten Einwürfe unbekannt geblieben sind; ich gestehe, dass man sie in gewisser Art mit gutem Grunde geltend machen kann. Gleichwohl achte ich es bei allem, was ins Leben gerufen werden soll, für durchaus billig, dass der, der das Musterbild aufstellt und zeigen will, wie das Unternommene werden muss, nicht unter die höchste Stufe von Schönheit und Wahrheit heruntergeht. Wer dabei auf die Unmöglichkeit in der Ausführung stößt, sucht diese zu vermeiden und richtet die Sache nicht so ins Werk; was dagegen unter den übrigen Dingen dieser Stufe am nächsten liegt und nach seiner Natur mit dem, was eigentlich geschehen sollte, in der engsten Verwandtschaft steht, auf dessen Verwirklichung wird er mit allen Mitteln hinarbeiten«. (745 D–746 C)

Wenn wir heute die *Gesetze* Platos zurate ziehen, um daraus eine Orientierungshilfe zu gewinnen, so kann der darin enthaltene Entwurf einer Wirtschaftsordnung – wie Plato selber zugibt – sicher nicht als verbindliche Richtlinie verstanden werden. Angesichts der Zuspitzung der ökologischen Problematik sollte er aber doch Anlass zum Nachdenken über Möglichkeiten der Mäßigung sein.

Die Natur
als Teil der
Ökonomie

II.1 Die Ausblendung der Natur aus der ökonomischen Theorie

1. Produktion aus dem Nichts?

Seit der industriellen Revolution hat sich die Wirtschaft zu einem alles beherrschenden System entwickelt, das die natürliche Umwelt mehr und mehr belastet und zurückdrängt. Der Tatsache des zunehmenden Ressourcenverbrauchs und der Verschmutzung des Bodens, des Wassers und der Luft wurde aber in der ökonomischen Theorie kaum Beachtung geschenkt. Man wollte dem wirtschaftlichen Wachstum keine Hindernisse in den Weg legen. Die Wirtschaftstheorie trug dieser Absicht bewusst oder unbewusst dadurch Rechnung, dass sie eine makroökonomische, d.h. die Gesamtwirtschaft betreffende Theorie aufbaute, welche die ursprünglich durchaus noch vorhandenen Ansätze zum Einbezug der Natur völlig ausschaltete und den Menschen zum alleinigen Produzenten und Schöpfer der Wirtschaft erklärte. Im Zentrum der modernen makroökonomischen Theorie steht eine Produktionsfunktion, welche das Sozialprodukt nur von Produktionsfaktoren abhängig macht, die als ausschließliche Leistungen des Menschen gelten. Diese Produktionsfunktion wurde zur tragenden Grundlage der heutigen Wirtschaftspolitik, die auf die Generallinie des wirtschaftlichen Wachstums ausgerichtet ist und alle übrigen Ziele nur anerkennt, wenn sie sich in diese Generallinie einordnen lassen. Wirtschaftliches Wachstum wurde dabei identifiziert mit einer konstanten (möglichst hohen Wachstumsrate) des Sozialprodukts. Das exponentielle Wachstum scheint grundsätzlich keiner Beschränkung unterworfen zu sein.

Die orthodoxe Produktionsfunktion der ökonomischen Theorie wurde in zwei Stufen entwickelt. In einer ersten Stufe wurde das Sozialprodukt (P) allein als Resultat von nur zwei Produktionsfaktoren aufgefasst, nämlich als Resultat der Arbeit (A) und des Kapitals (K). Die entsprechende makroökonomische Produktionsfunktion lautet somit:

$$P = f\,(A,K)$$

Arbeit wird bei gegebenem Arbeitspotenzial (Bevölkerung) als Leistung des Fleißes, Kapital als Resultat des Sparens und damit als eine Leistung des Konsumverzichts angesehen. Diese Produktionsfunktion ist also bereits Ausdruck einer weitgehenden Leistungsorientierung und beinhaltet als solche die Vorstellung, das Ausmaß der Produktion und seine immer weitergehende Steigerung sei in das Belieben des Menschen bzw. seiner Leistungsfähigkeit gestellt. »Arbeite und spare, dann wirst du Erfolg haben«, fordert sie den Menschen auf, »dann darfst du aber auch stolz sein auf deine Leistung, weder Gott noch die Natur hat dir dabei geholfen.« Die Tatsache, dass der Mensch nicht aus dem Nichts, sondern nur aus einem Etwas produzieren kann, das er der Natur bzw. der Umwelt und damit einem Produktionspotenzial entnimmt, das er nicht selber schaffen kann, und dass er auch im Produktionsprozess immer mit der Natur zusammenarbeiten muss, wurde schon in dieser Formulierung vernachlässigt. Nur die Tatsache, dass das Arbeitspotenzial vom Bevölkerungswachstum und damit auch von nicht dem menschlichen Leistungswillen unterstellten Faktoren – unter anderem vom Vorhandensein eines genügenden Nahrungsspielraums – abhängt, verband diese Produktionsfunktion noch mit der Natur und verbot die Annahme eines unbeschränkten Wachstums der Wirtschaft. Die einfache Produktionsfunktion mit nur zwei Produktionsfaktoren ist ja an das Ertragsgesetz gebunden, das auch als das Gesetz vom abnehmenden Grenzertrag bekannt ist. Dieses Gesetz besagt, dass der vermehrte Einsatz nur *eines* Produktionsfaktors bei Konstanz des anderen von einer gewissen Menge an zuerst zu einer unterproportionalen und schließlich überhaupt zu keiner weiteren Ertragssteigerung mehr führt. Da die Bevölkerung und damit das Arbeitskräftepotenzial gegeben und auch dem Fleiß eine Grenze gesetzt ist, müsste es schließlich aufgrund dieser einfachen Produktionsfunktion doch zu einer Beschränkung des Sozialproduktwachstums kommen, selbst wenn der Kapitaleinsatz durch Sparen beliebig erhöht werden könnte.

Dieser Vorstellung eines beschränkten Wachstumspotenzials stand aber die empirische Tatsache entgegen, dass sich der wirtschaftliche Wachstumsprozess lange Zeit fast ohne jede Begrenzung fortsetzen konnte. Aus diesem Grund wurde in einer zweiten Stufe der Entwicklung der makroökonomischen Produktionsfunktion ein weiterer Produktionsfaktor eingeführt, der in der Lage sein sollte, die beschränkende Wirkung des Ertragsgesetzes jederzeit aufzuheben. Es handelt sich um das Wissen und Können oder den technischen Fortschritt (F). Er wurde für denjenigen Zuwachs des Sozialprodukts für zuständig erklärt, der angesichts der Geltung des Ertragsgesetzes weder der Erhöhung des Arbeitskräftepotenzials noch der Erhöhung des Kapitalbestands zugeschrieben werden kann. Die erweiterte makroökonomische Produktionsfunktion – wir bezeichnen sie als *die orthodoxe Produktionsfunktion* – lautet demgemäß:

$$P = f(A,K,F)$$

Diese Produktionsfunktion ist nun tatsächlich gefeit gegen jede natürliche Beschränkung des Wirtschaftswachstums. Für den technischen Fortschritt gilt ja – so scheint es – das Gesetz vom abnehmenden Grenzertrag nicht. »Je mehr man weiß, umso mehr wird man wissen«, sagt man. Das wirtschaftliche Wachstum stößt somit gemäß der erweiterten Theorie in immer neue Freiräume vor. Zum Slogan »Arbeite und spare!« tritt einfach noch die Aufforderung »Lerne und forsche!« hinzu. Damit ist der Weg für die Vorstellung eines unbeschränkten, allein von der Leistung des Menschen abhängigen, gegen alle Umwelteinflüsse abgesicherten Wachstums der Wirtschaft geebnet. Die Selbstherrlichkeit des Homo oeconomicus scheint keine Grenze zu kennen.[1]

2. Warum die Natur in der Produktionsfunktion außer Acht gelassen wurde

Es stellt sich allerdings die Frage, ob die Ausblendung der Natur aus der Ökonomie einfach dadurch zu erklären ist, dass die Reichtümer der Natur und insbesondere die geologischen Vorräte der nichterneuerbaren Ressourcen lange Zeit tatsächlich im Verhältnis zum Verbrauch als praktisch unendlich groß betrachtet werden durften. Das exponentielle Wachstum der Wirtschaft ist ja relativ neu; neu ist somit auch die Tatsache, dass die Ausbeutung der Ressourcen, auf denen das wirtschaftliche Wachstum beruht, in einer relevanten Größenordnung zum Gesamtvorrat der Ressourcen in der Welt steht. Die industrielle Revolution, die Ende des 18. Jahrhunderts einsetzte, baute zwar von Anfang an auf der Ausbeutung und Verwendung nichterneuerbarer Ressourcen – vor allem von Kohle und Eisen – auf, aber der Verbrauch hatte nur einen geringen Bruchteil des heutigen Umfangs. Erst die Zeit nach den sogenannten Gründerjahren, also das Ende des 19. und der Anfang des 20. Jahrhunderts, brachte einen solchen Aufschwung der Wirtschaft, dass sich überhaupt die Frage aufdrängte, wie lange die Vorräte der Ressourcen ausreichen würden. Tatsächlich wurde damals auch zum ersten Mal der mögliche Umfang der Kohlevorräte diskutiert. Wenn diese Problematik dann aber vorerst nicht weiterbehandelt wurde, lag dies einmal an der Tatsache, dass neben Kohle und Eisen neue Ressourcen wie zum Beispiel Erdöl und Aluminium größere Bedeutung erlangten und sich mit diesen neuen Ressourcen die Substitutionsmöglichkeiten beträchtlich erweiterten. Vor allem aber schwächte sich das wirtschaftliche Wachstum selbst durch den Ersten Weltkrieg, die Weltwirtschaftskrise der 30er Jahre und den Zweiten Weltkrieg stark ab. Erst seit Mitte der 50er Jahre setzte sich das wirtschaftliche Wachstum in einem Maße durch, dass die Frage einer quantitativen Grenze für dieses Wachstum wirklich gestellt werden musste. Eigenartigerweise hat aber die Wiederbelebung des wirtschaftlichen Wachstums nicht zu einer grundsätzlichen Neubesinnung über die Rolle der Natur in der Produktion geführt. Zwar hat sich im Zusammenhang mit der Ölkrise in den 70er Jahren des 20. Jahrhunderts eine »Ressourcenökonomie« entwickelt, die sich mit der Erschöpfung der natürlichen Ressourcen befasst.[2] Aber sie hat keinen Platz in der maßgebenden Produktionstheorie gefunden und ist daher eine Randerscheinung geblieben. Trotz der nicht mehr übersehbaren Aktualität der Fragestellung ist die Natur nicht als Produktionsfaktor anerkannt worden.

Als mögliche Entschuldigung für die Ausklammerung der Natur aus der neuen Produktionsfunktion könnte allerdings auch geltend gemacht werden, dass die ältere Nationalökonomie mit dem Versuch zu ihrer Integration keinen Erfolg hatte. Zwar bestand zu Beginn der Industriellen Revolution, wie wir festgestellt haben, keine unmittelbare Notwendigkeit, die nichterneuerbaren Ressourcen mit ihrem begrenzten Gesamtvorkommen in der Theorie zu würdigen. Dafür war aber die Berücksichtigung der erneuerbaren Ressourcen, d.h. des »Bodens« als Pars pro Toto für Erde, Nährstoffe, Wasser, Luft, Sonne, welche die Grundlage der Landwirtschaft bilden, von umso größerer Bedeutung. Die Industrialisierung hatte ja schon zu Anfang eine starke Bevölkerungsvermehrung zur Folge gehabt, und es stellte sich damals schon die Frage, ob die landwirtschaftliche Produktion genügend erhöht werden könnte, um die immer größer werdende Bevölkerung zu ernähren.

Der Begründer der klassischen Nationalökonomie, Adam Smith (1723–1790), dessen berühmtes Buch *The Wealth of Nations* im Jahr 1776, also gerade zu Beginn der industriellen Revolution, erschien, war sich dieses Problems zwar noch nicht bewusst. Aber der zweite große klassische Nationalökonom, Sir Robert Malthus (1766–1834), formulierte bald darauf sein berühmtes Bevölkerungsgesetz, wonach die Nahrungsproduktion immer hinter der Bevölkerungsvermehrung hinterherhinke. Dieses »Gesetz« stützte sich auf die Vorstellung, dass ein vermehrter Arbeits- und Kapitalaufwand auf einer bestimmten

Bodenfläche von einem gewissen Moment an zu immer geringeren Produktionssteigerungen führe. Darauf baute der dritte große Klassiker der Nationalökonomie, David Ricardo (1772–1823), das Gesetz vom abnehmenden Bodenertrag auf, wobei er ergänzend darauf hinwies, dass für die Befriedigung der steigenden Nachfrage nach Nahrungsmitteln immer schlechtere Böden unter den Pflug genommen werden müssten. Im Unterschied zu den nichterneuerbaren Ressourcen kann der Boden als erneuerbare Ressource jedes Jahr von neuem genutzt werden, denn es findet ein Regenerationsprozess statt, den die Natur besorgt und der nichts kostet; aber das Ausmaß der jährlichen Nutzung ist beschränkt. Der Umfang des landwirtschaftlich nutzbaren Bodens bildet daher gemäß Ricardo eine Grenze für die Ausdehnung der Nahrungsmittelproduktion.

In zweifacher Weise war dadurch gemäß klassischer Theorie eine Wachstumsgrenze gegeben: erstens hinsichtlich des Bevölkerungswachstums, das an die Grenze des Nahrungsmittelspielraums stieß – das war die Idee von Malthus –, und zweitens hinsichtlich des wirtschaftlichen Wachstums, das durch den Trend zu sinkenden Profitraten abgebremst würde – das war die Idee von Ricardo, die ebenfalls mit dem Bevölkerungswachstum zusammenhing. Aus der Tendenz zur Bevölkerungsvermehrung ergebe sich nämlich die Notwendigkeit, immer schlechtere Böden zu bewirtschaften. Damit die Kosten dieser zusätzlichen Böden gedeckt werden, müssten die Preise der landwirtschaftlichen Produktion steigen, was eine Zunahme der Bodenrente, die auf den besseren Böden erzielt wird, bewirke. Gleichzeitig müssten aufgrund der Preissteigerung die Löhne so weit steigen, dass das Existenzminimum real gesichert bleibt. Infolgedessen verminderten sich die Profite der Kapitalbesitzer, die die Löhne zahlen. Die Aufteilung des Sozialprodukts zwischen Arbeitern, Kapitalbesitzern und Bodeneigentümern verändere sich also zugunsten der Bodeneigentümer und zulasten der Kapitaleigentümer (der Reallohn der Arbeiter bleibe unverändert). Irgendwann müsse die Erhöhung der Bodenrente letztlich dazu führen, dass sich ein *zusätzlicher* Kapitaleinsatz nicht mehr lohne. Es würden keine (Netto-)Investitionen mehr getätigt: das Wachstum komme zum Erliegen.

In der Folge erwies sich diese Theorie Ricardos als nicht stichhaltig. Weder das Bevölkerungs- noch das Wirtschaftswachstum wurde in der geschilderten Weise abgebremst. Wohl verlangsamte sich das Bevölkerungswachstum in Europa und den USA, aber nicht wegen einer drohenden Hungersnot, sondern im Gegenteil wegen der mit zunehmendem Wohlstand einhergehenden freiwilligen Reduktion der Kinderzahl. In den übrigen Erdteilen nahm das Bevölkerungswachstum sogar trotz Unterernährung und sogar gelegentlicher Hungersnöte weiter zu. Vor allem aber war keine Rede von einer Tendenz zur abnehmenden Profitrate. Das wirtschaftliche Wachstum nahm nicht nur seinen Fortgang, sondern es beschleunigte seine Gangart, sobald die äußeren Voraussetzungen dazu, nämlich insbesondere eine stabile internationale Ordnung, gegeben waren. Die Möglichkeiten der Gewinnerzielung vergrößerten sich dabei ständig.

Angesichts dieser Fehlprognose ist es an sich verständlich, dass die Ökonomie keine natürlichen Schranken der wirtschaftlichen Entwicklung mehr anerkennen wollte. Vielmehr wurde jeder, der doch auf solche Möglichkeiten hinwies, als Neo-Malthusianer gebrandmarkt. Der Boden wurde sogar, wie wir gesehen haben, aus der Produktionsfunktion ausgeklammert und das Gesetz vom abnehmenden Bodenertrag zum rein formalen Gesetz vom abnehmenden Grenzertrag degradiert, das scheinbar durch den technischen Fortschritt in beliebigem Ausmaß außer Kraft gesetzt werden kann.

3. Die unterschiedliche Bewertung der Natur in der Physiokratie und im Merkantilismus

Dass das Gesetz vom abnehmenden Bodenertrag nicht wirksam war, ist jedoch keine stichhaltige Begründung für die Ausklammerung der Natur aus der Produktionsfunktion. Die Tatsache, dass der Rohstoffmangel bis vor kurzem nicht aktuell war und dass sich die Grenzen des Nahrungsmittelspielraums als wesentlich elastischer erwiesen, als man ursprünglich vermutet hatte, sind höchstens eine Erklärung dafür, dass die Natur nicht, nicht mehr oder noch nicht als Wachstumsgrenze gesehen wurde und wird, nicht aber dafür, dass die Mitwirkung der Natur am Produktionsprozess überhaupt negiert wird. Es geht ja primär gar nicht um das Bewusstsein der Schranken, die die Natur dem Menschen für seine wirtschaftliche Tätigkeit setzt, sondern um die Anerkennung des Reichtums, den sie ihm bietet. Es geht darum, sich bewusst zu machen, dass der Mensch als Produzent im besten Fall nichts anderes tun kann, als den ökologischen Kreislauf der Natur zu intensivieren und im Übrigen einfach aus dem Ressourcenvorrat der Welt so viel an sich zu nehmen und wirtschaftlich zu verwerten, als er mit seinem Fleiß und seinem technischen Wissen und Können herausholen kann.

Damit stellt sich erneut die Frage: Warum ist dieses Bewusstsein vom Reichtum der Natur und dessen Beitrag an die Wirtschaft nicht in die ökonomische Theorie eingedrungen oder allenfalls wieder daraus entschwunden? Eine gültige Antwort auf diese Frage erhalten wir am ehesten, wenn wir auf die vorklassischen Schulen der Ökonomie des 17. und 18. Jahrhunderts, die unter dem Namen des Merkantilismus und der Physiokratie bekannt sind, zurückgehen und von dort aus die Entwicklung der klassischen Theorie untersuchen, auf welche die ökonomische Wissenschaft bis zum heutigen Tag aufbaut. Die klassische Nationalökonomie anerkannte zwar noch, wie bereits erwähnt, natürliche Grenzen des Wachstums. Aber sie sah nicht mehr den Reichtum, den die Natur spendet – und darum war es ein Leichtes, die Natur überhaupt aus dem Kreis der Produktionsfaktoren zu entfernen, als diese Grenzen sich als weiter erwiesen als ursprünglich vermutet.

Das wichtigste Ergebnis unserer Untersuchung sei vorweggenommen. In der Stufenfolge der ökonomischen Theorien wurde aus der Kooperation von Arbeit und Boden eine Kooperation von Arbeit und Kapital, dessen Bedeutung durch den technischen Fortschritt noch verstärkt wurde. Der Boden und die übrigen natürlichen Ressourcen wurden dabei in das Kapital einbezogen und den Gesetzen des Kapitals unterstellt. Diese ergeben sich aus dessen Geldcharakter: die Produktion von Geld im Sinne der Geldschöpfung (Notengeld, Buchgeld) ist weitgehend von den Bedingungen der Natur unabhängig. Durch die Unterordnung des Bodens und der übrigen Ressourcen unter das Kapital wurden diese Produktionsfaktoren somit »entnaturalisiert«, d. h. so behandelt, als könne der Mensch ebenso Ressourcen schöpfen wie Geld schöpfen. Das entscheidende Problem bildete dabei die Tatsache, dass dieser Geldcharakter des Kapitals nicht bewusst gemacht, sondern unter dem Begriff des Realkapitals versteckt wurde. Es entstand damit ein Zwittergebilde – halb Geld, halb Natur –, das je nach Belieben unter monetärem und unter stofflichem Gesichtspunkt betrachtet werden kann. Dadurch wurde es unmöglich, Geld und Natur – die Gesetze des Geld-Kapitals und die Gesetze der Natur – miteinander zu konfrontieren und sich der Problematik dieser Konfrontation bewusst zu werden. Eine Wiedereinordnung der Natur als selbständiger Faktor ist daher nur möglich, wenn auch die Rolle des Geldes als selbständiger Faktor im Produktionsprozess erkannt wird. Das Wiederbewusstmachen der Rolle, die das Geld im Produktionsprozess spielt, ist daher – so eigenartig dies klingen mag – die Voraussetzung der Wiederbewusstmachung der Rolle, die der Natur zukommt.

Die Blindheit der Nationalökonomie gegenüber der Mitwirkung der Natur am Produktionsprozess ist umso bemerkenswerter, als die erste nationalökonomische Lehre, die Anspruch auf eine umfassende theoretische Analyse des Wirtschaftsprozesses erheben konnte, gerade auf der Erkenntnis von der Mitwirkung der Natur am Produktionsprozess aufbaut. Es handelt sich um die Lehre von der Physiokratie, also um die Lehre von der »natürlichen Ordnung«, die im 18. Jahrhundert von François Quesnay (1694–1774), dem Leibarzt von Ludwig XVI., begründet und von A. R. J. Turgot (1727–1781), einem der letzten Finanzminister des Ancien Régime, vollendet wurde.

Eine der Hauptaufgaben jeder nationalökonomischen Lehre war es seit jeher gewesen, zu erklären, welcher Anteil dem Boden als Pars pro Toto der Natur und welcher Anteil der Arbeit zukomme. Die Physiokraten rückten den Boden in den Vordergrund und mit ihm die Fruchtbarkeit der Natur. Sie gingen dabei so weit, nur diejenige Arbeit als produktiv zu erklären, die mit dem Boden verbunden ist, also die landwirtschaftliche Arbeit, während sie die handwerkliche Tätigkeit als »steril« erachteten, weil sie die Stoffe nur umformt. Dabei gingen sie von der Feststellung aus, dass der Landwirt im Allgemeinen mehr produziert, als er für seinen Unterhalt und damit zur Reproduktion seiner Arbeitskraft benötigt. Derjenige Teil des Ertrags, der neben dem Saatgut für die Existenzsicherung des Landwirts abgezweigt werden muss, ist gemäß dieser Lehre als Kosten zu betrachten. Der Rest des Ertrags ist der Überschuss bzw. der Mehrertrag oder das Nettoprodukt. Diesen Überschuss schenkt die Natur. Er muss daher als dem Boden – oder eben der Natur – zugehörig betrachtet werden und erscheint daher auch unter dem Namen Bodenrente. »Der Boden ist die einzige Quelle des Wohlstands«, heißt es bei Quesnay. Und er zitiert Sokrates in Xenophons *Oikonomikos*: »Wenn die Landwirtschaft gedeiht, blühen alle anderen Künste mit ihr; vernachlässigt man aber aus was immer für einem Grund den Ackerbau, so werden gleichzeitig alle anderen Arbeiten zu Lande und zu Wasser zunichte.«[3]

Turgot weist in diesem Zusammenhang auf die Bedeutung der Tatsache hin, dass einem originären Produktionsfaktor wie dem Boden ökonomisch eine andere Stellung zukommt als einem sekundären Produktionsfaktor wie der Arbeit, weil originäre Produktionsfaktoren Leistungen erbringen, die nichts kosten. Er umreißt diesen Sachverhalt wie folgt:

> Die Lage des Landmanns ist eine ganz andere [als diejenige des Handwerkers]. Unabhängig von jedem anderen Menschen und von jedem Vertrage bezahlt ihm die Erde unmittelbar den Preis seiner Arbeit. Die Natur handelt nicht mit ihm, um ihn zu zwingen, sich mit dem absolut Notwendigen zu begnügen. Was sie ihm gibt, steht in keinem Verhältnis zu seinen Bedürfnissen noch zu einer vertragsmäßigen Bewertung des Preises seiner Tagwerke; es ist das natürliche Ergebnis der Fruchtbarkeit des Bodens und mehr der Richtigkeit als der Schwierigkeit der Mittel, die er angewendet hat, um ihn fruchtbar zu machen. Sobald nun die Arbeit des Landwirts mehr als das zur Deckung seiner Bedürfnisse Nötige hervorbringt, kann er mit diesem Überschuss, den ihm die Natur über den Lohn für seine Mühen hinaus als reines Geschenk gewährt, die Arbeit der anderen Glieder der Gesellschaft kaufen. Diese gewinnen, indem sie jene an ihn verkaufen, nur ihren Lebensunterhalt; aber der Landmann erwirbt außer seinem Unterhalt einen unabhängigen und verfügbaren Reichtum, den er nicht gekauft hat und den er verkauft. Er also ist die alleinige Quelle der Reichtümer, die durch ihren Kreislauf alle Arbeiten der Gesellschaft beleben, weil er der Einzige ist, dessen Arbeit über den Arbeitslohn hinaus einen Ertrag liefert.[4]

Man hat die physiokratische Lehre oft so gedeutet, dass es ihr nur darum ging, die Abschöpfung des Nettoprodukts des Bodens durch die Grundbesitzer als Grundrente zu rechtfertigen. Dies ist jedoch kaum zutreffend. Wohl gingen die Physiokraten von der Tatsache aus, dass es eine Feudalschicht in Frankreich gab, die eine Grundrente bezog. Sie stellten sie auch nicht in Frage, aber sie waren – ohne Revolutionäre zu sein – gleichzeitig bestrebt, das Los der Landbevölkerung, die vor der Französischen Revolution in weiten Teilen Frankreichs unter dem Existenzminimum dahinvegetierte, durch verschiedene Reformvorschläge zu verbessern. Dazu gehörte insbesondere eine zusätzliche steuerliche Belastung der Grundherren durch die sogenannte »Einheitssteuer« mit einer entsprechenden Entlastung der Bauern. Turgot spricht sogar, wie aus obigem Zitat hervorgeht, den Mehrertrag dem Landwirt selbst zu. Entscheidend aber ist, dass die physiokratische Theorie überhaupt keine logische Grundlage für die Zuteilung des Nettoprodukts an irgendjemand bilden konnte, weil das Nettoprodukt oder der Überschuss ja – wie Turgot hervorhebt – ein Geschenk der Natur ist und Geschenke ihrem Wesen nach nicht als Bezahlung für eine Leistung aufgefasst werden können. Offensichtlich hängt es einfach von den Eigentumsverhältnissen ab, wie der Bodenertrag aufgeteilt wird – und das schien den Physiokraten Sache der gegebenen historischen Entwicklung und nicht der Ökonomie zu sein. Ökonomisch ging es tatsächlich um nichts anderes als um die Erkenntnis, dass die Wirtschaft davon zehrt, dass man »etwas verkaufen kann, das man nicht gekauft hat« bzw. dass man etwas konsumieren kann, das man nicht erarbeitet hat, und dass der Lieferant dieses »Etwas« die Natur ist.

Diese Lehre der Physiokratie ist völlig verloren gegangen. Warum? Um diese Tatsache zu verstehen, müssen wir wissen, dass es eine andere, konkurrierende Schule der Nationalökonomie gab, die genau entgegengesetzt argumentierte. Es handelt sich um den Merkantilismus, der sich im 17. Jahrhundert vor allem in England entwickelte. Der Merkantilismus bot zwar keine geschlossene Gesamttheorie, wie sie später die Physiokraten präsentierten, dafür aber eine eingehende philosophische Begründung seiner Position. An vorderster Stelle der merkantilistischen Denker steht John Locke (1632–1704), dessen Doktrin einen maßgebenden Einfluss nicht nur auf seine Zeit, sondern auch auf die folgenden Generationen gehabt hat. Bei der Beantwortung der alten Frage, ob der Arbeit oder dem Boden der erste Rang als Produktionsfaktor gebührt, entschied er sich mit den anderen Merkantilisten für die Arbeit. Locke geht im Gegensatz zu den Physiokraten nicht von der Tatsache aus, dass die Arbeit in der Landwirtschaft in jedem Jahr mehr erzeugt, als sie zu ihrem eigenen Unterhalt braucht, sondern davon, dass durch einen Einsatz von Arbeit für die Melioration und die Kultivierung des Bodens die Ertragskraft des Bodens wesentlich gesteigert werden kann. Er argumentiert:

> Es ist nicht so merkwürdig, wie es ohne genaue Überlegung vielleicht scheinen mag, dass das Eigentum aus Arbeit imstande war, einen größeren Wert zu erlangen als der gemeinsame Landbesitz. Denn es ist tatsächlich die Arbeit, die jedem Ding einen unterschiedlichen Wert verleiht. Man beachte nur, welcher Unterschied zwischen einem Acre Land besteht, der mit Tabak oder Zucker bepflanzt, mit Weizen oder Gerste eingesät ist, und einem Acre des gleichen Landes, der als Gemeingut ohne jede Bewirtschaftung liegt, und man wird sehen, dass die Verbesserung durch Arbeit den weitaus größten Teil des Wertes ausmacht.

Das Konzept Lockes beruht auf der Frage nach Steigerungsmöglichkeiten im zeitlichen Ablauf, also z. B. nach dem Zuwachs des Bodenertrags in einem Jahr t, in welchem Arbeit zur Ertragssteigerung eingesetzt wurde, im Verhältnis zum Vorjahr t-1, in welchem dieser Arbeitseinsatz noch fehlte. Er übersieht dabei, dass diese Ertragssteigerung nur möglich ist, weil die ökologischen Kreisläufe eine gewisse Intensivierung zulassen, die Arbeit also nichts ausrichten könnte, wenn nicht der Boden in einem gewissen Sinn mit der Arbeit »kooperieren« würde; und dass somit der Ertragszuwachs keineswegs nur der Arbeit zugesprochen werden kann. Offensichtlich war er aber so sehr von der Dynamik des Arbeitseinsatzes und von dessen Erfolg fasziniert, dass er den Mehrbetrag nur dem dynamischen Faktor, also der Arbeit, zusprach. Dies steht in völligem Gegensatz zur Auffassung der Physiokraten, die einen statischen Vergleich zwischen dem Ertrag der Arbeit in einem Jahr t und dem Aufwand für die Subsistenz der Arbeit im *gleichen* Jahr t anstellten und bei *diesem* Vergleich ohne weiteres auf die Bedeutung des Bodens als Produktionsfaktor stießen.

Der Unterschied zwischen der physiokratischen und der merkantilistischen Produktionsfunktion ist daher zum Teil erklärbar aus dem Unterschied zwischen der Produktion in einer stationären Wirtschaft, in der das Augenmerk auf der jährlichen Wiederholung des Produktionsvorgangs liegt (statischer Vergleich zwischen Ertrag und Kosten des *gleichen* Jahres), und einer wachsenden Wirtschaft, die das Augenmerk auf den Produktionszuwachs von einem Jahr zum nächsten richtet (dynamischer Vergleich zwischen Ertrags*zuwachs* und Kosten*zuwachs*).

4. Das Geld als Tarnkappe über der Natur

Die Betonung der Arbeit ist aber als Argument für die Zurückdrängung des Bodens nur eine Teilerklärung, denn auch zur Begründung der Ertragszuwächse müsste, wie oben bereits angedeutet, die Mithilfe des Bodens bzw. der ökologischen Kreisläufe berücksichtigt werden. Es braucht also eine weitere Erklärung für diese Zurückdrängung des Bodens und der Natur. Locke sieht sie in der Stellung, welche das *Geld* in der Wirtschaft einnimmt. Er argumentiert dabei mit einer Klarheit, die später nie mehr erreicht wurde. In dieser Argumentation liegt die eigentliche Bedeutung der merkantilistischen Theorie.

Locke unterscheidet deutlich zwischen einer Wirtschaft, die entweder kein Geld kennt oder in der das Geld höchstens als Tauschmittel gebraucht wird, und einer Wirtschaft, in der das Geld auch eine Rolle als *Kapital* spielt. Geld wird dadurch zum Kapital, dass es zum Kauf von Produktionsmitteln eingesetzt wird, aus denen sich ein Profit, das heißt ein Gewinn bzw. Zins, herauswirtschaften lässt. An die Stelle der Kooperation von Arbeit und Natur tritt dann die Kooperation von Arbeit und Kapital.

Die Überlegungen Lockes haben besonderes Raffinement. Er geht ausdrücklich auf die naturrechtliche Lehre der mittelalterlichen Scholastik zurück, um sie dann umso besser von innen heraus aushöhlen zu können.

In einer Wirtschaft, in der das Geld keine selbständige Rolle spielt, sei, so sagt er, trotz der Dominanz der Arbeit auf den produktiven Beitrag des Bodens Rücksicht zu nehmen: dem Einzelnen darf aus Gerechtigkeitsgründen nur so viel Boden gehören, als er für seinen Lebensunterhalt braucht. Wenn er mehr besitzt und daher seine Ernte so groß ist, dass er sie nicht verzehren kann und ein Teil derselben verdirbt, dann enthält er offensichtlich seinen Mitmenschen etwas vor, was er nicht allein hergestellt hat und auf das er daher nur so weit ein Anrecht hat, als es seine eigene Nutzung erfordert. Er begründet dies wie folgt:

> Man wird vielleicht dagegen einwenden: Wenn das Sammeln der Eicheln oder anderer Früchte der Erde usw. ein Recht auf sie verleiht, darf ein jeder so viel davon anhäufen, wie er will. Darauf antworte ich: Das verhält sich keineswegs so. Dasselbe Gesetz der Natur, das uns auf diese Weise Eigentum gibt, begrenzt dieses Eigentum auch. Gott gibt uns reichlich allerlei zu genießen, I. Tim. 6, 17, sagt die durch die Erleuchtung bekräftigte Stimme der Vernunft. Aber wie weit hat er es uns gegeben? Es zu genießen. So viel, wie jemand zu irgendeinem Vorteil seines Lebens gebrauchen kann, bevor es verdirbt, darf er sich durch seine Arbeit zum Eigentum machen. Was darüber hinausgeht, ist mehr als sein Anteil und gehört anderen. Nichts ist von Gott geschaffen worden, damit die Menschen es verderben lassen oder vernichten.[5]

Und:

> Derselbe Maßstab galt auch für den Besitz von Land: was jemand bebaute und erntete, aufbewahrte und verbrauchte, bevor es verdarb, war sein besonderes Recht. Was immer er einzäunte, das Vieh, das er füttern, und seine Erzeugnisse, die er verbrauchen konnte, gehörten ebenfalls ihm. Wenn aber das Gras seines eingezäunten Landes am Boden verdarb oder die Früchte seiner Anpflanzung verfaulten, ohne dass sie gesammelt und aufbewahrt wurden, so war dieser Teil der Erde, ungeachtet seiner Abgrenzungen, noch als herrenlos zu betrachten und konnte von einem anderen in Besitz genommen werden.[6]

Die Loslösung von der Natur bzw. von der Rücksicht auf ihren Beitrag zur Produktion und damit von dem dadurch gegebenen Begrenzungs- und Stabilisierungserfordernis erfolgte nach Auffassung Lockes in dem Moment, wo das Geld ein bestimmender Faktor der Wirtschaft wurde. So spricht er davon, dass »das Verlangen, mehr zu haben, als der Mensch benötigte, den inneren Wert der Dinge, der allein von ihrem Nutzen für das menschliche Leben abhängt, geändert hatte« und dass dies damit zusammenhing, dass »die Menschen übereinkamen, ein kleines Stück gelben Metalls, das sich weder abnutzt noch verdirbt«, solle »den gleichen Wert haben wie ein großes Stück Fleisch oder ein ganzer Haufen Getreide«.[7] Die Betonung liegt auf der Tatsache, dass das Geld weder »abgenutzt wird noch verdirbt« also aus dem Werden und Vergehen der Natur herausgelöst wird. Damit werden die Grenzen der Eigentumsergreifung gesprengt.

> Wer hundert Scheffel Eicheln oder Äpfel sammelte, gewann dadurch ein Eigentum an ihnen. Sie gehörten ihm, sobald er sie gesammelt hatte. Er musste nur darauf achten, dass er sie verbrauchte, bevor sie verdarben. Sonst nahm er mehr, als ihm zustand, und beraubte andere. Es war tatsächlich ebenso dumm wie unredlich, mehr anzuhäufen, als er gebrauchen konnte. Gab er einen Teil an irgendeinen anderen weiter, damit er nicht ungenutzt in seinem Besitz umkam, so nutzte er auch diese Dinge. Und wenn er Pflaumen, die in einer Woche verfault wären, gegen Nüsse tauschte, die sich zum Verzehr ein ganzes Jahr lang aufheben ließen, so beging er kein Unrecht. Er vergeudete nicht den gemeinsamen Vorrat. Er vernichtete nichts von dem Anteil der Güter, die anderen gehörten, solange nichts ungenutzt in seinen Händen verdarb. Wenn er wiederum seine Nüsse für ein Stück Metall weggab, dessen Farbe ihm gefiel, oder seine Schafe gegen Muscheln eintauschte, oder seine Wolle gegen einen funkelnden Kiesel oder Diamanten, und diese sein ganzes Leben bei sich aufbewahrte, so griff er damit nicht in die Rechte anderer ein. Er durfte von diesen beständigen Dingen so viel anhäufen, wie er wollte. Denn die Überschreitung der Grenzen seines rechtmäßigen Eigentums lag nicht in der Vergrößerung seines Besitzes, son-

dern darin, dass irgend etwas ungenutzt verdarb. So kam der Gebrauch des Geldes auf, einer beständigen Sache, welche die Menschen, ohne dass sie verdarb, aufheben und nach gegenseitiger Übereinkunft gegen die wirklich nützlichen, aber verderblichen Lebensmittel eintauschen konnten. Und wie die verschiedenen Stufen des Fleißes das unterschiedliche Verhältnis ihres Besitzes bedingte, so gab die Erfindung des Geldes ihnen Gelegenheit, den Besitz zu vergrößern.[8]

Mit der Rechtfertigung des Strebens nach Vermehrung des Besitzes ergibt sich auch die ökonomische Rechtfertigung ungleichen Besitzes, wodurch die Trennung von den scholastischen Wertvorstellungen – in der die Idee der Gerechtigkeit einen großen Stellenwert hat – endgültig vollzogen ist:

> Da aber Gold und Silber, die im Verhältnis zu Nahrung, Kleidung und Transportmöglichkeiten für das Leben des Menschen von geringem Nutzen sind, ihren Wert nur von der Übereinkunft der Menschen erhalten haben, wofür aber die Arbeit doch zum größten Teil den Maßstab setzt, ist es einleuchtend, dass die Menschen mit einem ungleichen und unproportionierten Bodenbesitz einverstanden gewesen sind. Denn sie haben durch stillschweigende und freiwillige Zustimmung einen Weg gefunden, wie ein Mensch auf redliche Weise mehr Land besitzen darf, als er selbst nutzen kann, wenn er nämlich als Gegenwert für den Überschuss an Produkten Gold und Silber erhält, jene Metalle, die in der Hand des Besitzers weder verderben noch umkommen und die man, ohne jemandem einen Schaden zuzufügen, aufbewahren kann. Diese Verteilung der Dinge zu einem ungleichen Privatbesitz haben die Menschen, außerhalb der Grenzen der Gemeinschaft und ohne Vertrag, nur dadurch ermöglicht, dass sie dem Gold und Silber einen Wert beilegten und stillschweigend in den Gebrauch des Geldes einwilligten.[9]

Locke erkennt richtig, dass mit dem »kleinen Stück gelben Metalls« ein Element in die Wirtschaft hineinkommt, das von der Natur und den natürlichen Bedingungen des Wirtschaftens wegführt. Es ist beliebig haltbar und anhäufbar und veranlasst daher den Produzenten, den wirtschaftlichen Ertrag nicht mehr in der stofflichen Produktion zu sehen, sondern in der Vermehrung des ursprünglich eingesetzten Geldbetrags, in der Differenz von *monetärem* Ertrag und *monetärem* Aufwand, also im Gewinn. Auf diese Weise wird das Geld »kapitalisiert«, d.h. so angelegt, dass nach einer gewissen Zeit nicht nur die ursprünglich angelegte Geldsumme oder Hauptsumme (d.h. das Kapital als *Hauptteil* der Schuld: *capitalis* pars debiti) zurückfließt, sondern auch eine Nebensumme in Form des Zinses oder des Gewinns erwirtschaftet wird. Wenn nun der Profit wieder zur Hauptsumme dazugeschlagen wird, kann der Kapitalisierungsprozess immer weitergehen, da ja die Haltbarkeit und Anhäufbarkeit des Geldes keine Grenzen kennt. Wichtig ist, dass dabei auch der Boden nur noch unter dem Aspekt des Kapitalwerts erscheint, das heißt nur so viel »wert« ist, als mit seiner Hilfe ein Überschuss des Ertrags über den Aufwand erzielt wird. Dieser wird dann aber nicht dem Boden als solchem, sondern dem Kapital zugeschrieben, das im Boden »angelegt« ist. Der Boden wird auf diese Weise in das Gesetz der Vermehrung, das dem (Geld-)Kapital eigen ist, einbezogen – natürlich nur unter dem Aspekt des Geldes, nicht unter dem Aspekt der Natur. So findet – man muss es geradezu so ausdrücken – ein alchimistischer Transmutationsprozess von Natur in Geld statt, der es dem Menschen scheinbar ermöglicht, die Natur zu beanspruchen, der Endlichkeit der Natur auszuweichen und die Ökonomie gleichsam ins Unendliche auszuweiten.[10]

5. Geldschöpfung und Mehrverbrauch von Natur

Die klassische Nationalökonomie hat sich nach einigem Zögern in der Frage, ob der Arbeit oder dem Boden das Primat zukomme, der merkantilistischen Theorie angeschlossen. Zwar spricht Adam Smith in *The Wealth of Nations* gelegentlich noch im Anklang an die Physiokraten vom Sozialprodukt als Arbeits- *und* Bodenprodukt, aber der Beitrag des Bodens fällt völlig hinter den Beitrag der Arbeit zurück. In ähnlicher Weise wie bei Locke führt die Betonung der Arbeit auch bei Adam Smith zur Auffassung des Kapitals als des zweiten entscheidenden Faktors im Produktionsprozess.

Der Zusammenhang von Arbeit und Kapital ergibt sich für Adam Smith daraus, dass der Ertrag der Arbeit durch Arbeitsteilung und Spezialisierung im Zusammenhang mit einer ständigen Ausdehnung des Marktes auf Kosten der Selbstversorgung gesteigert werden kann, das Ausmaß der Arbeitsteilung bzw. Spezialisierung aber davon abhängt, dass genügend Kapital zur Verfügung steht (dabei klammert er allerdings den Boden *noch* aus dem Kapital aus). Arbeitsteilung ist ja verbunden mit immer größeren Produktionsumwegen und damit einem zeitlichen Auseinanderrücken von Aufwand und Ertrag, von Ausgaben und Einnahmen. Die Arbeiter müssen angestellt und entlohnt, Maschinen und Boden gekauft oder gepachtet werden, bevor der Produktionsprozess beendet ist und die produzierten Waren verkauft worden sind. Sie ist also davon abhängig – dies hat Adam Smith sehr genau gesehen und beschrieben –, dass Kapital vorhanden ist, das in die zeitliche Lücke zwischen Ausgaben und Einnahmen einspringt, es also möglich macht, die Produktionsmittel zu bezahlen, bevor sie sich selber durch den Verkauf der Produkte bezahlt gemacht haben.

Was Adam Smith aber nicht sieht, ist die Bedeutung, welche die Einführung des Geldes und der Möglichkeit seiner Anhäufung und Kapitalisierung für das ganze Wirtschaftsgeschehen und dessen Ausrichtung auf einen fortlaufenden Wachstumsprozess hat. In dieser Hinsicht macht er einen großen Schritt hinter Locke zurück – ein Rückschritt, der bis heute nicht wieder korrigiert worden ist! Smith begreift den Kapitalbildungsprozess nur als einen realen Vorgang. Er schreibt: »Wenn die Arbeitsteilung fortschreitet, so muss, um eine gleiche Anzahl von Arbeitern mit fortwährender Arbeit zu versehen, im Voraus auch ein gleicher Vorrat von Lebensmitteln und ein größerer Vorrat von Materialien und Werkzeugen aufgehäuft werden, als in einem roheren Zustand nötig gewesen wäre.«[11] Diese Vorräte werden heute als sogenanntes Realkapital bezeichnet. Es scheint einfach Ergebnis des Sparens zu sein, indem man umso mehr Kapital anhäuft, je weniger man von seinem Einkommen konsumiert und daher auf die Seite legen kann. Die gesparten Vorräte können dann später, in der Zeitspanne, in der man produziert und warten muss, bis die Produkte auf dem Markt verkauft worden sind, verbraucht werden. Der Gewinn oder Zins kann somit als Entschädigung für den Verzicht, den man beim Sparen leistet, verstanden werden. Diese Entschädigung ist im Prinzip ebenfalls als Realgröße zu verstehen, d.h. als Überschuss der produzierten Güter über den Verbrauch von Gütern im Produktions- und Konsumprozess, der sich aus den Vorteilen der Arbeitsteilung und der »Vermarktung« der Wirtschaft ergibt. Bei einer solchen Betrachtungsweise ist das Geld nur Einkleidung realer Größen, also – wie man später gesagt hat – ein Schleier, den man einfach wegziehen kann, um dahinter die realen Vorgänge zu erblicken. Der »Kapitalist« ist einfach der Sparer, und die Belohnung des Sparens ist die Produktivitätssteigerung, die der Einsatz des Ersparten als Kapital bewirkt. So wird aus der ursprünglichen Kooperation von Arbeit und Boden eine Kooperation von Arbeiter und Sparer bzw. Kapitalist. Die Natur wird ausgeblendet.

Dieses Modell entspricht offensichtlich nicht der Wirklichkeit. Adam Smith übersieht, dass der Warenproduzent in der Regel nicht mit einem Vorrat realer Produktionsmittel startet, sondern mit Geld-Kapital, das er sich zum größten Teil von fremden Geldgebern beschafft, sei es durch Ausgabe von Aktien, sei es durch Aufnahme von Krediten, und dass er das Geld dazu verwendet, die nötigen Produktionsmittel auf dem Markt zu kaufen. Weder Geld noch Produktionsmittel, zu denen auch die von den Arbeitern konsumierten Nahrungsmittel gehören, müssen notwendigerweise vorher vom Warenproduzenten erspart worden sein. Aber auch die Kreditgeber und die Produzenten der Produktionsmittel müssen nicht unbedingt sparen, um Geld und Produktionsmittel bereitzustellen. Denn Geld-Kapital wird nur zu einem Teil von den Sparern bereitgestellt. Zu einem bedeutenden Teil stammt es aus der Neuproduktion von Geld, wobei unter Produktion entweder das Ausgraben von Gold und Silber zu verstehen ist oder die Ausgabe von Noten und Buchgeld im Sinn der Kredit- und Geldschöpfung des Bankensystems. Ebenso fließen immer neu Nahrungsmittel und Produktionsmittel in den Wirtschaftsprozess ein, die dem noch nicht verbrauchten Vorrat der Natur entnommen werden, sei es durch Produktivitätssteigerung der Landwirtschaft, sei es durch Ausbeutung von Rohstofflagern. Auch eine allfällige Vollbeschäftigung von Arbeitskräften bildet keine Grenze für die Ausweitung der Produktion, da ja mit Energie, die ebenfalls aus dem Vorrat der Natur stammt, ständig Arbeit substituiert und ergänzt werden kann. Auf Konsum zu verzichten, also zu sparen, wie Adam Smith suggeriert, ist daher nur beschränkt nötig, um mehr Investitionsgüter und Nahrungsmittel bereitzustellen und so die Arbeitsteilung und den Marktprozess auszuweiten. Die Entstehung von Kapital ist sowohl monetär wie real nur zum Teil ein Ergebnis des Sparakts und weitgehend ein Ergebnis der Geldschöpfung sowie der vermehrten Inanspruchnahme von Natur, insbesondere von Energie, also des Wachstums der Geldmenge und des Wachstums des Ressourcenverbrauchs.

Damit stellt sich die Frage: Wieso ist die Bedeutung des Geldes und der Geldschöpfung von Adam Smith nicht erkannt worden? Ein Hauptgrund ist wohl, dass die Vorstellung, die Geld- und Kreditschöpfung könne Ursache des Wohlstands sein, völlig im Widerspruch zur puritanischen Ethik stand, die Ende des 18. Jahrhunderts die zivilisierte Welt beherrschte und von Benjamin Franklin kurze Zeit nach Adam Smith auf die folgende Formel gebracht wurde: »Der Weg zum Reichtum liegt hauptsächlich in folgenden zwei Worten: Arbeit und Sparsamkeit.« Tatsächlich kann man das ganze Werk Adam Smiths als Begründung dieser Worte von Benjamin Franklin auffassen. Der Erwerb von Reichtum auf andere Weise als durch Arbeit und Sparsamkeit wäre Alchimie und Zauberei und damit unmoralisch gewesen. Wer Adam Smith genau liest, wird zwar finden, dass sein Widerstand gegen die Anerkennung des Geldes als Ursache der Entstehung von Reichtum eher ein Postulat ist als eine Feststellung; er lässt daher auch Ausnahmen zu. Aber wie so oft in der Entwicklung der Wissenschaft kann man auch hier beobachten, wie später aus einem Postulat eine Feststellung wird im Sinne von: »Nicht sein kann, was nicht sein darf.« Man spart sich damit die Mühe der Durchsetzung des Postulats!

David Ricardo geht in der Ausschaltung der Natur noch einen Schritt weiter als Adam Smith, indem er den Boden – und damit die Natur – entweder aus dem Kreis der selbständigen Produktionsfaktoren ausschaltet oder ihn de facto dem Kapital unterordnet. Wie Adam Smith sieht auch Ricardo nicht die Bedeutung des Geldes im Prozess der Arbeitsteilung und der Vermarktung der Wirtschaft. Kapital ist auch bei ihm Realkapital, in das nun allerdings außer Lebensmittelvorräten, Werkzeugen, Maschinen und Gebäuden, *ohne dass er dies zugibt*, zum Teil auch der Boden einbezogen wird. Den Rahmen dieser Transformation von Natur in Kapital liefert seine Theorie der Differenzialrente.

Ricardo erläutert ausführlich, dass die Konkurrenz die Landwirte dazu zwingt, die Produktpreise auf der Höhe der Kultivierungskosten des »Grenzbodens« zu halten, d.h. des schlechtesten Bodens, der zur Befriedigung der Nachfrage gerade noch unter den Pflug genommen werden muss. Infolgedessen kann sich auf den Grenzböden keine monetäre Grundrente, also keine Differenz zwischen Preis und Kultivierungskosten ergeben. Eine solche kann nur bei den Böden besserer Qualität entstehen, da der Preis der Produkte nicht davon abhängt, auf welchem Boden sie erzeugt wurden, der Arbeitsaufwand auf den besseren Böden aber niedriger ist. Ricardo spricht daher von einer Differenzialrente, also einer Rente, die sich ausschließlich aus der Differenz zwischen den Qualitäten verschiedener Böden ergibt.

Wie sehr sich diese ricardianische von der physiokratischen Rente unterscheidet, wird deutlich, wenn man eine Extremsituation in Betracht zieht, nämlich eine Situation, in der die Nachfrage nach Nahrungsmitteln so gering ist, dass nur Boden erster Qualität unter den Pflug genommen werden muss. In diesem Fall ist der beste Boden gleichzeitig der Grenzboden. Die ricardianische Differenzialrente ist daher null. Die physiokratische Bodenrente, das heißt der Überschuss des Ertrags über das Subsistenzminimum, das zur Erhaltung der Arbeitskraft notwendig ist, der sogenannte Nettoertrag, ist aber gerade in dieser Situation am größten! Während die Bodenrente bei den Physiokraten Ausdruck des Reichtums ist, den die Natur spendet, ist sie bei Ricardo Ausdruck der Knappheit und Kargheit. So sagt Ricardo ausdrücklich: »Man zahlt für die Arbeit der Natur nicht, weil sie viel, sondern weil sie wenig leistet. Im Verhältnis, wie sie mit ihren Gaben geizig wird, fordert sie einen höheren Preis für ihr Werk. Wo sie sehr freigebig ist, arbeitet sie immer umsonst«.[12] Die Bodenrente ist somit nicht ein Gegenwert für die Produktionsleistung der Natur, sondern nur der Gegenwert desjenigen Teils der Produktionsleistung, der erstens in Geld umgesetzt werden kann und zweitens nicht vom Kapital beansprucht wird. Und dieser Teil ist tatsächlich umso größer, je geringer die Produktivität des Grenzbodens ist.

Selbstverständlich sieht auch Ricardo, dass aller Boden, auch und gerade der gute Boden, einen Ertrag liefert, der höher ist als die reinen Arbeitskosten, die als dem Existenzminimum entsprechend angenommen werden, also einen Nettoertrag ähnlich der physiokratischen Grundrente. Dieser wird aber bei Ricardo nun als Nettoertrag des Kapitals, also als Profit oder Zins gedeutet. Diese Umdeutung drängte sich zu Ricardos Zeit aufgrund der Tatsache auf, dass die Ausrichtung der Landwirtschaft auf den Markt einen Kapitaleinsatz bedingte, den die Grundbesitzer im Allgemeinen nicht leisten konnten oder wollten. Diesen Einsatz erbrachten vielmehr die »Kapitalisten«, das heißt die Pächter, die sich im England der damaligen Zeit zwischen die Grundeigentümer und die Landarbeiter schoben. Mit Hilfe des Kapitals konnten sie Boden pachten, Landarbeiter anstellen und die Produktion auf den expandierenden Markt ausrichten. Der Kapitaleinsatz setzte aber die entsprechende Belohnung des Kapitals voraus. So erfolgte eine Umdeutung des physiokratischen Nettoertrags des Bodens in einen Nettoertrag des Kapitals. Dem Boden als solchem wurde nur noch die Differenzialrente zuerkannt.

Von hier aus ist es nun verständlich, wie es allmählich überhaupt zur Ausblendung des Bodens und damit der Natur aus der Produktionsfunktion kam. Ausdrücklich stellt ja Ricardo fest, dass der Boden keinen bestimmten Anteil am Sozialprodukt »verdiene«, dass die Grundrente also nur ein Restbetrag sei, der am Boden besserer Qualität unverdientermaßen »haften« bleibe, wenn immer schlechtere Böden herangezogen werden müssten, um den steigenden Bedarf an landwirtschaftlichen Produkten zu decken. Dabei deutet Ricardo aber schon am Rande an, dass der steigende Bedarf auch durch Ertragssteigerung mittels technischen Fortschritts gedeckt werden könne. Wenn dies geschehe, ersetze der technische Fortschritt die Inanspruchnahme schlechterer Böden. Diese ricardianische Eventualität wurde in der Folge zur eigentlichen Realität der landwirtschaftlichen Entwicklung. Damit spielte die Differenzialrente, die sich aus dem Nebeneinander von Böden unterschiedlicher Qualität ergibt, eine immer geringere Rolle. Nicht der Übergang zu immer schlechteren Böden, sondern der technische Fortschritt dominierte das Wachstum der Erträge. Statt dass der Grenzertrag pro Arbeitskraft und Hektar Boden fiel, stieg er von Jahr zu Jahr an. Für eine selbständige Position des Bodens blieb daher in der Produktionsfunktion immer weniger Raum, *nachdem der Hauptteil des Bodenertrags als Kapitalertrag gedeutet worden war.* Die rein formale Reminiszenz an das Gesetz vom sinkenden Grenzertrag, das noch an die selbständige Stellung des Bodens in der Produktionsfunktion erinnert, wurde überkompensiert durch die Einführung des technischen Fortschritts, mit dem dieses Gesetz fast beliebig außer Kraft gesetzt werden kann. Es war, als hätte man dem Boden und damit überhaupt der Natur eine Tarnkappe übergezogen, die sie unsichtbar macht. Das Kapital war, zusammen mit dem technischen Fortschritt, an die Stelle der Natur getreten, denn alle wirtschaftliche Aktivität wurde jetzt nur noch unter dem Aspekt betrachtet, ob sie zu einer Ertragssteigerung beitrage, die vom Kapitaleinsatz abhängig war und damit auch dem Kapital gutgeschrieben werden musste.

Daraus resultierte die Meinung, man könne das Sozialprodukt beliebig steigern und ausschließlich als Einkommen der Arbeit, des Sparens, also des Kapitals, und der Forschung betrachten und entsprechend aufteilen, ohne dem Unterschied zwischen der endlichen Natur und der potenziell unendlichen Geldschöpfung bzw. des (Geld-)Kapitals Beachtung zu schenken.

*

Die Interpretation des Bodens als Kapital bedeutet in gewissem Sinne eine »Transmutation« von Natur in Geld. Diese Transmutation muss nun rückgängig gemacht werden. Dies ist jedoch keine leichte Aufgabe. Man muss zuerst realisieren, dass wir das Kapital als Geldkapital, d.h. als anlagesuchendes Geld, verstehen müssen. Geldkapital kann selbstverständlich kein Produktionsfaktor sein, aber es wirkt als Promotionsfaktor an der Produktion mit, indem es die Arbeitsteilung und damit die Produktionssteigerung und das Wachstum des Sozialprodukts ermöglicht und fördert. Die Natur als Gesamtheit von Boden, Rohstoffen und Energie muss als originärer Produktionsfaktor neben der Arbeit und dem technischen Fortschritt (wieder) den ihr zukommenden Stellenwert in der Produktionsfunktion erhalten.

II.2 Das ökonomisch-ökologische System im Modell

1. Die Reichtümer der Natur als Grundlage der Wirtschaft

Etymologisch gesehen stammen die beiden Begriffe Ökonomie und Ökologie von demselben griechischen Wort *oikos* (Haus, Haushalt) ab. Die Ökonomie bildet die Lehre vom Wirtschaftshaushalt, die Ökologie die Lehre vom Naturhaushalt.

Lange konnte der Mensch parallel einerseits als ökonomisches Wesen, als Homo oeconomicus, als Teil des Wirtschaftshaushaltes, und andererseits als ökologisches Wesen, als *animal*, als Teil des Naturhaushaltes betrachtet und behandelt werden, ohne dass beide Betrachtungsweisen miteinander in Berührung oder gar in Konflikt gerieten. Dies war so lange möglich, wie die wirtschaftliche Tätigkeit nur am Rande in den Naturhaushalt eingriff. Heute ist die bloße Parallelbetrachtung nicht mehr möglich, da die wirtschaftliche Entwicklung eine Dimension erreicht hat, welche der Dimension des Naturgeschehens ebenbürtig ist, so dass eine totale Konfrontation von Natur und Wirtschaft bevorsteht.

Bis heute ist in den Modellvorstellungen der Wirtschaftstheorie vernachlässigt worden, dass jede menschliche Schöpfung nur eine Umformung sein kann, also auf etwas Bestehendem basiert. Um mit Emil Egli zu sprechen:

> Nur der erste Schöpfer schuf ex nihilo. Der sekundäre schafft ex aliquo: der Mensch ist der Große Verwandler.[1]

Dieses aliquid, dieses Etwas, nämlich die »Reichtümer der Natur«, war bis anhin nicht in das wirtschaftliche Kalkül einzubeziehen, da sie angesichts der noch verhältnismäßig geringen Beanspruchung durch die Wirtschaft als unendlich groß und deshalb als mit ruhigem Gewissen verschwendbar erschienen. Erst in den letzten Jahren hat sich gezeigt, dass diese Vorräte ein endliches Ausmaß haben. Die Modellvorstellung von unserer Wirtschaft als einem geschlossenen Kreislauf muss also radikal geändert und es muss der Tatsache Rechnung getragen werden, dass die wirtschaftliche Produktion die Ökosphäre in mehrfacher Hinsicht belastet, ihr die natürlichen Ressourcen entnimmt, die Abfälle an sie abliefert und sie durch Ausbreitung der Wirtschaftssphäre verdrängt.

War bisher der Grenznutzen des wirtschaftlichen Wachstums, d.h. die Zunahme im Umfang der produzierten Konsumgüter, relativ hoch und der Grenznutzen der Natur bzw. dessen, was wir als die *Umwelt* betrachten, relativ gering, so ist es jetzt umgekehrt. Während der Umfang an produzierten Konsumgütern immer rascher zunimmt, steigt der Grenznutzen der Umwelt in dem Ausmaß an, wie die Zerstörung der Natur schneller und schneller fortschreitet. Das zwingt uns, die Tatsache ernst zu nehmen, dass der Mensch gleichzeitig ein ökonomisches und ein ökologisches Wesen ist und es daher nötig ist zu untersuchen, wie sich die beiden Sphären – die ökonomische und die ökologische – im Laufe der weiteren Entwicklung zueinander verhalten. Nur dann ist es möglich, von der ökonomischen Theorie aus mitzuhelfen, die uns drohende totale Konfrontation von Natur und Wirtschaft zu verhindern und ein Gleichgewicht zwischen beiden Sphären zu suchen.

2. Die ökologische Sphäre

Die ökologische Sphäre hat sich über Milliarden von Jahren – die Wissenschaftler sprechen von viereinhalb Milliarden Jahren – in einer Art Kapitalisierungsprozess aufgebaut, an dessen Ende der ökologische Kreislauf steht. Das ökologische Kapital ist unsere Welt oder – theologisch gesprochen – die Schöpfung, nämlich die Sonne, welche die Urenergie liefert, das Wasser, die Erde, die Luft, die Mineralien und schließlich die fossilen Brennstoffe, welche bereits Produkte der Photosynthese sind. Heute ist der Aufbau des Ökosystems zwar nicht vollständig, aber doch nahezu abgeschlossen; die Welt ist, wie sich Herder in seinen *Ideen zur Philosophie der Geschichte der Menschheit* ausdrückt, »ausgebildet oder vielmehr alt« geworden.[2] Dies bedeutet, dass sich in der Natur Zu- und Abgänge von Welt- bzw. Lebenssubstanz nahezu die Waage halten oder dass – unter Verwendung von ökonomischen Begriffen, die sich in der Ökologie eingebürgert haben – Produktion oder besser Reproduktion und Konsum dieser Welt- und Lebenssubstanz sich weitgehend ausgleichen.[3] Wir können diesen Wechsel von Konsum und Produktion bzw. Reproduktion als stationären Prozess bezeichnen, weil er sich von Periode zu Periode wiederholt. Man kann auch von einem gleichgewichtigen Prozess sprechen, weil sich Plus und Minus weitgehend aufheben. Das Bild eines solchen Prozesses ist der Kreislauf, weil das Ende wieder an den Anfang anschließt.

Das ökologische System (vgl. Abb. II.2.1) ist kompliziert und vielschichtig. Alle Lebewesen müssen atmen und »essen«, d.h. brauchen Sauerstoff und Nahrung, um zu leben (Leben ist Energieverbrauch), wobei durch Ausatmung, Ausscheidung und Absterben Kohlendioxid, Wasser und verrottbare organische Substanzen als ökologischer Abfall entstehen. Durch Zuführen von Sonnenenergie wird mit Hilfe der Photosynthese, die die Pflanzen dank des Chlorophylls vollziehen, und durch die Zerlegung der organischen Abfälle mittels Mikroorganismen wiederum Nahrung und Sauerstoff bereitgestellt. Man kann hier ebenso gut von einer Produktion wie von einer Reproduktion sprechen. Tagsüber unter Einwirkung des Sonnenlichtes treten also die Pflanzen als Produzenten bzw. als Reproduzenten von Nahrung und Sauerstoff auf, während sie nachts als Konsumenten des ökologischen Kreislaufs erscheinen, in gleicher Weise wie die Tiere und der Mensch. Indem die Pflanzen – wenn man so sagen

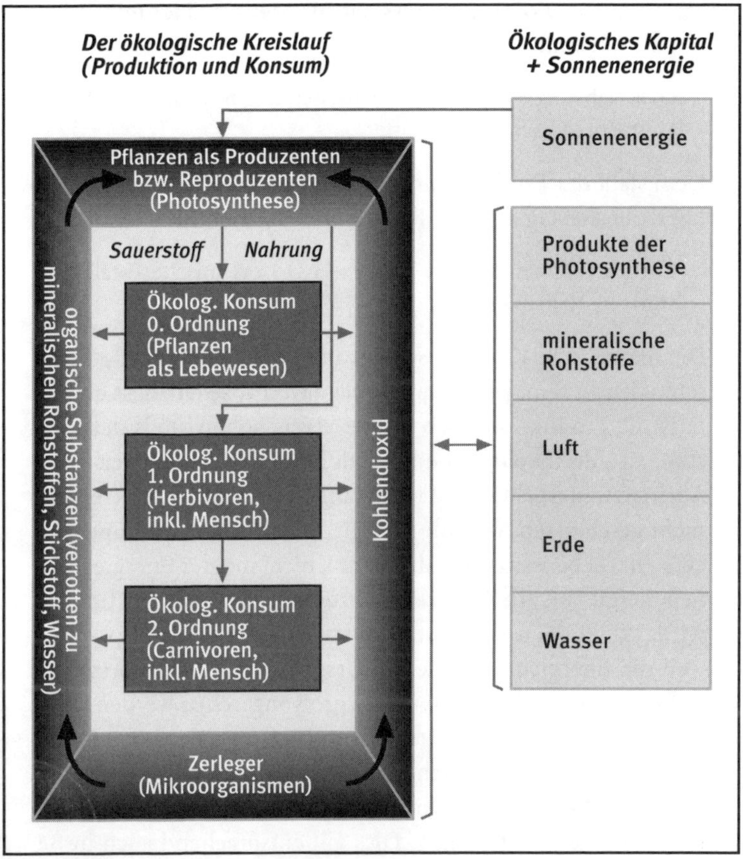

Abbildung II.2.1: *Das ökologische System*

darf – sich selbst konsumieren, können wir sie als Konsumenten nullter Ordnung, die pflanzenfressenden Tiere (Herbivoren) als Konsumenten erster Ordnung, die fleischfressenden Tiere (Carnivoren) als Konsumenten zweiter Ordnung bezeichnen; der Mensch ist als Allesfresser (Omnivor) sowohl den pflanzenfressenden als auch den fleischfressenden Tieren zuzuordnen.[4] Schematisch lässt sich der ökologische Kreislauf in den Konsumprozess einerseits und den Produktionsprozess andererseits zerlegen. Der Konsumprozess hat für Mensch, Tier und Pflanzen die folgende Form:

O_2 + Nahrung → Energie (Lebensenergie, Abwärme) + CO_2 + H_2O + organische Abfallstoffe

Dem steht der Produktions- bzw. Reproduktionsprozess gegenüber, der sich tagsüber in den Pflanzen vollzieht:

Energie (Sonnenenergie) + CO_2 + H_2O + organische Abfallstoffe → Nahrung + O_2

Der ökologische Kreislauf scheint auf diese Weise vollständig geschlossen zu sein, wenn wir einmal davon absehen, dass quantitativ die Produktion noch immer etwas höher ist als der Konsum, also der ökologische Kapitalbildungsprozess in geringem Ausmaß weitergeht. In Tat und Wahrheit ist jedoch der Kreislauf nicht geschlossen, weil die Energie, welche im Konsumprozess entsteht (Lebensenergie, Abwärme), nicht mit der Energie (Sonnenenergie) identisch ist, die im Produktionsprozess verbraucht wird. Wir können aber trotzdem von einem Kreislauf sprechen, weil die Energiequelle, die am Ursprung des Lebensprozesses steht – die Sonne –, als unendlich groß angesehen werden kann. Aus diesem Grund ist es gar nicht nötig, dass der Energiekonsum durch eine identische Energieproduktion ausgeglichen, also reproduziert wird; der Lebensprozess kann sich trotzdem unendlich oft wiederholen. Dies gilt entsprechend auch in Bezug auf die natürliche Abwärme, weil sie im Vergleich zur Atmosphäre so gering ist, dass sie keine Temperaturveränderung verursacht und damit den Lebensprozess nicht beeinflusst. Der ökologische Kreislauf kann schematisch wie in Abbildung II.2.2 dargestellt werden.

In welcher Weise hat sich nun der Übergang vom dynamischen Kapitalisierungsprozess der Ökosphäre in den stationären Kreislauf vollzogen? Nach allem, was wir den Ergebnissen der Naturwissenschaft entnehmen dürfen, ist dieser Übergang im Sinne einer logistischen Funktion[5] erfolgt. Diese Funktion ist

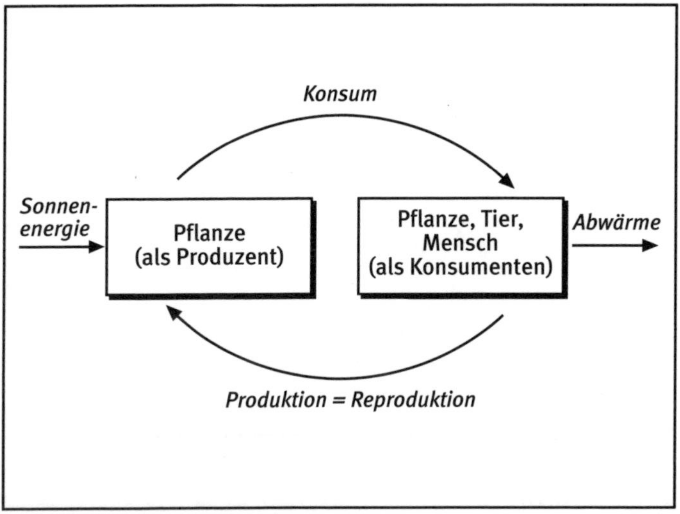

Abbildung II.2.2: *Der ökologische Kreislauf*

das Bild eines sich selbst begrenzenden Prozesses, und es scheint, dass der Aufbau der Ökosphäre aufgrund solcher Prozesse vor sich gegangen ist. In einer logistischen Funktion ist die Veränderung der untersuchten Größe im Zeitablauf sowohl proportional zum bereits erreichten Niveau als auch zum Annäherungsgrad an einen Plafond, d.h. an ein absolutes Sättigungs- oder Kapazitätsniveau. Bezeichnen wir die zu untersuchende Größe mit y, den Zuwachs mit Δy, das absolute Sättigungsniveau mit y_s, die für den Zuwachs in der Zeit maßgebliche Proportionalitätskonstante mit c, so gilt:

$$\Delta y_t = \underbrace{c y_t}_{\text{Wachstumsfaktor}} \cdot \underbrace{\frac{y_s - y_t}{y_s}}_{\text{Bremsfaktor}}$$

Daraus geht hervor, dass die untersuchte Größe zuerst rasch zunimmt, solange das Sättigungsniveau noch fern ist, dann aber immer weniger zunimmt, je mehr sie sich dem Sättigungsniveau nähert, und schließlich kein weiteres Wachstum mehr verzeichnet. Die logistische Funktion ist in Abbildung II.2.3 dargestellt.

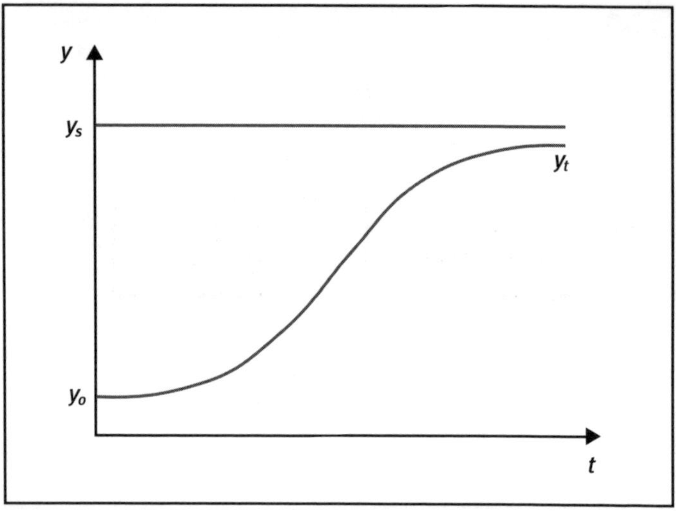

Abbildung II.2.3: *Die logistische Funktion zeigt, wie sich die Ökosphäre (y) einem Plafond annähert.*

Einen solchen Vorgang finden wir etwa beim allmählichen Übergang von der Uratmosphäre in die heutige Atmosphäre, die das Leben auf dieser Welt ermöglicht hat. Dieser Vorgang sei hier – Asimov[6] folgend – kurz angedeutet, um den Charakter des ökologischen Kapitalisierungsprozesses deutlich zu machen. Die Uratmosphäre war hauptsächlich zusammengesetzt aus Wasser, Ammoniak und Methan. Unter dem Einfluss der ultravioletten Strahlung der Sonne wurden Wassermoleküle in Wasserstoff und Sauerstoff gespalten. Dieser Vorgang wird als Photodissoziation bezeichnet. Der Wasserstoff entweicht in den Weltraum, während sich der Sauerstoff mit Methan zu Kohlendioxid und Wasser und mit Ammoniak zu Stickstoff und Wasser verbindet. Allmählich verschwinden Ammoniak und Methan aus der Atmosphäre, und an ihre Stelle treten Stickstoff und Kohlendioxid. Bei einem weiteren Fortgang der Photodissoziation wäre der ursprüngliche Wasservorrat der Welt vollständig verbraucht worden und ein Leben auf der Welt unmöglich geworden. Dieser Prozess wurde jedoch dadurch gebremst, dass ein Teil des Sauerstoffes, der bei der Photodissoziation anfällt, sich zu Ozon (O_3) verbindet. Dadurch entstand ein Ozongürtel, der 25 km von der Erdoberfläche entfernt ist. Entscheidend ist nun, dass das Ozon die ultravioletten Strahlen der Sonne stark absorbiert, so dass die Atmosphäre immer mehr vor dieser Strahlung abgeschirmt wird. Allmählich hörte damit die Photodissoziation, die vom ultravioletten Licht abhängig ist, auf oder doch nahezu auf. Die Photodissoziation ist somit – und das ist das Entscheidende – ein sich selbst begrenzender Prozess. An die Stelle desselben tritt die Photosynthese, welche mittels der Energie des sichtbaren Lichtes, das vom Ozongürtel nicht absorbiert wird, aus Wasser Sauerstoff bildet. Die Photosynthese setzt keinen Wasserstoff frei, sondern bindet ihn im Pflanzengewebe. Aus dem organischen Abfall wird er schließlich in Wasser zurückverwandelt. Somit wird bei der Photosynthese der Wasservorrat der Erde nicht verbraucht, und der Prozess kann sich beliebig oft wiederholen. Auf diese Weise ist der Aufbau der Atmosphäre (Kapitalisierungsprozess) im Sinn einer logistischen Funktion zu Ende gegangen (Photodissoziation) und der Kreislaufprozess (Photosynthese) in Gang gekommen.

3. Die ökonomische Sphäre

Die Wirtschaft macht einen Prozess durch, der demjenigen der Ökosphäre genau entgegengesetzt ist. Sie beginnt mit dem ökonomischen Kreislauf und mündet in einen ökonomischen Kapitalisierungs- und ökologischen Entkapitalisierungsprozess.

Als Lebewesen ist der Mensch, der sich seine Nahrung ausschließlich als Sammler, Jäger und Fischer verschafft, vollständig in den ökologischen Kreislauf einbezogen. Man kann in diesem Fall noch nicht von einer wirtschaftlichen Tätigkeit sprechen. Diese beginnt erst mit einer planenden Tätigkeit im Sinne der Nahrungsmittel*vorsorge*, d.h. mit der Landwirtschaft. Aber auch am Anfang des wirtschaftlichen Prozesses hat der Mensch den ökologischen Kreislauf kaum gesprengt, sondern sich ihm mit seinem ökonomischen Kreislauf eingeordnet. Die landwirtschaftlichen Abfälle wurden wieder zu Humus, zum Rohstoff für die Produktion des folgenden Jahres; der Ernte wurden die Saatkörner für die nächste Aussaat entnommen. Die Vorstellung eines Kreislaufes kann auch noch für die einfachere Form einer sich entwickelnden Wirtschaft beibehalten werden, in der neben den sich selbst versorgenden Bauern allmählich Produktionsstätten (Betriebe) einerseits und Konsumstätten (Haushalte) andererseits entstehen. Dabei zeigt sich, dass die Ökosphäre sehr elastisch ist: sie erträgt eine relativ starke Ausdehnung der Spezies Mensch, ohne aus den Fugen zu geraten. Der definitive Verzehr an natürlichen Ressourcen und die Entstehung von nicht mehr verwertbarem Abfall ist immer noch so gering, dass beides angesichts der Fülle der Natur praktisch keine Rolle spielt. Wir denken etwa an die »traditionelle Gesellschaft« im Sinne von W. W. Rostow,[7] bei der zwar sprungweise Änderungen in den Produktionsbedingungen nicht ausgeschlossen sind, die Anwendungsmöglichkeiten der modernen Wissenschaft und Technik aber noch nicht genutzt werden, weil die eigentlichen Antriebskräfte der Wirtschaft fehlen. Auf einer solchen Wirtschaftsstufe wechseln regelmäßig Produktion und Konsum miteinander ab, wobei die Zu- und Abgänge – unter Mitbenutzung des ökologischen Erneuerungsprozesses – sich nahezu ausgleichen. Wir können also beim ursprünglichen Wirtschaftsprozess von einem stationären oder sich wiederholenden Prozess sprechen, der sich im Großen und Ganzen im Gleichgewicht befindet.

Bei der Schilderung dieses Prozesses haben wir allerdings davon abgesehen, dass jede Arbeitsteilung und damit auch die Ausscheidung von Produktions- und Konsumstätten einen gewissen Ausweitungsprozess beinhaltet, sei es im Sinne der Erweiterung durch den Handel oder im Sinne der Investitionen von Maschinen und Anlagen. Angesichts der Fülle der Natur und der Langsamkeit des Erweiterungsprozesses durfte darüber hinweggesehen werden. In diesem Fall kann analog zum ökologischen auch von einem ökonomischen Kreislauf gesprochen werden. Insoweit wir also die sehr langsame Expansion unberücksichtigt lassen, können wir eine entsprechende Kreislaufformel aufstellen, bei der Produktion gleich Reproduktion ist. Die Kurzschrift des Konsumprozesses hat dann folgende Form:

Konsumgüter + natürliche Ressourcen → Mensch als Konsument (Leben) + Abfall

Der entsprechende Produktions- bzw. Reproduktionsprozess lautet:

Mensch als Produzent (Arbeit) + natürliche Ressourcen → Konsumgüter + Abfall

In diesem einfachen Wirtschaftsprozess (Landwirtschaft und Gewerbe) kann die Natur als unendliche Produktionsquelle und Ablagerungsstätte betrachtet werden und muss daher in der Kreislaufbetrachtung ebenso wenig berücksichtigt werden wie die Sonnenenergie bzw. die Abwärme im ökologischen System. Wichtig ist der Umstand, dass diejenige Größe, welche im ökologischen Kreislauf nicht mehr in die Produktion bzw. Reproduktion eingeht, nämlich die Lebensenergie bzw. die Abwärme, im ökonomischen Kreislaufprozess gerade derjenige Faktor ist, der sich wiederum reproduziert, nämlich der Mensch, der durch den Konsum sich selbst regeneriert. Umgekehrt ist das, was im ökonomischen Kreislauf zu Abfall wird und deswegen aus dem ökonomischen System austritt, gerade diejenige Substanz, welche im ökologischen Kreislauf mit Hilfe der Verrottung und der Photosynthese zum größten Teil wieder reproduziert wird.

Dieser Kreislaufprozess ist nun nach mehreren Anläufen im Altertum (Sumer, Ägypten, Griechenland, Rom) in der Neuzeit auf universeller Ebene in das Stadium des Kapitalisierungsprozesses übergegangen. Dieses Stadium ist charakterisiert durch den sogenannten Take-off und durch die darauf folgenden Stufen der wirtschaftlichen Entwicklung im Sinne der Zinseszinsrechnung. Hier dominiert der »kumulative Prozess«, der zu einem »Bestandteil der gesellschaftlichen Gewohnheiten und der institutionellen Struktur«, vor allem aber auch der wirtschaftlichen Aktivität wird.[8] In dieser Wirtschaft dominieren die Investitionen im Zusammenhang mit einer ständigen Erhöhung des technischen Fortschritts bzw. des Wissens und Könnens. Neben die sich wiederholenden Produktions- und Konsumprozesse tritt ein Investitionsprozess, der zu einer ständigen Ausweitung des Güterstromes führt. In einer solchen Wirtschaft können wir den Verbrauch von Natur, der sich beim Produktions- und Investitionsprozess ergibt, nicht mehr übersehen (vgl. Abb. II.2.4).

Die ursprünglichen Produktionsfaktoren des Wirtschaftsprozesses sind die Bestandteile der Natur, die wir, wenn sie in den Wirtschaftsprozess eingehen, als die natürlichen Ressourcen (NR) bezeichnen, in einem gewissen Ausmaß ergänzt durch Abfälle, die im Produktionsprozess erneut verwertet werden (Recycling), sowie der Mensch, der als Produzent (Arbeit) auftritt. Unter die natürlichen Ressourcen im weitesten Sinn fällt sämtliches »totes« und »lebendes Material«, das ökonomisch »verarbeitet« bzw. »bearbeitet« wird: Boden, Wasser, Luft, Minen, Erdöl- und Kohlelager, Pflanzen, Tiere und so weiter. Zum Menschen gehört auch die Intelligenz, die ihn befähigt, wirtschaftend, d.h. planend, vorzugehen. Die natürlichen Ressourcen beutet der Mensch in einem Produktionsprozess erster Ordnung aus. Dazu gehört der Abbau von Lagerstätten (Minen) bzw. die Verarbeitung der natürlichen Ressourcen sowie die Forschung bzw. der Unterricht. Er stellt damit erstens Energie, zweitens Rohstoffe im weitesten Sinne des Wortes und drittens Wissen und Können (W+K; technischer Fortschritt) bereit. In einem Produktionsprozess zweiter Ordnung, der mehrstufig sein kann, werden einerseits Konsumgüter, andererseits Inves-

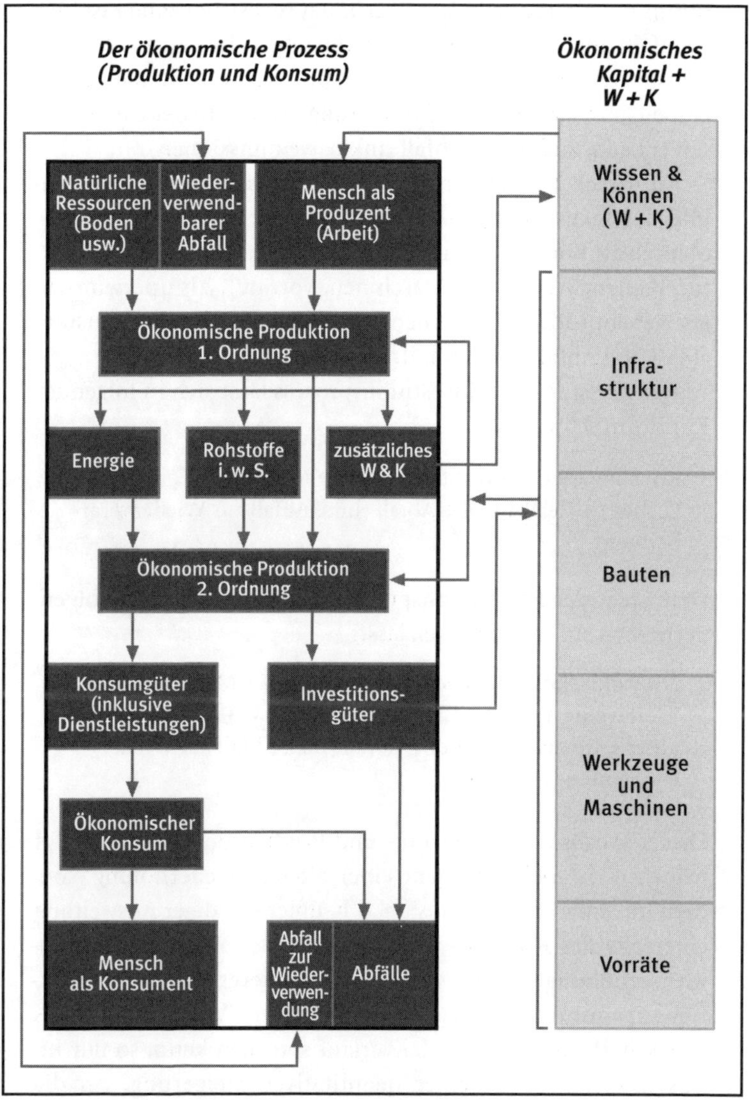

Abbildung II. 2. 4: *Das ökonomische System*

titionsgüter hergestellt. Der Begriff der Investitionsgüter ist hier ebenfalls im weitesten Sinne zu verstehen. In beiden Produktionsprozessen wird Realkapital ge- bzw. verbraucht und bereits gespeichertes Wissen und Können angewandt. In beiden Prozessen entsteht außerdem Abfall (inklusive Emissionen).

An diesen Produktionsprozess schließen nun der Konsum- und der Investitionsprozess an. Am Ende steht einerseits der Mensch als Konsument, andererseits das Realkapital (Infrastruktur, Bauten, Werkzeuge, Maschinen, Vorräte). Als unerwünschtes Nebenprodukt erscheinen wiederum die Abfälle (Konsumabfall und Abfall durch Kapitalverschleiß).

Der Konsum- und Investitionsprozess lässt sich in folgender Kurzform schreiben:

> Konsumgüter + Investitionsgüter → Mensch als Konsument (Leben) + Realkapital + Abfall (inkl. Abfall zur Wiederverarbeitung)

Dem steht der Produktionsprozess gegenüber, der sich folgendermaßen zusammenfassen lässt:

> NR (inkl. Abfall zur Wiederverarbeitung) + Mensch als Produzent (Arbeit) + Kapitalverschleiß + W+K → Konsumgüter + Investitionsgüter + Abfall (inkl. Abfall zur Wiederverwendung) + W+K

Dieser Wechsel von Konsum- und Produktionsprozess erfolgt jedoch nicht mehr im Sinne einer bloßen Wiederholung, sondern im Sinne einer Expansion, d.h. unter ständiger Ausweitung einerseits des Konsum- und Investitionsstroms (Realeinkommenserhöhung, Nettoinvestitionen), andererseits des Produktionsstroms. Wenn man überhaupt noch von Wiederholung des Wirtschaftsprozesses im Zeitverlauf sprechen kann, so nur im Zusammenhang mit einer quantitativen Steigerung. An die Stelle eines Kreislaufs tritt somit eine Spirale: das Ende eines Umlaufs führt nicht mehr an den Anfang desselben zurück, der Bogen wird immer größer (vgl. die Abbildung 1 auf Seite 20).

Gleichzeitig wächst sowohl das ökonomische Produktionskapital als auch die Anzahl der Haushalte. Dank der mit der Kapitalerhöhung verbundenen Produktionssteigerung kann somit auch der Konsum pro Kopf der Bevölkerung steigen. Darüber hinaus wächst der Verbrauch an Natur, sowohl im Sinne des Verzehrs von natürlichen Ressourcen als auch als Beanspruchung der natürlichen Lebensgrundlagen, die zudem noch durch die Abfälle (inklusive Emissionen) beeinträchtigt bzw. zerstört werden.

Vernachlässigen wir die Bewegung innerhalb der ökonomischen Spirale und beschränken uns auf die Untersuchung der Zunahme der wirtschaftlichen Aktivität im Zeitverlauf, so erhalten wir eine Kurve, welche nur die Niveauerhöhung der Spirale im Zeitverlauf anzeigt. Die Erfahrung zeigt, dass diese Niveauerhöhung vom Moment des Take-off an tendenziell exponentiell verläuft. Der Zuwachs ist wie beim Zinseszins proportional zum jeweils erreichten Stand, ohne dass eine hemmende Größe diesen Zuwachs vermindert. Bezeichnen wir die zu untersuchende Variable mit y, den Zuwachs mit Δy, den Proportionalitätsfaktor mit k, so gilt für jeden Zeitabschnitt t:

$$\Delta y_t = k \cdot y_t$$

Die Ursache für diese exponentielle Entwicklung ergibt sich aus dem Umstand, dass der Zuwachs mitwächst. Die meisten Größen weisen sowohl Zu- wie auch Abgänge im Zeitverlauf auf. Die Voraussetzung für einen Wachstumsprozess ist, dass die Zugänge die Abgänge übersteigen. Trifft dies zu, dann ergibt sich automatisch ein expansiver Rückkoppelungsprozess, indem sich durch die Erhöhung des Bestandes auch die Zu- und Abgänge erhöhen, aber die ersteren stärker als die letzteren.[9] Ein Bremsfaktor wie in der logistischen Funktion fehlt. Die exponentielle Funktion ist in Abbildung II.2.5 dargestellt.

Das Gleiche gilt für den Prozess der Realkapitalbildung, wenn die Investitionen größer sind als die Ersatzinvestitionen. In einem solchen Entwicklungsprozess können wir Produktion

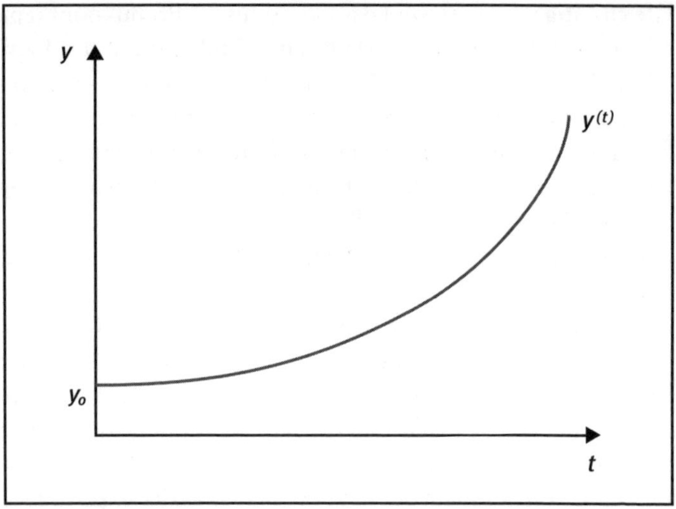

Abbildung II.2.5: *Die exponentielle Funktion zeigt, wie die Ökonomie (y) ins Unendliche strebt.*

und Reproduktion nicht mehr gleichsetzen. Dies war im ökologischen und im einfachen ökonomischen Kreislauf nur deswegen möglich, weil wir die Zuflüsse und die leichte Möglichkeit der Abflüsse als »Geschenke« des Weltraums bzw. der Natur (NR, ökologische Lebensgrundlage, »Abfallkübel«) betrachten konnten. Infolge der zunehmend spürbaren Knappheit der Natur ist es nun unumgänglich geworden aufzuzeigen, wie der Regenerationsprozess, d.h. die Wiederherstellung der Inputs, mit denen der Produktionsprozess neu beginnt, beeinträchtigt wird. Die Ausgliederung des Reproduktionsprozesses aus der ökonomischen Betrachtung bedarf der Korrektur, indem diese verkürzte Sichtweise zu einer ökonomisch-ökologischen Gesamtbetrachtung ausgeweitet wird.

4. Die ökologische und die ökonomische Sphäre im Zusammenhang

In seinem Buch *Die Perfektion der Technik* fällt Friedrich Georg Jünger folgendes Urteil über den wirtschaftlich-technischen Fortschritt:

> Es ist ein Raubbau, wie ihn die Erde noch nicht gesehen hat ... Was hier euphemistisch Produktion genannt wird, ist in Wirklichkeit Konsum.[10]

Dies ist zweifellos richtig, obwohl es bisher in der Ökonomie vollständig übersehen wurde. Wir müssen den Gehalt dieser Aussage jedoch näher analysieren, um ihre Bedeutung zu erkennen. Die entscheidende Frage ist, inwieweit der wirtschaftliche Konsumprozess wieder zum wirtschaftlichen Produktionsprozess zurückführt bzw. inwieweit Lücken, welche der Wirtschaftsprozess lässt, durch Entnahme aus der ökologischen Sphäre gedeckt werden. Um diese Zusammenhänge zu erfassen, müssen wir wissen, wie die ökonomische und die ökologische Sphäre im Regenerations-und Expansionsprozess ineinandergreifen.[11] Die Darstellung der ökologischen und der ökonomischen Sphäre muss somit zu einer Gesamtdarstellung vereinigt werden, in der gezeigt wird, wie der Zusammenhang zwischen den Outputs und den Inputs beschaffen ist (Abb. II.2.6). Dies müssen wir in Bezug auf die fünf Hauptkategorien der Outputs bzw. Inputs untersuchen, nämlich: Mensch (Konsum, Arbeit), Realkapital (Investition, Abnutzung), Abfall (teilweise Recycling), W+K (kein Verbrauch), NR (nur Verbrauch).

Die Aussage »Der Mensch arbeitet, um zu leben, und lebt, um zu arbeiten« trifft nur bedingt zu. Der Mensch als Konsument ist ein Endprodukt des Wirtschaftsprozesses, insofern sein Konsum über das für seine Erhaltung und Regeneration erforderliche Maß hinausgeht. Zum Teil sind jedoch der Wirtschaftsprozess und die Bereitstellung genügender Konsumgüter Voraussetzung dafür, dass der Mensch imstande ist, wiederum als Produzent

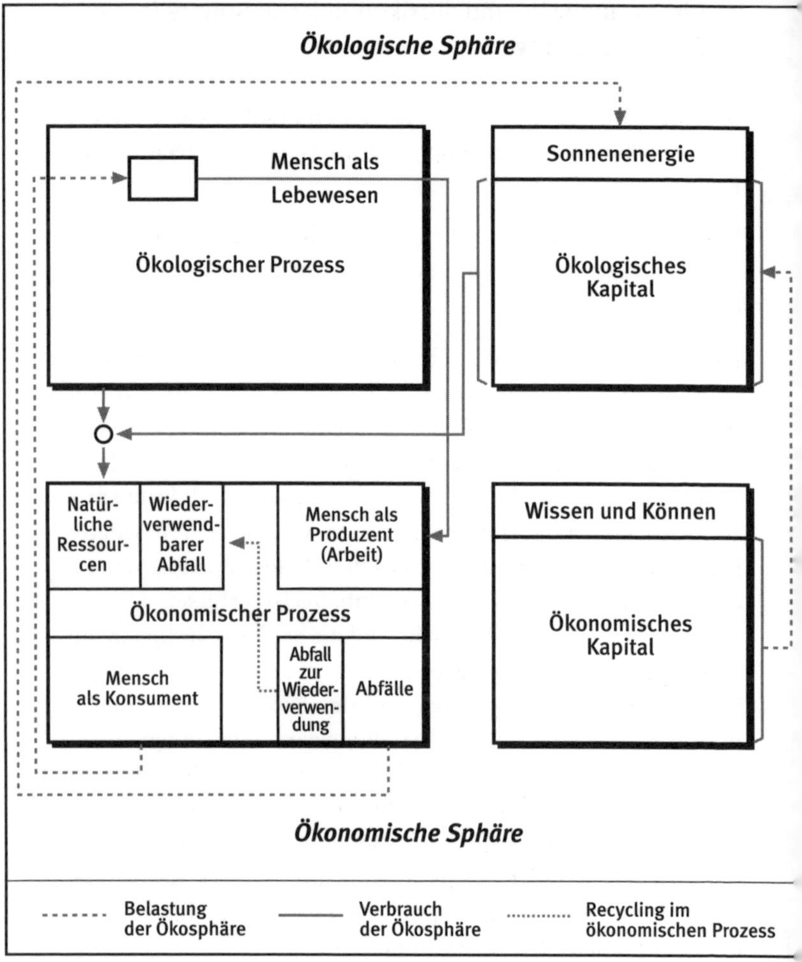

Abbildung II. 2.6: *Das ökonomisch-ökologische System*

und damit wieder als »regenerierter« Produktionsfaktor zur Verfügung zu stehen. Dabei genügt jedoch die Zurverfügungstellung von Konsumgütern nicht: der Mensch zehrt als Lebewesen auch von den Lebensgrundlagen, die ihm in der Ökosphäre zur Verfügung gestellt werden. Sein Regenerationsprozess vollzieht sich also durch den ökologischen Kreislauf hindurch. Die Expansion der Wirtschaft ermöglicht ein Anwachsen der Bevölkerungszahl. Dadurch steigt potenziell auch die Arbeitsbereitschaft, allerdings nur in dem Ausmaß, wie die Arbeitszeit nicht reduziert wird (sie kann unter Umständen stärker reduziert werden, als die Bevölkerung zunimmt!). Gleichzeitig beansprucht der Mensch immer mehr Platz auf der Erde und bedrängt damit die übrigen Lebewesen, denen er Nahrung bzw. Lebensraum wegnimmt. Man kann es auch folgendermaßen ausdrücken: Der Mensch braucht für seine Regeneration sowohl die Wirtschaft als auch die Natur, und er braucht von beiden mehr, als für seine Regeneration im Sinne der Arbeitskraft notwendig ist. Er ist weitgehend ein Parasit, auch wenn er dank seiner Parasitentätigkeit der Welt etwas Neues hinzufügen kann: die geistige Arbeit.

Mit den Investitionsgütern werden die veralteten Kapitalgüter ersetzt und in der Regel darüber hinaus der Kapitalstock erweitert. Die Regeneration dieses Inputs wird also durch den Wirtschaftsprozess selbst gewährleistet. Trotzdem belastet das Kapital die Ökosphäre in einem besonderen Ausmaß. Je größer der ökonomische Kapitalstock wird, umso stärker wird nämlich der ökologische Kapitalstock reduziert. In dem Ausmaß, wie z.B. Straßen und Häuser gebaut werden, gehen Wiesen und Waldflächen verloren. Immer mehr teilt sich die Welt auch geografisch in zwei Sphären: in die Stadtsphäre, welche der Wirtschaft, und in die Landsphäre, welche der Natur zuzuordnen ist. In dem Ausmaß, wie die Stadtsphäre auf Kosten der Landsphäre zunimmt, wird das ökologische durch das ökonomische Kapital verdrängt.

Der Abfall (inklusive Emissionen), welcher sowohl im Konsum- wie im Produktionsprozess entsteht, kann zu einem Teil wiederverwendet werden und ersetzt damit die natürlichen Ressourcen, welche der Ökosphäre entnommen werden. Es handelt sich um das Recycling der Abfälle. Die Möglichkeit dazu ist jedoch beschränkt auf diejenigen Abfallstoffe, die in irgendeiner Weise wieder eingesammelt werden können. Der Anteil dieser

Stoffe dürfte jedoch im Maximum nicht mehr als 20 bis 30 Prozent des Gesamtabfalls ausmachen. Als letzter, in keinem Fall mehr fassbarer Abfall erscheint die Abwärme. Sie gewinnt im Wirtschaftsprozess eine Dimension, die teilweise mit derjenigen der Sonneneinstrahlung auf den Erdboden vergleichbar ist; im Gegensatz zur Abwärme, die im ökologischen Kreislauf entsteht, kann sie daher nicht vernachlässigt werden. Wir müssen somit den Abfall in zwei Kategorien teilen. Ein kleinerer Teil wird im Wirtschaftsprozess selbst wieder regeneriert oder könnte wenigstens wieder regeneriert werden und erscheint als Ausgangsstoff für den nächsten Wirtschaftsprozess. Ein größerer Teil belastet sowohl den ökologischen Kreislauf als auch teilweise das ökologische Kapital durch den Platz, den er beansprucht, und die Zerstörung, die er verursacht.

In der Ausgangssituation des Produktionsprozesses erscheinen zwei weitere Inputs, die nicht aus einem Endprodukt des Wirtschaftsprozesses hervorgehen, nämlich das Wissen und Können und die natürlichen Ressourcen.

Das Wissen und Können ist ein Resultat des Produktionsprozesses und hat die Eigenart, dass es sich im Gegensatz zu allen anderen Produktionsfaktoren im Gebrauch nicht vermindert, sondern im Gegenteil sogar noch vermehrt. Je mehr Wissen und Können man anwendet, umso mehr wird man wissen und können. Wissen und Können erscheinen insofern als »Fortschrittsfaktor«. Wie die Sonnenenergie sind sie unerschöpflich, nicht in dem Sinne zwar, dass sie von allem Anfang an da sind, aber in dem Sinne, dass dafür keine endlichen Limits gesetzt sind. Man ist daher berechtigt zu sagen: Das Wissen und Können stellt die eigentliche »Sonne« des Wirtschaftsprozesses dar, die dessen Weiterentwicklung garantiert, ohne bei seiner Reproduktion die Ökosphäre zu belasten.

Ganz im Gegensatz dazu werden die natürlichen Ressourcen im Wirtschaftsprozess nicht reproduziert, sondern ständig neu dem ökologischen Kapital bzw. dem ökologischen Kreislauf entnommen; in Bezug auf diesen Faktor ist die Wirtschaft identisch mit einem Verzehr an Natur. Man kann ihn daher als »Raubbaufaktor« bezeichnen. Dieser wird um so größer, je mehr sich der Wirtschaftsprozess ausweitet. Der Verzehr ist endgültig in Bezug auf den ökologischen Kreislauf, insoweit die ökologische Regeneration (Photosynthese) nicht mehr gewährleistet ist, und in Bezug auf das ökologische Kapital, insoweit ein Recycling der Abfälle unmöglich ist.

Aus diesen Überlegungen ergibt sich, dass die Ökosphäre in vierfacher Weise durch den Wirtschaftsprozess belastet wird:

1. Der Mensch vermehrt sich dank der Möglichkeiten, die die Wirtschaft ihm eröffnet, überproportional zu allen anderen Lebewesen (mit Ausnahme seiner Parasiten); er beansprucht daher immer mehr Lebensraum, wodurch der Lebensraum der anderen Lebewesen reduziert wird.
2. Das ökonomische Kapital ersetzt das ökologische Kapital (die »Stadt« verdrängt das »Land«).
3. Die Abfälle und Emissionen führen zu einer Beeinträchtigung bzw. Störung der Umwelt.
4. Die natürlichen Ressourcen werden laufend dem ökologischen Kreislauf bzw. dem ökologischen Kapital entnommen.

Dieser Belastung der Ökosphäre stehen positiv gegenüber:

1. eine wachsende Bevölkerung (mehr Geburten als Todesfälle);
2. eine Erhöhung des Kapitalstocks (positive Nettoinvestitionen);
3. eine Vermehrung des Wissens und Könnens (kumulativer Prozess von Forschung, Unterricht und Anwendung des Wissens);
4. steigender Wohlstand (höheres Volkseinkommen pro Kopf der Bevölkerung).

Die Erfahrung zeigt, dass langfristig dem exponentiellen Wirtschaftswachstum und dem überexponentiell zunehmenden Ver-

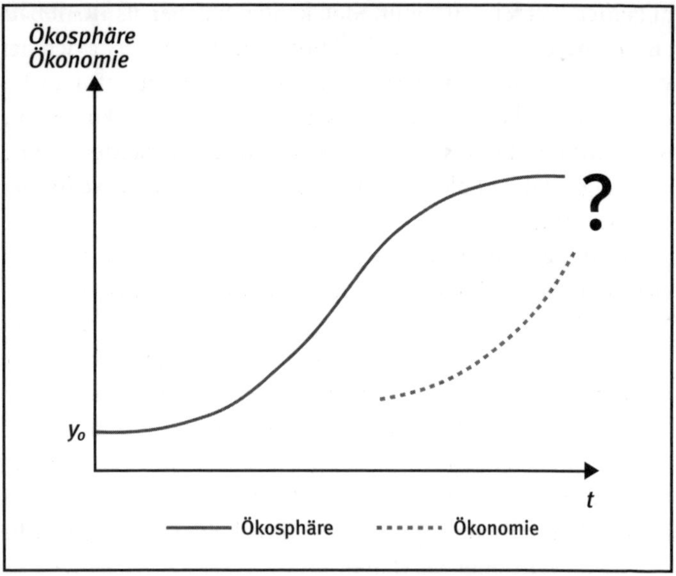

Abbildung II.2.7: *Der Konflikt zwischen der logistischen Entwicklung der Ökosphäre und der exponentiellen Entwicklung der Ökonomie ist vorprogrammiert.*

zehr an Umwelt kein wirksamer Bremsfaktor entgegensteht. Wenn dem so ist, muss es früher oder später zu einem Zusammenstoß des ökologischen und des ökonomischen Systems kommen, d.h., das exponentielle Wachstum stößt an den Plafond der nicht mehr weiter wachsenden Ökosphäre (vgl. Abb. II.2.7).[12]

Dank des technischen Fortschritts wäre es denkbar, dass in Zukunft durch einen beliebig großen Einsatz durch Kernfusion gewonnener Energie jeder Stoff in irgendeinen Rohstoff verwandelt werden kann. Es gilt dann, wie sich John Krutilla ausdrückt:

> Ultimately, the raw material inputs to industrial production may be only mass and energy.[13]

Da bei diesem Umwandlungsprozess der größte Teil des Energieeinsatzes in Form von Abwärme in den Weltraum entweicht, führt aber dieser Prozess bei Weitergehen des exponentiellen Wachstums zu einem immer schnelleren Abbau der Weltsubstanz. Das heißt: Wir sind im Begriff, durch unsere wirtschaftliche Tätigkeit den Schöpfungsprozess, bei dem Energie in Substanz verwandelt wurde, rückgängig zu machen, indem wir die Substanz wieder in Energie (Abwärme) auflösen.

Es liegt auf der Hand, dass eine solche Entwicklung schließlich auch den ökonomischen Kapitalisierungsprozess zu einem Ende bringen wird, indem die für diesen Prozess notwendigen Regenerationsmöglichkeiten erschöpft sein werden. Was übrig bleibt, ist dann allenfalls ein absolutes Wissen und Können, absolut jedoch nur im Sinne der Selbstzerstörung. Wenn wir diesen Endprozess nicht einleiten wollen, müssen wir den exponentiellen Wachstumsdrang der Wirtschaft in einen der Entstehung der Welt entsprechenden logistischen Entwicklungsprozess, d.h. in ein neues ökonomisch-ökologisches Kreislaufsystem, einmünden lassen.

II.3 Die Umweltökonomie auf dem Prüfstand

(mit JÜRG MINSCH)

1. Die Überbeanspruchung der Natur

Die Umweltproblematik kann man ökonomisch interpretieren als Diskrepanz zwischen Angebot und Nachfrage von Umweltleistungen. Die Nachfrage ist größer als das Angebot. Diese Diskrepanz ist, von Ausnahmen abgesehen, eine relativ neue Erscheinung. Solange die Kapazität der Natur zur Resorption von Abfällen im Verhältnis zur Menge der Abfälle groß war, musste kein spezielles Angebot an Umweltleistungen bereitgestellt werden. Die Nachfrage nach diesen Leistungen konnte ansteigen, ohne dass das Angebot hinterherhinkte. Es war immer noch ein genügendes Angebot solcher Leistungen »im Vorrat« vorhanden. Durch den mit dem wirtschaftlichen Wachstum einhergehenden steigenden Ressourcenverbrauch vermehrten sich jedoch die Abfälle und Emissionen, welche die Umwelt belasten, in einem solchen Maß, dass der vorhandene »Angebotsvorrat« aufgebraucht wurde. Erst dadurch kam es zur Umweltverschmutzung, zur Überbeanspruchung der Natur und zum Verlust ihrer Fähigkeit, die Abfälle und Emissionen vollständig zu resorbieren oder zu assimilieren.

Die Diskrepanz zwischen Angebot und Nachfrage von Umweltleistungen nimmt mit dem wirtschaftlichen Wachstum zu. Grundsätzlich gilt ja gemäß dem ersten thermodynamischen Grundgesetz, dass »nichts zu nichts« wird, also »etwas immer etwas« bleibt. Die im Produktionsprozess benutzten Stoffe verschwinden nicht durch den Konsum, sondern werden zu 100 Prozent Abfall. Nur der Nutzen der Güter wird konsumiert, nicht die Materie. Der größte Teil dieses Abfalls trat früher als solcher gar nicht in Erscheinung, weil er aus erneuerbaren bzw. regenerierbaren Ressourcen stammte (Erde, Wasser, Luft, Nährstoffe bzw. Tiere und Pflanzen). Diese Abfälle wurden bzw. werden immer noch im Rahmen der ökologischen Kreisläufe wieder in Rohstoffe zurückverwandelt, also regeneriert, ohne dass der Mensch etwas dazu tun muss.

Aber die Nutzung der regenerierbaren Ressourcen ist vom Rhythmus der Jahreszeiten abhängig. Sie kann daher nicht beliebig gesteigert, sondern höchstens in einem gewissen Ausmaß intensiviert werden. Anhaltendes Wirtschaftswachstum wurde und wird, nachdem die Intensivierungsmöglichkeiten ausgenutzt waren, nur möglich entweder durch Übernutzung der regenerierbaren Ressourcen, d.h. durch Raubbau, oder durch immer stärkeren Rückgriff auf nicht regenerierbare Rohstoffe (Metalle, chemische Grundstoffe, Steine und Erde) und Energiequellen (Kohle, Erdöl, Erdgas, Uran). Die Abfälle, die sich aus der Nutzung dieser Ressourcen ergeben, bleiben entweder als feste Abfälle liegen oder belasten als Emissionen die Luft, den Boden und das Wasser.

Die aus der Vermehrung der Abfälle und Emissionen resultierende Umweltbelastung ist daher vor allem durch die *ständige Steigerung des Verbrauchs* der natürlichen Ressourcen bedingt.

2. Marktversagen im Umgang mit der Umwelt

Die aus dem wirtschaftlichen Wachstum resultierende Umweltbelastung könnte theoretisch durch den Marktmechanismus korrigiert werden. Die Marktwirtschaft lenkt die wirtschaftlichen Aktivitäten durch die Preise auf der Grundlage von Angebot und Nachfrage. Güter mit einem großen Angebot haben einen (relativ) niedrigen, Güter mit einem kleinen Angebot einen (relativ) hohen Preis. Diese Regelung ist effizient, denn sie führt dazu, dass man reichlich vorhandene Güter, weil sie billig sind, in großem Ausmaß nachfragt, während knappe Güter, weil sie teuer sind, einer geringeren Nachfrage begegnen. Das System hat eine selbstregulierende Dynamik. Wenn Güter, die ursprünglich reichlich vorhanden waren, gerade auch deswegen immer knapper werden, weil sie wegen ihrer Billigkeit (zu viel) nachgefragt wurden und werden, verringert sich das Angebot, und die Preise steigen. Dies hat zwei Wirkungen: Einerseits sinkt wegen der gestiegenen Preise die Nachfrage; man geht mit teuren Produkten sparsam, haushälterisch, d.h. ökonomisch um. Andererseits wird das Angebot wieder ansteigen, wenn mit höheren Kosten auch höhere Produktionskosten in Kauf genommen werden können.

Wäre die Natur in dieser Weise dem Marktmechanismus unterstellt, dann könnte es keine Umweltprobleme geben. Je mehr der Vorrat an natürlichen Ressourcen verbraucht und die Umweltmedien Luft, Wasser, Boden verschmutzt werden, d.h., je knapper die (intakte) Natur bzw. die (saubere) Umwelt wird bzw. je höher der Aufwand für die Säuberung und Wiederherstellung der natürlichen Produktionsgrundlagen ist, umso teurer würde der Umweltverbrauch werden. Die Leistungen der Natur als Rohstofflieferant und als »Abfallkübel« würden dann weniger beansprucht, und umso mehr würde man tun, um wieder eine saubere Umwelt bereitzustellen.

Schon die Tatsache, dass Umweltprobleme entstehen und zusätzliche staatliche Aktivitäten unter dem Titel der Umweltpolitik notwendig werden, zeigt jedoch, dass in diesem Bereich die Selbstregulierung des Marktes nicht funktioniert. Es liegt ein Marktversagen vor. Dieses Marktversagen wird vor allem im Zusammenhang mit zwei Begriffen erklärt, die in der Umweltökonomie eine große Rolle spielen: mit dem Begriff der externen Kosten und dem des öffentlichen Gutes.[1]

Externe Kosten treten auf, wenn entweder die Produktion oder der Konsum eines Gutes Dritte in ihrem Vermögen oder in ihrem Wohlbefinden beeinträchtigt, ohne dass sie dafür entschädigt werden.[2] Für externe Kosten muss der Verursacher nicht aufkommen. Sie können daher noch so hoch ansteigen; der Preis des Gutes, dessen Herstellung mit solchen externen Kosten verbunden ist, bleibt trotzdem tief und die Marktnachfrage entsprechend hoch.

Das Gleiche gilt in Bezug auf die *öffentlichen Güter*.[3] Darunter versteht man Güter, die allen zur Verfügung stehen, also nicht einzelnen Konsumenten oder Produzenten exklusiv zugeteilt werden. Ursprünglich bestand die Meinung, dass es sich dabei immer auch um Güter handle, bei denen die konsumtive oder die produktive Nutzung des einen die Nutzung durch einen anderen nicht ausschließt. So können z.B. in einem öffentlichen Park relativ viele Besucher spazieren gehen, ohne sich gegenseitig zu stören. Die Nichtrivalität ist aber heute nicht mehr selbstverständlich. Ein Gut kann auch dann »öffentlich« sein, wenn es knapp wird, also die Nutzungen sich de facto ausschließen. Der öffentliche Park wird von so vielen Besuchern besucht, dass sie sozusagen übereinander stolpern oder die Ruhe im Park durch zu viel Lärm und Betrieb gestört wird. Trotzdem erfolgt keine Zuteilung über den Preismechanismus, weil der Park eben öffentlich, d.h. für jedermann zugänglich ist. Man kann daher auch nicht durch Bezahlung eine bestimmte Nutzung für sich selbst reservieren bzw. an andere zu exklusiver Nutzung verkaufen. Infolgedessen ist auch niemand bereit, die Kosten für die Herstellung bzw. für die Wiederherstellung eines Gutes zu übernehmen, z.B. für den Bau eines weiteren Parks. Man wartet lieber, bis ein anderer sich zur Übernahme der Kosten entschließt. Es kommt zum Trittbrettfahrer-Phänomen: Weil alle Gratisfahrer sein wollen und können, übernimmt niemand die Kosten der Herstellung. Es gibt daher auch kein Marktangebot für ein solches Gut.

Externe Kosten treten vor allem bei der Nutzung der Natur auf, weil sie als Abfallkübel gratis zur Verfügung steht. Es entstehen bei dieser Nutzung keine finanziellen Aufwendungen, die in den Preis der Produkte eingerechnet werden müssten. Die Produkte werden daher auch nicht in dem Ausmaß teurer, als die Produzenten bzw. Konsumenten diese »Abfallkübel«-Leistung vermehrt in Anspruch nehmen. Die Nachfrage wird nicht reduziert, sie kann vielmehr immer weiter ansteigen.

Die Natur kann aber auch als *öffentliches Gut* betrachtet werden, das allen zugänglich ist, soweit sie noch als »Gut« vorhanden, d.h. einigermaßen intakt ist. Wegen des freien Zutritts zu diesem Gut wird niemand freiwillig bereit sein, die Kosten für Umweltschutzmaßnahmen zu übernehmen, mit denen eine weitere Beeinträchtigung der Natur gebremst werden könnte. Niemand ist bereit, ein Angebot an »intakter Natur« zu machen oder für die Wiederherstellung des ursprünglichen Zustandes etwas zu bezahlen.

Die Verknappung der intakten Natur ist also weder bezüglich der Nachfrage- noch bezüglich der Angebotsseite dem Selbstregulierungsmechanismus des Marktes unterstellt. Die Diskrepanz zwischen Angebot und Nachfrage wird vielmehr immer größer. Die Nachfrage steigt, während das Angebot immer kleiner wird. Es gibt keinen Preis, der das Gleichgewicht herstellen würde. So kann die Umweltbelastung ständig zunehmen, ohne dass der Markt »interveniert«. Zusammenfassend lässt sich sagen: Umweltbelastungen durch Nutzung und Verbrauch der Natur entstehen, weil das sogenannte Erlaubnisprinzip gilt, d.h., weil die Gratis-Nutzung und der Gratis-Verbrauch der Natur grundsätzlich erlaubt ist und nur durch Einzelmaßnahmen verboten werden kann.

3. Preisverhandlungen zwischen Nutznießern und Geschädigten der Umweltbelastung als Lösung?

Eine Lösung der Umweltproblematik wäre allerdings gemäß dem amerikanischen Ökonomen R. H. Coase[4] auch unter Aufrechterhaltung des Erlaubnisprinzips möglich – unter der Bedingung, dass der Nutznießer der Umweltbelastung das Recht dazu von den Geschädigten aufgrund von Preisverhandlungen abkaufen kann. Nutznießer und Geschädigte könnten sich daher bei einer Preisvereinbarung treffen, bei der sich Preis und Schädigung durch die Restverschmutzung die Waage halten. Dies wäre nicht anders, wenn das Verbotsprinzip gilt und der Nutznießer die Möglichkeit erhält, das Recht zu einer Restverschmutzung vom Geschädigten zu erwerben. Die sich daraus ergebende Äquivalenz von Erlaubnis- und Verbotsprinzip ist der Kern des sogenannten Coase-Theorems.

Ausgangspunkt von Coase ist die Feststellung, dass es sich bei externen Effekten um ein reziprokes Phänomen handelt. Verursacher von Umweltschäden ist nicht nur derjenige, der durch die Beanspruchung der Natur ihre Qualität mindert, indem er z.B. durch Einleitung von giftigen Abwässern einen Fluss verschmutzt, sondern auch derjenige, der auf eine saubere Natur angewiesen ist, weil er z.B. im gleichen Fluss Fische fängt. Für das Zustandekommen des Schadens braucht es also beide: Schädiger und Geschädigte. In diesem Sinne sind beide Verursacher.

Gilt das *Erlaubnisprinzip*, so kann der Fluss in beliebigem Ausmaß verschmutzt werden, ohne dass der Verschmutzer etwas dafür bezahlen muss. Dem Verschmutzer ist es aber freigestellt, auf dieses Recht ganz oder teilweise zu verzichten. Er wird dazu bereit sein, wenn es sich für ihn lohnt, d.h., wenn ihm der Rechtsanspruch auf Wasserverschmutzung abgekauft wird. Die Höhe des geforderten Preises richtet sich nach den Kosten der notwendig werdenden Abwasserreinigung. Diese erhöhen sich mit steigendem Sauberkeitsgrad. Der geschädigte Fischer hat ein Interesse daran, den Abwassereinleiter für den Verzicht auf die Wasserverschmutzung zu entschädigen. Denn die zunehmende Wasserqualität erlaubt es dem Fischer, wieder höhere Fischerträge zu realisieren. Solange diese Mehrerträge größer sind als die Entschädigungszahlungen, die er leisten muss, lohnt sich für ihn der Handel. Sobald die Kosten für eine weitere Reinigung höher liegen als der zusätzliche Ertrag aus dem Fischfang, wird der Fischer keine weitere Reinigung nachfragen. Es wird sich ein bestimmter, für beide Seiten optimaler Restverschmutzungsgrad einstellen.

Gilt das *Verbotsprinzip*, so kommt es unter den idealen Bedingungen des Coase-Theorems zum gleichen Ergebnis. Bleiben wir beim obigen Beispiel. Der Fischer kann den Rechtsanspruch auf sauberes Wasser ganz oder teilweise verkaufen. Je mehr er auf sein Recht verzichtet, desto stärker wird der Fluss durch Abwässer belastet, und umso geringer wird sein Fischertrag ausfallen. Der Fischer wird daher vom Verschmutzer eine Entschädigung fordern, die zumindest die Ertragseinbußen wettmacht. Der Verschmutzer wird solche Zahlungen leisten und damit das Recht auf Verschmutzung erwerben, wenn diese geringer sind als die Kosten der Abwasserreinigung. Eine vollständige Klärung der Abwässer ist realistischerweise nicht möglich. Der Verschmutzer wird vom Fischer also auf jeden Fall das Recht auf eine gewisse Verschmutzung abkaufen. Es bleibt also eine Restverschmutzung übrig. *Sie ist gleich groß wie beim Erlaubnisprinzip*, weil die Reinigungskosten die gleichen sind. Der Unterschied ist nur: Wird im Fall des Erlaubnisprinzips der Fischer um Verhandlungen nachsuchen, so ist es im Fall des Verbotsprinzips der Verschmutzer. Aus ökologischer Sicht sind aber das Erlaubnis- und das Verbotsprinzip äquivalent.[5]

In der ökonomischen Literatur wird allerdings hervorgehoben, dass die Äquivalenz des Erlaubnisprinzips und des Verbotsprinzips nur unter idealen Voraussetzungen gültig ist.[6] So kann bei hohen asymmetrisch verteilten Transaktionskosten die Äquivalenzthese nicht aufrechterhalten werden.[7] Dies trifft insbesondere dann zu, wenn sich viele Interessenten zu Verhandlungen zusammenfinden müssen, was hohe Transaktionskosten verursacht, wie es bei Umweltexternalitäten der Normalfall ist, oder wenn der Informationsstand verschieden ist. Da aufgrund der geltenden Rechtsordnung das Erlaubnisprinzip gilt, folgt aus der Äquivalenzthese, dass es zumindest dann nicht nötig ist, vom Erlaubnisprinzip zum Verbotsprinzip überzuwechseln, wenn es gelingt, durch organisatorische Maßnahmen die Transaktions- und Informationskosten für alle potenziellen Verhandlungspartner auf ein erträglich tiefes Niveau zu senken.

Diese Argumentation verkennt aber, dass die finanzielle Situation der beiden Parteien und damit die Fähigkeit, ihren Interessen in den Verhandlungen Nachdruck zu verleihen, sehr unterschiedlich sein kann. Während beim Erlaubnisprinzip dem Verschmutzer ein Vermögenswert (Recht auf Verschmutzung) zugeteilt wird – er also in der bevorzugten Position des Anbieters auftreten kann und der Fischer der Nachfrager ist –, gelangt umgekehrt beim Verbotsrecht der Fischer in den Besitz des Vermögenswertes (Recht auf sauberes Wasser). Damit die Äquivalenzthese Gültigkeit hätte, dürften diese Unterschiede in der Rechts- und Vermögensposition der einzelnen Parteien keinen Einfluss auf ihre Verhandlungsmacht haben. Dies kann aber keineswegs als selbstverständlich vorausgesetzt werden.

Die Äquivalenzthese gilt nur dann, wenn es sich bei den zugrunde liegenden Umweltexternalitäten um finanziell vernachlässigbare Kleinstprobleme handelt. Schon schwieriger – aber immerhin theoretisch nicht ausgeschlossen – ist die praktische Äquivalenz des Erlaubnis- und des Verbotsprinzips, wenn sich zwei Produzenten gegenüberstehen, von denen einer von der Verschmutzung, der andere von der sauberen Umwelt finanziell profitiert. Beide Interessen orientieren sich dann immerhin an finanziellen Größen. So bestimmen im theoretischen Idealfall z.B. die Einbußen bei den Fischerträgen sowohl die Höhe der Kompensationsforderung des Fischers für den Verzicht auf sauberes Wasser (Verbotsprinzip) als auch die Höhe der Zahlung, die der Fischer dem Verschmutzer bei dessen Verzicht auf Verschmutzung zu leisten bereit ist (Erlaubnisprinzip). Selbst wenn der Fischer kein Vermögen besitzt, kann er auf dem Kapitalmarkt einen Kredit zur Finanzierung der Kompensationszahlungen aufnehmen. Die erwartete Erhöhung des Fischertrags gibt die dafür benötigte Sicherheit.

In der Regel stehen sich jedoch *Produzenten*, die durch die Verschmutzung finanzielle Einnahmen erzielen, und *Konsumen-*

ten einer sauberen Umwelt, die die saubere Umwelt zum Leben und Überleben brauchen und keine Einnahmen daraus erzielen, gegenüber. In diesen Fällen versagt die Äquivalenzthese völlig. Die Minderung eines finanziellen Ertrags, wie z. B. eines Ertrags aus dem Fischfang, ist etwas grundsätzlich anderes als die Minderung der Umweltqualität im Sinne der Lebensqualität, wie z. B. die Verschlechterung der Atemluft. Die Nutzungsinteressen der (ökologischen) Konsumenten orientieren sich an nichtfinanziellen Größen. Um im Verhandlungsprozess wirksam zu werden, müssen sie in finanzielle Größen übersetzt werden. Diese Übersetzung hängt aber entscheidend vom zugrunde liegenden Rechtsprinzip ab. Bei nichtmarginalen Externalitätenproblemen werden die Kompensationsforderungen unter dem Verbotsprinzip immer viel höher sein als die Kompensationszahlungen beim Erlaubnisprinzip. Die Zahlungsbereitschaft hängt beim Erlaubnisrecht entscheidend von der Einkommens- und Vermögenssituation ab. Das wiedergefundene Lachen eines Kindes, das am Fluss ohne Gefahr Sandburgen baut, stellt keinen finanziellen Wert dar, mit dem man Entgeltzahlungen bestreiten bzw. finanzieren könnte! Dieses Auseinanderfallen zwischen Kompensationsforderung und -zahlung setzt die Äquivalenzthese außer Kraft. Beim Erlaubnisprinzip resultieren daher wesentlich höhere Restverschmutzungen als beim Verbotsprinzip.

Coase ist auf diese Frage nicht eingegangen. Er erarbeitete die Äquivalenzthese ausschließlich anhand von Beispielen, in denen beide Parteien finanzielle Interessen an der Umwelt haben. Neben der bereits erwähnten Gewässerverschmutzung diskutiert er z. B. den Fall einer Konditorei, die durch Lärm und anderweitige Immissionen den Betrieb einer benachbarten Arztpraxis beeinträchtigt, oder die Zerstörung der Getreideernte eines Farmers durch umherlaufendes Vieh eines benachbarten Züchters. Zwar erwähnt Coase auch Fälle, in denen jeweils zumindest eine Partei ein konsumtives Interesse an der Umwelt hat. Beispielsweise beeinträchtigt der Betrieb eines Flugplatzes das Wohlbefinden der Anwohner in der Nachbarschaft. Diese Beispiele dienen ihm jedoch ausschließlich zur Illustration der Reziprozität von Externalitäten und nicht zur Relativierung der Äquivalenz. Es bleibt festzuhalten: Bei Aufrechterhaltung des Erlaubnisprinzips lässt sich im Ganzen nur schwer eine wirksame Umweltpolitik auf dem Weg von Verhandlungen realisieren.

4. Der Staat zwischen den Ansprüchen auf Umwelterhaltung und Umweltnutzung

Angesichts des Marktversagens ist der Staat aufgerufen, eine aktive Umweltpolitik zu betreiben. In der Theorie der öffentlichen Güter wird dies wie folgt begründet:[8] Solange ein Gut öffentlich ist, hat der Einzelne, der dieses Gut nachfragt, keine Veranlassung, auf dem Markt seine Präferenz für dieses Gut durch ein entsprechendes Preisangebot zu offenbaren. Er kann es ja benützen, ohne etwas dafür zu bezahlen. Im demokratischen Willensbildungsprozess wird er eher ein »Preisangebot« machen, weil er weiß, dass dann, wenn der Staat eine Umweltschutzmaßnahme ergreift, nicht nur er, sondern entweder alle Nutznießer der sauberen Umwelt oder aber alle Verursacher der zu behebenden Schäden die Umweltmaßnahmen mitfinanzieren müssen. Die Präferenzen für eine saubere Umwelt, die im Marktprozess aus rationalen Erwägungen verborgen bleiben, werden daher im demokratischen Prozess aus ebenso rationalen Erwägungen sichtbar. Tatsächlich sind auf diesem Wege überall in der Welt, und insbesondere in den Industrieländern, Umweltschutzgesetze zustande gekommen. Sie beruhen im Wesentlichen auf dem Polizeirecht, d.h. auf Vorschriften zur Gefahrenabwehr, die generell als Ergänzung zur marktwirtschaftlichen Ordnung anerkannt werden. Typisch für das Polizeirecht sind z.B. feuerpolizeiliche Vorschriften über Gebäudeabstände zur Vermeidung der Brandgefahr. In gleicher Weise sollen Umweltgefährdungen oder Umweltbelastungen durch gezielte Einzelvorschriften reduziert werden.

Diese Maßnahmen werden entweder nach dem *Gemeinlastprinzip* durch den allgemeinen Staatshaushalt finanziert oder nach dem *sogenannten Verursacherprinzip* durch den Adressaten der einzelnen Umweltschutzvorschriften. Das Problem ist, dass in keinem Fall für den Verursacher der Umweltbelastung ein ökonomischer Anreiz entsteht, die Belastung von sich aus zu reduzieren. Wenn der Staat die Reinigungsmaßnahmen selber durchführt und bezahlt, kann der Verursacher der Abfall- oder Umweltverschmutzung die Umwelt ruhig weiter verschmutzen; es kostet ihn nichts. Wenn aber der Verursacher die Umweltschutzmaßnahmen bezahlen muss, hat er alles Interesse daran, möglichst lange die Durchführung dieser Maßnahmen hinauszuschieben, denn er zahlt erst dann, wenn er sie realisiert. Deswegen muss man hier auch vom *sogenannten* Verursacherprinzip sprechen! Es kommt zum Vollzugsdefizit.

Diese Tendenz wird verstärkt durch die Tatsache, dass es sich bei polizeirechtlichen Umweltschutzmaßnahmen um rein administrative Instrumente handelt, die als umweltpolitische Planvorgaben individuell an die einzelnen Verursacher adressiert werden müssen. Dies setzt einen hohen Konkretisierungsgrad sowie eine entsprechende Informationsbasis über die zu reglementierenden Anlagen, Verfahren und Produkte voraus. Dies muss die Umweltbehörden angesichts des enormen Umfangs heutigen umweltpolitischen Regelungsbedarfs zwangsläufig überfordern.

Schließlich ist polizeirechtlicher Umweltschutz volkswirtschaftlich verhältnismäßig teuer.[9] Die Ineffizienz rührt daher, dass die Vorschriften nicht auf die individuelle Kostenstruktur der Adressaten Rücksicht nehmen. Alle Verursacher müssen ihre Emissionen auf einen bestimmten Grenzwert reduzieren, ohne dass auf die individuellen Kosten Rücksicht genommen wird. Eine kostenorientierte Differenzierung der Vorschriften ist nicht praktikabel.

Obwohl durch solche Maßnahmen in vielen konkreten Fällen

wirksame Umweltschutzmaßnahmen durchgesetzt werden konnten, ist es wegen der genannten Defizite nicht gelungen, die Umwelt auf diese Weise umfassend zu schützen. Aus diesem Grund ist das Postulat entstanden, der Staat solle anstelle administrativer Maßnahmen marktwirtschaftliche Instrumente einsetzen, d. h. den Umweltverbrauch durch Abgaben oder Steuern verteuern, um damit zu dessen Reduktion beizutragen. Dies kann z. B. im Zusammenhang mit einer ökologischen Steuerreform geschehen, d.h. durch Erhebung einer Abgabe auf den Energieverbrauch unter Verwendung der Einnahmen zur Senkung der Lohnprozente, die zur Finanzierung von Sozialleistungen dienen. Eine andere Möglichkeit ist die Festlegung einer maximalen Menge von umweltbelastenden Emissionen (sogenannte Deckelung) und Zuteilung von handelbaren Emissionsrechten im Rahmen der zulässigen Gesamtmenge. Durch den Handel erhalten die Emissionsrechte einen Preis, der die Umweltbelastung verteuert. Beide Wege sind, wenn auch nur im Ansatz, mit einem gewissen Erfolg beschritten worden. So wurden in verschiedenen Ländern Steuerreformen durchgeführt, durch welche die Belastung des Energieverbrauchs mit Abgaben erhöht und deren Erträge wieder durch Senkung anderer Abgaben an die Bevölkerung zurückerstattet wurden. Im Rahmen des sogenannten Kyoto-Protokolls wurde eine Deckelung der Emission des CO_2-Ausstoßes auf internationaler Ebene für einen Teil der Welt vereinbart.

Aber auch diese marktwirtschaftlichen Instrumente haben ihre Grenzen. Eine Verteuerung des Umweltverbrauchs wird, wenn sie ein gewisses Ausmaß überschreitet, als ungerecht empfunden. Es heißt dann, dass sich die Reichen weiterhin den Verbrauch leisten können und nur die Ärmeren davon Abstand nehmen müssen. Die Grundproblematik des Emissionshandels liegt in der notwendigerweise in einem gewissen Ausmaß willkürlich festzulegenden Höchstmenge der zulässigen Emissionen und ihrer Verteilung sowie der Schwierigkeit der Kontrolle. Es entstehen Verteilungskonflikte, die sich allzu leicht dadurch

»lösen« lassen, dass die zulässige Höchstmenge nicht so weit reduziert wird, als notwendig wäre, bzw. durch mangelnde Kontrolle de facto wieder erhöht wird.

*

Neben den genannten Problemen sieht sich der Staat bei der Übernahme der Umweltschutzaufgabe einer weiteren Schwierigkeit ausgesetzt. Er legitimiert seine Existenz dem Bürger gegenüber im Allgemeinen gerade durch die Durchsetzung stets steigender Ansprüche an die Natur. Diese Ansprüche haben eine alte Tradition und können sich gegenüber den neuen Ansprüchen zur Umwelterhaltung wesentlich leichter durchsetzen. Je mehr die Natur sich verweigert, umso größer wird der Anspruch an den Staat, dieser Verweigerung entgegenzuwirken. Es geht insbesondere um folgende vier Ansprüche:[10]

- Der erste Anspruch ist jener auf billige *und ausreichende Energieversorgung*. Aus ihm ergibt sich die Folgerung, der Staat müsse die in Zukunft bei niedrigen Preisen auftretende »Energielücke« (Differenz von Angebot und Nachfrage) durch eine Förderung der Energieproduktion und Subventionierung neuer Energiequellen schließen.

  Diese rein angebotsorientierte Konzeption, die das eigentliche Fundament der heutigen Energiepolitik ist, übersieht, dass es in einer Marktwirtschaft nur unter der Bedingung konstant tiefer Preise zu Angebotslücken kommen kann. Es ist jedoch gerade eine zentrale Aufgabe einer Marktwirtschaft, bei Nachfrageerhöhungen mit Preiserhöhungen zu reagieren. Damit wird nicht nur der Anreiz zu Kapazitätserhöhungen, sondern auch zu sparsamerem Umgang mit dem knapper gewordenen Gut oder Produktionsfaktor sowie zur Entwicklung von alternativen Problemlösungen gesetzt. Diese Wirkung des Preismechanismus wird durch die Konzeption der Energielücke unterbunden. Statt einen Ausgleich von Angebot und Nachfrage über einen höheren Preis zuzulassen, soll der Staat bei weiterhin niedrigem Preis für eine Erweiterung des Angebots durch Erschließung immer neuer Energiequellen sorgen, wenn die Nachfrage wächst. Eine solche (notwendigerweise subventionsgestützte) Politik der billigen Energie steht den umweltpolitischen Anliegen einer Reduktion der ökologischen Belastungen durch Energieproduktion und -verwendung diametral entgegen.

Es ist zu befürchten, dass sich ähnliche Ansprüche an den Staat für die Sicherung der Grundversorgung mit anderen wichtigen Rohstoffen durchsetzen werden, wenn diese knapp werden.

- Ein zweiter Anspruch ist derjenige auf *Gewährleistung einer immer größeren Mobilität* durch steten Ausbau der Verkehrswege. Die Verkehrsprognosen, auf die man sich dabei stützt, basieren auf einem ähnlich fragwürdigen Konzept wie bei der Energiepolitik. Zur Durchsetzung der Doktrin möglichst ungehemmter Mobilität werden Kapazitätsengpässe im Verkehrsbereich diagnostiziert, die es ausschließlich angebotsorientiert zu überwinden gilt. Die Finanzierung mit speziellen Abgaben und Steuern wird nur so lange in Kauf genommen, wie praktisch keine bremsenden Effekte auf die Nachfrage von Verkehrsleistungen auftreten und die Erlöse vor allem für die Erweiterung der Verkehrskapazität verwendet werden.
- Ein dritter Anspruch zielt auf eine möglichst *billige und reibungslose Abfallentsorgung*. Es wird erwartet, dass der Staat die Entsorgung der im Zuge der Produktions- und Konsumtionsprozesse anfallenden Abfallstoffe gewährleistet und entsprechende Infrastrukturen bereitstellt. Auch hier liegt nicht das marktwirtschaftliche Entscheidungskalkül zugrunde. Primäre Stoßrichtung ist die Erhöhung der Entsorgungskapazitäten bei möglichst tiefen und damit nicht knappheitsadäquaten Preisen bzw. Gebühren. Als Maßgabe für die Höhe der Gebühren werden nur die *unmittelbaren* Arbeits- und Kapitalkosten der Abholung und der Ablagerung bzw. der Verbrennung akzeptiert. Die Kapazität der Abfallentsorgung soll

im Rhythmus der Steigerung der Abfälle erweitert werden, ohne dass sich die Preise der Entsorgung über die unmittelbaren Kosten hinaus erhöhen dürfen.

- Ein besonders problematischer Aspekt der mangelnden Kostendeckung äußert sich schließlich im Anspruch an den Staat, die Last der von Privaten geschaffenen *Großrisiken* ab einer bestimmten Obergrenze zu übernehmen. Die Unternehmungen (einschließlich der Versicherungswirtschaft) werden damit von der Aufgabe entbunden, sich der unerwünschten Folgen von Großrisiken bewusst zu werden und entsprechend umwelt- und sozialverträgliche Produkte und Produktionsverfahren zu entwickeln. Durch Haftungsbeschränkungen werden die Gefährdungen also auf die Gesellschaft übertragen, womit ein systematischer Anreiz in Richtung Hochgefährdungsstrategien gegeben ist. Als Gegenleistung wird zwar die Erfüllung von Sicherheitsanforderungen verlangt. Diese zielen jedoch bloß auf eine Reduktion der Eintretenswahrscheinlichkeit des Schadensereignisses, nicht aber auf eine Reduktion des Ausmaßes des Schadens selbst. Außerdem fehlt in der Regel eine einsatzbereite Notfallinfrastruktur. Falls Anstrengungen zum Aufbau einer solchen Infrastruktur unternommen werden, wird erwartet, dass diese nicht von den Verursachern der Gefährdungen, sondern von der Allgemeinheit finanziert werden.[11]

Es scheint, dass die Bürger geradezu ein »Recht« auf Energieversorgung, Mobilität, Abfallentsorgung und Risikoentlastung beanspruchen. Diese Ansprüche stehen den Anforderungen des Umweltschutzes, wie gesagt, diametral entgegen. Die Alternative dazu – eine Preissteigerung zum Ausgleich von Angebot und Nachfrage – widerspricht den Erwartungen, die sich durch langjährige Erfahrungen eingebürgert haben, und ist daher politisch nur ansatzweise durchzusetzen.

5. Fazit

Aus den vorstehenden Überlegungen ergibt sich: Die Nutzung des Marktmechanismus bzw. von Verhandlungsmöglichkeiten zwischen Privaten, die Einführung administrativer Maßnahmen und die Bepreisung von Umweltbelastungen konnten in vielen Bereichen zum Schutz der Umwelt beitragen. Eine umfassende Sanierung der Umwelt ist jedoch wegen der tendenziell ständig steigenden Zunahme der Abfälle und Emissionen und der beschränkten Möglichkeiten des Einsatzes und des Erfolges der verschiedenen Umweltschutzinstrumente nicht gelungen. Es sind umfassendere Reformen notwendig, um diese Tendenz zur Umweltbelastung selber zu bremsen und die Wirtschaft auf einen Pfad der Mäßigung zu leiten.

Wege aus der Krise – Wege zu einer nachhaltigen Wirtschaft

III.1 Neustrukturierung des Geldsystems

Das stete Wirtschaftswachstum in der Zeit nach dem Zweiten Weltkrieg – zuerst in Europa und den USA, dann überall in der Welt – hat eine ungeheure Vermehrung des Reichtums bewirkt. Es artet aber immer häufiger in spekulative Finanzblasen aus. Sie können sich auf die Realwirtschaft übertragen und in Wirtschaftskrisen münden wie z. B. 2008. Gleichzeitig hat das Wachstum zu einer beschleunigten Ausbeutung der knappen natürlichen Ressourcen und zur Belastung der Umwelt durch Abfälle und Emissionen geführt.

Diese Kollateralschäden verstärken sich mit der Dauer des Wachstumsprozesses und der Höhe der Wachstumsraten. Will man sie vermeiden, muss die einseitige Ausrichtung der Wirtschaft auf das Wachstum aufgegeben werden. Allerdings ist ein vollständiger Verzicht auf Wachstum nicht möglich, ohne die Funktionsweise der modernen Wirtschaft zu gefährden. Die Wachstumstendenz kann aber wesentlich reduziert und qualifiziert werden.

Das kontinuierliche Wachstum der modernen Wirtschaft gründet – wie bereits im Einleitungskapitel dargestellt – auf der unbegrenzten Fähigkeit der Zentralbank zur Ausgabe von Banknoten, d.h. von Papiergeld, sowie der Möglichkeit der Banken zur Schaffung von Buchgeld, d.h. von Guthaben auf den Girokonten, welche die Nichtbanken bei den Banken unterhalten. Das Buchgeld kann zwar in Papiergeld eingelöst werden, aber das Papiergeld nicht mehr in Gold oder Silber. Daraus ergibt sich das Potenzial zu einer im Prinzip »unendlichen« Geldschöpfung sozusagen aus dem Nichts.

Eine mögliche Zähmung des Wachstums muss daher beim Geld und bei der Geldschöpfung ansetzen. Dabei ist zu beachten, dass das Geld heute eine Institution des Staates ist, der bestimmt, was die gesetzlichen Zahlungsmittel sind – es sind dies die Banknoten der Zentralbank und, ihnen gleichgestellt, die Guthaben der Geschäftsbanken bei der Zentralbank, die stets in Banknoten eingelöst werden können. Die staatliche Gesetzgebung bestimmt auch, wie sich darauf aufbauend das Buchgeld der Geschäftsbanken und damit die gesamte Geldmenge vermehren kann.

Die Geldschöpfung erfolgt durch Kredite, welche die Geschäftsbanken den Nichtbanken gewähren. Dies geschieht, indem die Banken den Kreditbetrag den Kreditnehmern auf ihren Girokonten als sogenannte Sichtguthaben gutschreiben. Dieser Betrag ist zu 100 Prozent neues Geld (Buchgeld), denn es wird kein Guthaben auf einem anderen Konto dadurch vermindert. Es muss also nicht vorher gespart werden, damit der Kredit gegeben werden kann. Voraussetzung für eine stete Fortsetzung der Geldschöpfung ist nur, dass die Zentralbank Zentralbankgeld nachliefert, wenn die Geschäftsbanken es für den Saldoausgleich im Interbankenverkehr, zur Einhaltung von Liquiditätsvorschriften oder für den Umtausch in Banknoten benötigen.

Die Zentralbank stellt den Geschäftsbanken das Zentralbankgeld in Form von Guthaben bei sich zur Verfügung, indem sie Wertpapiere, insbesondere verbriefte Kredite, welche die Geschäftsbanken den Nichtbanken gewährt haben, übernimmt und so den Geschäftsbanken selber Kredite gewährt, d.h. ihnen eine Refinanzierung ermöglicht. Im Prinzip hängt also das Ausmaß der Geldschöpfung von der Bereitschaft der Zentralbank ab, die Refinanzierung tatsächlich vorzunehmen. Dazu ist die Zentralbank normalerweise bereit, weil sie ja in unbeschränkter Menge Zentralbankgeld schaffen oder, wie man verkürzt sagt, »Banknoten drucken« kann. Sie überlässt den Geschäftsbanken die Initiative zur Geldschöpfung. Diese agieren, sie reagiert nur. Sie muss dann reagieren, wenn wegen einer überbordenden Geldschöpfung eine Inflation droht. Sie zieht dann plötzlich die Zügel an, d.h., sie erhöht den Leitzins, der für ihre Kredite an die Geschäftsbanken maßgebend ist, so dass auch die Geschäftsbanken veranlasst sind, die Zinsen zu erhöhen, die sie für ihre Kredite verlangen, und so die Kredit- und Geldschöpfung zu bremsen.

Ein solches bloß reaktives Verhalten der Zentralbank ist aber gefährlich, weil ein Anziehen der Zügel, wenn man sie lange hat schleifen lassen, Schocks bewirkt, die die Wirtschaft aus dem Tritt bringen. Das Wachstum des Sozialprodukts schlägt dann in eine Schrumpfung um. Aus dieser muss die Zentralbank wieder herausführen, indem sie den Leitzins erneut senkt, um so die Kredit- und Geldschöpfung wieder in Gang zu bringen und eine mögliche Deflation zu verhindern. Zusätzlich muss der Staat Geld in die Wirtschaft pumpen. Nach kürzerer oder längerer Zeit wird dies aber erneut eine Inflation in Gang setzen. Das Resultat ist eine Instabilität der Wirtschaft, die durch die Tendenz zur Bildung von Spekulationsblasen und zunehmend auch durch eine Steigerung der Ressourcenpreise wegen drohender Verknappungen noch verstärkt wird.

Damit die Zentralbank den Wirtschaftsprozess nachhaltig stabilisieren kann, muss sie daher – das ist die Schlussfolgerung – die Geldschöpfung besser kontrollieren können. Das heißt, sie – und nicht die Geschäftsbanken – muss die Schlüsselposition bei der Gewährung der Kredite erhalten. Sie muss vorausschauend agieren können.

Die Legitimation und gleichzeitig die Verpflichtung zu einer solchen Verstärkung der Zentralbankposition ergibt sich daraus, dass es ohne staatliche Gesetzgebung kaum eine Geldschöpfung gäbe. Als Geld würden zunächst nur natürliche Güter dienen, die allgemein begehrt sind, sich also als allgemeines Tauschmittel eignen, wie z. B. Getreide, das aber verderblich ist, oder Gold, das zwar nicht verderblich ist, dessen Menge aber durch die Vorräte in der Natur vorgegeben ist. Die Vermehrung eines solchen »Geldes« ist nur in dem beschränkten Maße möglich, wie es die Natur zulässt. Allerdings hatten Goldschmiede und Banken schon unabhängig vom Staat begonnen, Scheine für die Hinterlegung von Gold auszugeben, die als Zahlungsmittel zirkulieren konnten und daher nur zum Teil wieder eingelöst wurden, so dass zusätzliche Scheine auf dem Kreditweg in Umlauf gebracht werden konnten. Dies war ein erster privater Ansatz zur Geldschöpfung. In großem Ausmaß konnte Papiergeld aber erst vermehrt werden, als es vom Staat zum gesetzlichen und definitiven Zahlungsmittel erklärt wurde, d.h. zu Geld, mit dem jeder Schuldner seine Schuld endgültig begleichen kann, ohne dass der Gläubiger die Einlösung in Gold verlangen kann. Erst auf dieser Grundlage konnte sich auch eine zusätzliche Schöpfung von Buchgeld durch die Banken entwickeln. Das Buchgeld ist weiterhin einlösbar, allerdings nicht mehr in Gold, sondern nur noch in das staatlich legitimierte Papiergeld. Damit kommt dem Staat auch die Verantwortung zu, eine Ausuferung der Geldschöpfung zu verhindern, wenn sie gefährliche Ausmaße annimmt.

Eine wirksame Kontrolle der Geldschöpfung setzt eine entsprechende Reform des Geldsystems voraus. Ausgangspunkt für eine solche Reform kann die Idee des 100%-Geldes sein, die Irving Fisher, einer der bedeutendsten amerikanischen Ökonomen des 20. Jahrhunderts, nach der Krise von 1929 entwickelt hat.[1] Sie wird heute wieder aktuell. Gemäß diesem Vorschlag erhält die Zentralbank das ausschließliche Recht zur Geldschöpfung, indem die Banken verpflichtet werden, die Sichtguthaben, also das Buch- oder Bankgeld, zu 100 Prozent durch Zentralbankguthaben bzw. Banknoten zu decken. Fisher schreibt: Heute »hängen unsere Umlaufsmittel von der Gnade der Kredittransaktionen der Banken ab. Und deshalb sind unsere unzähligen ›Geschäftsbanken‹ in Wahrheit unzählige private ›Gelddruckereien‹ … Die Banken können auf ihren möglichen Barreserven eine auf dem Kopf stehende Pyramide von ›Krediten‹ aufbauen … Es ist leicht ersichtlich, dass ein solch ›kopflastiges‹ System gefährlich ist«.[2] Fisher schlägt daher in den USA die Gründung einer »Währungskommission« vor. Mit deren Hilfe sollte die Regierung gesetzliche Zahlungsmittel schöpfen und damit

»entweder Anleihen, Schuldtitel oder andere Vermögenswerte der Banken kaufen oder den Banken dieses Geld leihen und diese Vermögenswerte als Sicherheiten dafür nehmen ... Nach dieser Substitution von Anleihen durch echtes Geld wären die Banken dazu verpflichtet, dauerhaft eine Barreserve von 100% für die Sichtguthaben ihrer Kunden zu halten ... Oder anders ausgedrückt: Die Sichtguthaben wären wirkliche Guthaben, die aus Bargeld bestehen, das die Bank im Auftrag der Kontoinhaber verwaltet. So würde das neu geschöpfte Geld durch das Erfordernis der 100%-Reserve festgelegt«.[3]

Fisher schlägt deshalb die Bildung einer Währungskommission vor, weil in den USA keine echte Zentralbank besteht. Das Federal Reserve System nimmt zwar Zentralbankfunktionen wahr, ist aber de facto ein Kartell privater Banken. In Europa wäre die Gründung einer solchen Währungskommission nicht nötig. Die ihr von Fisher zugedachten Funktionen könnten hier von den Zentralbanken wahrgenommen werden.

Von dieser Vorstellung geht auch der Vorschlag zu einer »Vollgeldreform« von Joseph Huber und James Robertson[4] aus, der auf den Ideen von Fisher aufbaut. Der Vorschlag enthält zwei Hauptelemente: »Erstens muss das dem Staat vorbehaltene Recht zur Emission von gesetzlichen Zahlungsmitteln ausgeweitet werden. Es gilt bisher nur für Bargeld und muss zukünftig auch für Sichtguthaben auf Girokonten gelten. Zweitens muss der Banksektor daran gehindert werden, von sich aus neues unbares Geld in Form von Sichtguthaben zu schöpfen.«[5]

Um diesen Vorschlag zu verwirklichen, sollte eine einfache, aber fundamentale Gesetzesänderung genügen. Dies lässt sich gemäß Huber und Robertson am Beispiel der Satzung der Europäischen Zentralbank (EZB) zeigen. Artikel 16 dieser Satzung trägt die Überschrift »Banknoten«. Er enthält heute folgenden Passus:

> Der EZB-Rat hat das ausschließliche Recht, die Ausgabe von Banknoten innerhalb der Gemeinschaft zu genehmigen. Die EZB

> und die nationalen Zentralbanken sind zur Ausgabe von Banknoten berechtigt. Die von der EZB und den nationalen Zentralbanken ausgegebenen Banknoten sind die einzigen Banknoten, die in der Gemeinschaft als gesetzliche Zahlungsmittel gelten.

Die veränderte Version könnte gemäß Huber und Robertson die Überschrift »Gesetzliche Zahlungsmittel« tragen und folgendermaßen lauten:

> Der EZB-Rat hat das ausschließliche Recht, die Ausgabe von gesetzlichen Zahlungsmitteln zu genehmigen. Gesetzliche Zahlungsmittel umfassen Münzen, Banknoten *und Sichtguthaben.* Die EZB und die nationalen Zentralbanken können solche Zahlungsmittel ausgeben. Von der EZB und den nationalen Zentralbanken ausgegebene Münzen, Banknoten *und Sichtguthaben* innerhalb der Gemeinschaft sind die einzigen Zahlungsmittel innerhalb der Gemeinschaft, die den Status von gesetzlichen Zahlungsmitteln haben.[6]

Die Folge wäre: »Die Menge des umlaufenden Geldes wird durch Kreditvergaben nicht mehr verändert. Die Geldmenge verändert sich nur noch, wenn die Zentralbank zusätzliches Geld schöpft … In diesem neuen Verfahren bleiben die Banken zwar weiterhin Geldhändler und Vermittler von Krediten, aber sie werden kein unbares Geld mehr schöpfen.«[7]

Das heißt: Die Sichtguthaben bei den Banken, also das Buchgeld der Banken, werden zu Zentralbankgeld, das von den Banken nur noch verwaltet, aber nicht mehr von ihnen geschaffen wird. Die Verwandlung der Sichtguthaben der Banken in Zentralbankgeld geschieht mittels Ankauf von Aktiven der Geschäftsbanken durch die Zentralbank, so dass die Geschäftsbanken entsprechend in ihrer Bilanz Guthaben bei der Zentralbank erhalten. In der Folge dürfen von den Banken nur noch Kredite im Rahmen des verfügbaren Zentralbankgeldes gegeben werden.

*

Wir haben im Einleitungskapitel begründet, warum in der arbeitsteiligen Marktwirtschaft eine gewisse Geldausweitung nötig und diese mit einem Wachstumszwang verbunden ist. Diese Begründung sei kurz wiederholt: Ohne die Geldausweitung können gesamtwirtschaftlich keine Unternehmungsgewinne entstehen. Diese müssen mindestens so hoch sein, dass die Zinsen für die Kredite bezahlt werden können und ein Reingewinn für das Eigenkapital übrig bleibt, der genügt, um das Risiko auszugleichen, das mit den Investitionen verbunden ist. Damit die Gewinn*rate* auf dem eingesetzten Kapital (nur) gleich bleibt, müssen sich daher im Ausmaß der zusätzlichen Investitionen die Gewinne absolut erhöhen.

Der Zufluss von stets neuem Geld ist allerdings nicht nur notwendig, um die Gewinnrate, d.h. die Gewinne im Verhältnis zum steigenden Kapitaleinsatz bzw. den Investitionen, konstant zu halten, sondern auch, um einen ständigen Geldabfluss zu kompensieren. Dieser ergibt sich daraus, dass die Zinsen für die Kredite der Banken (sowie anderer Zahlungen für die Leistungen der Banken) durch eine entsprechende Reduktion der Giroguthaben der Kreditnehmer bei den Geschäftsbanken bezahlt werden. Da diese Guthaben Geld darstellen, schrumpft auf diese Weise die Geldmenge. Dieser Geldabfluss muss durch einen Geldzufluss kompensiert werden.

Der Wachstumszwang ergibt sich daraus, dass der notwendige Geldzufluss heute durch zusätzliche Kredite erfolgt, mit welchen zusätzliche Investitionen und damit ein Produktionszuwachs finanziert werden. Damit die zusätzliche Produktion ebenfalls wieder mit Gewinn abgesetzt werden kann und außerdem der Abfluss von Geld durch die Zinszahlungen kompensiert wird, muss wieder ein neuer Geldzufluss durch weitere Kredite und damit weitere Investitionen und damit ein weiterer Produktionszuwachs erfolgen und so weiter, in steter Fortsetzung.

Demgegenüber kann im System des 100%-Geldes bzw. des Vollgeldes die Zentralbank das zusätzliche Geld, das für die nötige Gewinnausweitung einerseits und für die Kompensation des Geldabflusses aufgrund der Zinszahlungen und anderer Zahlungen an die Geschäftsbanken andererseits bereitgestellt werden muss, in eigener Regie schöpfen. Dadurch erhält die Zentralbank die Möglichkeit, das Ausmaß der Geldschöpfung so zu bestimmen, dass krisenhafte Entwicklungen und Kollateralschäden des Wachstums vermieden werden, also

- es weder zur Inflation noch zur Deflation kommt,
- keine spekulative Aufblähung der Geldmenge erfolgt,
- das Wachstum der Wirtschaft insoweit in Grenzen gehalten wird, dass eine nachhaltige Nutzung der natürlichen Ressourcen möglich wird.

Diese Zielsetzungen gelten unabhängig davon, wem das zusätzliche Geld, das die Zentralbank schöpft, zugeteilt wird. Je nachdem, wie diese Zuteilung erfolgt, lassen sich aber noch weitere Ziele verfolgen.

Eine erste Möglichkeit der Zuteilung, die vor allem Fisher im Auge hatte, besteht in der Zuteilung des Geldes an die Geschäftsbanken. Dadurch erhalten sie die Fähigkeit, in einem gewissen Umfang mehr Kredite zu geben, als vorher erspart worden ist. Diese Lösung lehnt sich am engsten an die bisherige Praxis an.

Eine zweite Möglichkeit ist die Zuteilung des Geldes an den Staat. Sie wird insbesondere von Huber und Robertson propagiert. Der Staat bezahlt in diesem Fall keine Zinsen. Indem er die eingesparten Zinsen dazu verwendet, die Kredite, die ihm die Geschäftsbanken gegeben haben, zurückzuzahlen, kann er die Schuldenlast verringern und damit die Steuern senken, für die heute ein bedeutender Teil des Steuerertrags ausgegeben werden muss. Der Steuerzahler hat entsprechend mehr Geld zur Verfügung, das er entweder für Konsumzwecke oder für Investitionen verwenden kann. Der Staat kann allerdings die neu geschöpfte Geldmenge auch für zusätzliche Ausgaben verwenden.

Entscheidend ist daher, dass die Zentralbank bezüglich des Ausmaßes der Geldschöpfung die Unabhängigkeit gegenüber dem Staat wahren und das Ausmaß der Geldschöpfung selber bestimmen kann. Huber und Robertson schreiben dazu: »Bei einer Reform der Geldschöpfung muss unbedingt darauf geachtet werden, dass die Regierung nicht selbst bestimmen kann, wie viel neues Geld geschöpft wird.« So wie »Gerichte unabhängig von Regierung und Parlament« sind, so »sollten die Zentralbanken ihre Entscheidungen über die Menge des zu schaffenden Geldes unabhängig von Parlament und Regierung treffen können«.[8] Ist die Unabhängigkeit der Zentralbank aber gesichert, so kann sie, weil sie die direkte Kontrolle über die Geldschöpfung hat, das Ausmaß der zusätzlichen Geldmenge, die dem Staat zugeteilt wird, sogar besser kontrollieren, als wenn er sich das Geld bei den Geschäftsbanken holt, die ohne Risiko dem Staat Kredite geben können und daher keine Hemmungen haben, das Kreditvolumen stets auszuweiten.

Eine dritte Möglichkeit ist die Zuteilung des Geldes an die Privathaushalte als Zusatzeinkommen. Dies könnte wiederum auf zwei verschiedenen Wegen geschehen. Die Zuteilung könnte nämlich entweder direkt von der Zentralbank oder indirekt über die Gemeinden in Form eines Regionalgeldes zur Verfügung gestellt werden, das nur für regional produzierte Güter und Dienstleistungen ausgegeben werden kann. Die zweite Lösung würde eine geografisch ausgeglichenere Entwicklung fördern.

Das den Haushalten zugeteilte Geld, insbesondere das Regionalgeld, könnte auch als sogenanntes Schwundgeld ausgegeben werden, das nach einer gewissen Zeit an Kaufkraft verliert, wenn es nicht an gemeinnützige Institutionen und Stiftungen – vor allem für Schulungs- und Bildungszwecke – weitergegeben wird. Damit wäre gesichert, dass es auf jeden Fall in sinnvoller Weise in Umlauf gesetzt und nicht gehortet wird. Man könnte aber auch gestatten, dass es den Banken für eine bestimmte Zeit ausgeliehen wird, ohne dass es an Kaufkraft verliert. Die Haushalte würden keine Zinsen bekommen, den ausgeliehenen Betrag aber nach dieser Zeit wieder vollständig bzw. mit einem Teuerungsausgleich zurückerhalten. Den Haushalten könnte für die Weiterverleihung des Geldes durch die Banken auch ein Mitbestimmungsrecht zuerkannt werden, das es ihnen ermöglichen würde, bestimmte Gemeinschaftszielsetzungen zu fördern.

Der Einbezug der Haushalte in die Geldschöpfung würde die Position der Haushalte als Konsumenten von Gütern und Dienstleistungen, als Spender von Geld für gemeinnützige Zwecke und als Kreditgeber wesentlich aufwerten und so die Konsumentensouveränität stärken, die unter dem Druck der Wachstumsdynamik weitgehend verloren zu gehen droht.

Der Vorschlag einer Zuteilung des neu geschöpften Geldes an die Haushalte knüpft an das auf Ideen von Thomas Paine (1737–1809), Thomas Spence (1750–1814) und Charles Fourier (1772–1837) aufbauende Konzept des Engländers C. H. Douglas aus den 1920er Jahren an. Das neue Geld sollte als »natürliche Dividende« oder »Bürgereinkommen« in Umlauf gebracht werden.[9] Diese Idee wurde von verschiedenen Autoren aufgenommen, in Deutschland vor allem von Götz Werner.[10] Bei der Zuteilung des von der Zentralbank neu geschaffenen Geldes würde es sich allerdings nicht um ein Grundeinkommen, sondern um ein Zusatzeinkommen handeln.

In den genannten Varianten dieses Vorschlags sind bereits bekannte Ideen zur Geldreform eingebaut. Es handelt sich um

- die Idee des Regionalgeldes, die an verschiedenen Orten schon realisiert worden ist,[11]
- die Idee des Schwundgeldes von Silvio Gesell[12] und
- die Idee des Schenkungsgeldes und Leihgeldes von Rudolf Steiner.[13]

Die Zuteilung des neu geschaffenen Geldes an die Haushalte würde jedenfalls Gelegenheit dazu bieten, die verschiedenen Ideen zur Geldreform in modifizierter Form durch Einbezug der zentralbankgesteuerten Geldschöpfung in eine grundsätzliche Reform des Geldsystems so einzubauen, dass eine größere Stabilität der Wirtschaft erreicht wird.[14]

*

Die umfassenden Perspektiven, die sich durch die Reform des Geldsystems im Sinne des 100%-Geldes oder Vollgeldes eröffnen, nämlich

- die Minderung des Wachstumszwangs,
- die Modifikation des Wachstums in der Weise, dass die Kollateralschäden des Wachstums vermieden oder zumindest stark reduziert werden, und
- der Einbau zusätzlicher Vorschläge für eine gleichgewichtigere Entwicklung der Wirtschaft

machen diese Reform zu einem geeigneten Ausgangspunkt für eine Strategie der Mäßigung und damit der Nachhaltigkeit. Allerdings muss diese Strategie durch weitere Maßnahmen ergänzt werden, damit sie erfolgreich sein kann. Einige Vorschläge dazu werden in den folgenden Kapiteln behandelt.

III.2 Nachhaltigkeitsorientierte Unternehmungsverfassungen

Die Dynamik der modernen Wirtschaft wird in hohem Maße bestimmt durch die Aktiengesellschaft, insbesondere die Publikumsaktiengesellschaft. Ihre Grundlage ist das Kapital, d.h. das Geld, das auf Gewinn oder Zins hin investiert wird. Maßgebend für ihre Dynamik ist die im heutigen Bankensystem gegebene Möglichkeit, das Geld und damit auch das (Geld-)Kapital durch Kredit- und Geldschöpfung ständig zu vermehren. Die Aktiengesellschaft aktiviert die Möglichkeit der Geldvermehrung dadurch, dass sie einen Teil ihrer Gewinne reinvestiert, zusammen mit Krediten, die aus der Geldschöpfung resultieren, um zusätzliche Gewinne zu erzielen.

Aufgrund der Erwartung steigender Gewinne steigen auch die Aktienwerte an der Börse. Der Börsengewinn, d.h. die Steigerung der Aktienwerte, ist, solange der Trend nach oben anhält, im Allgemeinen wesentlich höher als der Teil der Gewinne, auf deren Ausschüttung die Aktionäre verzichten, damit dieser reinvestiert werden kann. Zwar handelt es sich bei den Aktienwerten primär nur um Buchwerte. Diese werden aber als real angesehen, solange man die Aussicht hat, die Aktien an der Börse, wenn möglich zu noch weiter gestiegenen Börsenwerten, wieder zu verkaufen. Solange dies der Fall ist, sind die Aktionäre mit dem Verzicht auf die Ausschüttung einverstanden. Dies bedeutet, dass die Aktionäre vor allem am Wachstum der Unternehmung interessiert sind. Dabei wird ein »unendliches« Wachstum anvisiert. Dies ergibt sich daraus, dass der Börsenwert sich am Gegenwartswert der erwarteten künftigen Gewinne – genauer: an der Summe der mit dem herrschenden Zinssatz abdiskontierten erwarteten künftigen Gewinne – orientiert. Dieser

Wert ist umso höher, auf je längere Dauer die Erwartung der Gewinne ausgerichtet ist, und somit am höchsten, wenn eine »unendliche« Dauer der Gewinne erwartet wird. Entsprechend ist die Aktiengesellschaft in ihrem Selbstverständnis auch auf eine »unendliche« Folge von Investitionen und damit auf »unendliches« Wachstum ausgerichtet. Mit dieser Unendlichkeitsperspektive ist die Aktiengesellschaft zum eigentlichen Motor des wirtschaftlichen Wachstums geworden.

Auf der Institution der Aktiengesellschaft baut der große Reichtum auf, der aus dem Wachstum resultiert. In der Kielspur der Aktiengesellschaften sind aber auch Probleme entstanden, die zu Deformationen der Wirtschaft mit krisenhaften Folgen geführt haben und führen. Diese Gefahren sind schon früh erkannt worden. Die Form der Aktiengesellschaft wurde daher immer wieder in Frage gestellt. Es wurden auch einzelne Korrekturen vorgenommen. Die Probleme haben sich aber in letzter Zeit verstärkt. Dies macht eine erneute Überprüfung notwendig.

*

Ein Rückblick auf die Entwicklung der Aktiengesellschaft kann für eine solche Überprüfung Hinweise geben. Die Vorbilder der heutigen Aktiengesellschaften sind die merkantilistischen Handelskompagnien des 17. und 18. Jahrhunderts. Der Merkantilismus war von einem starken Staatsinterventionismus geprägt. Die Handelskompagnien, deren Kapitaleigner nur mit ihrer Kapitalanlage hafteten, wurden durch hoheitliche Akte mit bestimmten Privilegien und Monopolrechten ausgestattet und übten in dem ihnen zugewiesenen Bereich oft selber staatliche Hoheitsrechte aus. Das Interesse des Staates an der Gründung solcher Gesellschaften war vor allem ein fiskalisches, denn nur privilegierte Gesellschaften erzielten Gewinne, die groß genug waren, die vom Staat meist zur Kriegsfinanzierung benötigten großen Darlehenssummen zur Verfügung zu stellen.

Unter diesen Umständen war es nicht anders als konsequent, wenn die dem liberalen Gedanken verpflichtete Französische Revolution alle Handelskompagnien aufhob und als handlungsfähige Personen im Rahmen der Wirtschaft nur die natürlichen Personen anerkannte. Erst zögernd wurden in Bewilligungsverfahren Gesellschaften mit beschränkter Haftung wieder zugelassen. Zur freien Gründung von Aktiengesellschaften und zur Gleichstellung mit den natürlichen Personen kam es auf dem europäischen Kontinent erst nach langen Auseinandersetzungen in der zweiten Hälfte, ja eigentlich erst im letzten Viertel des 19. Jahrhunderts.

Die angloamerikanische Entwicklung ging derjenigen auf dem europäischen Kontinent voraus. Hier vollzog sich auch der ideologische Übergang von der Auffassung der Kapitalgesellschaft bzw. der *corporation* als Träger staatlicher Hoheitsrechte zur juristischen Person, die die gleichen Freiheitsrechte und die gleiche Unabhängigkeit vom Staat beanspruchen könne wie die natürliche Person. Es ging und geht insbesondere um die Inanspruchnahme der Eigentumsgarantie und der Vertragsfreiheit. Am Anfang – in den 30er Jahren des 19. Jahrhunderts – musste noch jede *corporation* einzeln bewilligt werden (*corporate charter*). Dabei unterstand die Bewilligung sehr restriktiven Bedingungen:

1. Die *corporations* durften nur ein bestimmtes Höchstkapital haben, im Staat New York betrug es z. B. 100 000 Dollar.
2. Ihre Handlungsvollmacht war beschränkt.
3. Die Lebensdauer war begrenzt.
4. Der Besitz von Anteilen an anderen *corporations* war nicht zulässig.

Die Verleihung einer *corporate charter* war eine Verleihung öffentlicher Gewalt. Es gab daher auch keine Unterscheidungen von *private* und *public corporations*. Die Limitierung der *corporations* nach Umfang, Dauer, Kapital und vor allem auch ihre ursprünglich enge Bindung an scharf umrissene Zwecke wurde nicht als Beschränkung einer an sich bestehenden Handlungsfreiheit verstanden, sondern ergab sich unabdingbar daraus, dass korporative Handlungsmöglichkeiten durch staatliche Ermächtigung erst geschaffen wurden. Die Einschränkung dieser Handlungsmöglichkeiten hing also mit dem Bestreben zusammen, die bestehenden und durch die Verfassung gewährleisteten individuellen Handlungsfreiheiten zu schützen – und nicht etwa, sie zu beschneiden!

Die Einordnung der *corporations* in das Privatrecht gelang nur mit einem Kunstgriff. Wesentlich war dabei die neu aufkommende Unterscheidung zwischen *public* und *private corporations*, wobei die Forderung auftauchte, die letzteren aufgrund eines allgemeinen Gesetzes statt spezieller Bewilligungen zuzulassen. Diese Zulassung durch allgemeines Gesetz wurde aber wiederum als Argument dazu benutzt, den nichtstaatlichen Charakter der *private corporations* zu betonen. Daran knüpfte sich die Vorstellung eines wohlerworbenen Rechts, das der *corporation* zukomme, wenn sie einmal gegründet sei. Die Befristung einer Zulassung solcher *corporations* fiel somit weg. Wurde die *corporation* zuerst noch als »partnership regulated by law« bezeichnet, so wurde ihr schließlich Ende des 19. Jahrhunderts der Charakter einer »Person« – eben einer juristischen Person – zuerkannt, womit sie schließlich automatisch in den Genuss aller Rechte einer natürlichen Person gelangte, die sinngemäß auf eine juristische Person übertragen werden können. Die Tatsache, dass es sich dabei um eine bloße Fiktion handelt, die den staatlichen Ursprung der *corporation* vergessen machen sollte, wurde aus dem Bewusstsein verdrängt. Dem fiskalischen Interesse des Staates wurde durch die Einführung einer allgemeinen Körperschaftsteuer Genüge getan. Das Ziel der Neuordnung war eine möglichst ungehinderte Entfaltung der wirtschaftlichen Kräfte. Im 19. Jahrhundert ging es dabei vor allem um den Eisenbahnbau. Er benötigte eine breite Kapitalbasis. Eine solche Basis aber war nur zu schaffen, wenn sich viele Kapitalgeber an einem Unternehmen beteiligen konnten, ohne mit ihrem übrigen Kapital für das Unternehmen haften zu müssen. Das Unternehmen konnte Geld »aufnehmen« (Aktie), das nicht mehr zurückgezahlt werden musste, wofür es das Versprechen auf eine Erfolgsbeteiligung des Aktionärs übernahm.

Im 20. Jahrhundert verallgemeinerten sich die Geschäftsbereiche und die Dominanz der Aktiengesellschaften, damit aber auch die Probleme, die zu ihrer Überprüfung Anlass geben.

*

Die beschränkte Haftung der Aktionäre und die damit verbundene Möglichkeit zur steten Kapitalausweitung hat, zusammen mit der Möglichkeit der Übernahme der Aktien einer Gesellschaft durch eine andere Gesellschaft, zur Bildung von Großunternehmungen und von Konzernen geführt, die sich selbstherrlich über den Marktmechanismus und die Disziplinierung durch den Wettbewerb hinwegsetzen können. Deswegen haben gerade liberale Ökonomen, die in der Konkurrenz das Wesenselement des Marktes sehen, sich gegen die Einschränkung der Haftung, insbesondere im Rahmen der Aktiengesellschaft, gewendet. So schreibt Walter Eucken, der Begründer des Ordoliberalismus: »Die faktische Entwicklung der Haftungsregelung während der letzten Jahrzehnte war inkonsequent. Den Unternehmern wurde zunehmend die Möglichkeit geboten, sich – z.B. durch Anwendung geeigneter Gesellschaftsformen ... – der Haftung zu entziehen. Dadurch wurde die Konzentration gefördert und die Funktionsfähigkeit des Preissystems beeinträchtigt ... Als das moderne Aktienrecht im 19. Jahrhundert ausgebaut wurde, sollte die Aktiengesellschaft dazu dienen, größere Investitionen in Eisenbahnen, Banken usw. durch Sammlung vieler Kapitalsplitter zu ermöglichen. Die Haftungsbeschränkung auf die Aktie war erforderlich, um diese Kapitalien heranzuziehen, und sie war wenig bedenklich, weil die einzelnen Aktionäre nur einen geringen Einfluss auf die Leitung besaßen. Heute wird die Aktie in dieser Weise auch noch gebraucht. Daneben hat sie aber eine ganz andere Funktion erhalten: nämlich die der Beherrschung.« Eucken fordert daher, dass »Gesellschaften, die eine größere Beteiligung an einer Kapitalgesellschaft besitzen, für die Schulden dieser Gesellschaft haften«. Im Fall einer größeren Beteiligung sei auch die Haftung der herrschenden Kapitalgesellschaft »für die Schulden der beherrschten Kapitalgesellschaft vorzusehen«.[1] Damit soll der Tendenz zur Oligopolisierung und Monopolisierung des Marktes mit Gewinnsteigerungen auf Kosten der Konsumenten entgegengewirkt werden.

Die Aktiengesellschaft hat aber nicht nur zur Einschränkung des Wettbewerbs geführt, sondern auch zu einer immer stärkeren Tendenz zu spekulativen Auswüchsen, d.h. zur Bildung von Finanzblasen, die, wenn sie platzen, zu Wirtschaftskrisen ausarten können. Diese Auswüchse waren wesentlich mitverantwortlich für verschiedene Wirtschaftskrisen in der Vergangenheit, insbesondere für die Wirtschaftskrise von 1929, aber auch für die neue Krise von 2008.

Die Tendenz zu spekulativen Auswüchsen ergibt sich grundsätzlich daraus, dass man wegen der steten Reinvestition der Gewinne und der sich daraus ergebenden weiteren Gewinnsteigerung im Durchschnitt aller Unternehmungen stets auf eine weitere Erhöhung der Aktienwerte bis ins »Unendliche« spekulieren kann. Solche systembedingt relativ sicheren Spekulationen rufen Spekulanten auf den Plan, die nicht nur mit eigenem Geld Aktien kaufen, sondern zusätzlich bei den Banken Kredite aufnehmen, sofern die Zinsen niedriger sind als die erwartete Steigerung der Börsenwerte. Solche spekulativen Aktienkäufe sind aber, wie wir wissen, außerordentlich gefährlich, weil sie nur so lange erfolgreich sind, als die Zinsen niedrig bleiben. Wenn die Zinsen steigen – und sie müssen wegen der stets drohenden Inflationsgefahr immer wieder steigen –, werden Spekulanten gezwungen, Aktien zu verkaufen, um die höheren Zinsen bezahlen zu können. In diesem Fall beginnen die Aktienkurse zu sinken. Dies führt wiederum dazu, dass die Kredite nicht mehr genügend durch die Werte der Aktien gedeckt sind, die als Pfand dienen. Kredite müssen zurückgezahlt werden. Dies zwingt wieder dazu, zusätzlich Aktien zu verkaufen, was zu weiterem Sinken der Aktienwerte beiträgt. Der Aufwärtstrend der Aktienwerte kehrt sich um in einen Abwärtstrend. Dann erweist es sich auch, dass die Steigerung der Aktienwerte an der Börse nur Buchgewinne gewesen sind, die nun durch Buchverluste abgelöst werden. Diese Verluste greifen auf die reale Wirtschaft über in dem Ausmaß, als die Banken aus Sicherheitsgründen zu einer Kontraktion auch derjenigen Kredite gezwungen werden, die zur Finanzierung der realen Investitionen dienen. Zur eigentlichen Krise kommt es, wenn die Gesamtmenge der Kredite und des Geldes und mit ihr die Nachfrage der Unternehmungen nach den Produktionsleistungen der Haushalte, damit auch deren Einkommen und mit dem Einkommen die Nachfrage nach den Gütern, welche die Unternehmungen anbieten, sinkt. Um die zunehmende Krisenanfälligkeit der Wirtschaft zu mindern, gilt es daher, auch an der Aktiengesellschaft und der ihr zugrunde liegenden »Unendlichkeitsperspektive« anzusetzen und diese einzuschränken.

Eine solche Einschränkung ist aber auch notwendig, um den Drang nach »unendlichem« Wachstum zu mindern und den sich aus diesem Drang ergebenden Konflikt mit der Endlichkeit des Ressourcenvorrats in der Welt zu verringern. Dieser Drang ergibt sich, wie bereits geschilder, daraus, dass der Aktionär mehr an der Steigerung der Aktienkurse als an der Dividende interessiert ist und die Steigerung der Aktienkurse von der steten Reinvestition eines großen Teils der Gewinne mit Aussicht auf eine unendliche Folge von Gewinnen aufgrund des erwarteten Wachstums abhängt.

Die Konsequenz dieser Überlegungen ist, dass die Aktiengesellschaften umzugestalten bzw. alternative Unternehmungsformen zu fördern sind, mit dem Ziel, eine Wirtschaftsweise zu sichern, die

- nicht zu einem oligopolistischen oder monopolistischen Wettbewerb ausartet,

- nicht zur spekulativen Aufblähung von Börsenwerten und den daraus folgenden Krisen Anlass gibt und
- nicht in einen Konflikt zwischen einem Drang zum »unendlichen« Wachstum und der Endlichkeit der Welt führt,

oder, positiv gewendet: zu einer Wirtschaftsweise, die

- den Wettbewerb aufrechterhält,
- eine größere Stabilität der Wirtschaft gewährleistet und
- eine umweltkonforme Ausrichtung der Wirtschaft ermöglicht.

*

Eine Reform der Aktiengesellschaft könnte sich an den Begrenzungen, die anfangs des 19. Jahrhunderts für die Aktiengesellschaften gegolten haben, orientieren. Dazu gehört insbesondere das Verbot des Erwerbs von Aktien einer Gesellschaft durch eine andere Gesellschaft, wenn der Besitz dieser Aktien dazu führt, dass mit wenig Kapitaleinsatz viele Gesellschaften durch eine einzige beherrscht werden können. Auf diese Weise würde vor allem die Bildung von marktdominierenden Unternehmungen und von Konzernen verhindert, die den Wettbewerb einschränken oder sogar ausschalten und somit wesentlich zur Deformation des Marktes beitragen.

Zusätzlich sind Reformen in Betracht zu ziehen, die die mit der (Publikums-)Aktiengesellschaft verbundene Spekulations- und Wachstumstendenz einschränken. Ein solcher Vorschlag könnte darin bestehen, (wieder) zwei Kategorien von Aktien, nämlich Namensaktien und Inhaberaktien, vorzusehen. Diese hätten neu folgende Charakteristika:

- Die Namensaktien behalten, wie bisher, eine unendliche Laufzeit. Sie können aber nicht an der Börse gehandelt werden. Der außerbörsliche Handel wird durch eine Sperrfrist von drei Jahren für den Wiederverkauf eingeschränkt.

- Die Inhaberaktien werden weiter an der Börse gehandelt, haben aber nur eine Laufzeit von 20 oder 30 Jahren, mit Rückzahlung des Nennbetrags nach Ende der Laufzeit. Dadurch werden die Ausschläge der Aktienwerte sowohl nach oben wie nach unten begrenzt.[2] Die neuen Inhaberaktien wären eine Zwischenstufe zwischen Aktien heutigen Stils und Obligationen. Sie wären wie diese befristet, hätten allerdings eine längere Laufzeit. Im Unterschied zu den Obligationen hätten sie aber keinen fixen Zins, sondern würden zu einer Gewinnbeteiligung berechtigen.

Durch eine solche Neuregelung würde der Wachstumsdrang gemindert, und mit ihm sowohl die Spekulationstendenz als auch die Tendenz zum übersteigerten Ressourcenverbrauch.

*

Als stärker auf Nachhaltigkeit ausgerichtete Alternativen zur Aktiengesellschaft kommen Unternehmungsformen in Betracht, bei denen entweder eine persönliche Haftung vorgeschrieben oder die Verwendung des Kapitals an bestimmte Zwecke gebunden ist.

Die persönliche Haftung ist das Wesenselement der Personengesellschaften, d.h. vor allem der einfachen Gesellschaft, der Kollektivgesellschaft und der Kommanditgesellschaft (für den unbeschränkt haftenden Gesellschafter). Die meisten Unternehmungen, vor allem Klein- und Mittelbetriebe, haben diese Form. Im Prinzip sind sie daher weniger dem Wachstumsdrang unterstellt. Solange aber die Aktiengesellschaften die Dynamik der Wirtschaft bestimmen, müssen sie mit dieser Dynamik mithalten. Wenn diese jedoch eingeschränkt wird, gewinnen die Personalgesellschaften die Freiheit, sich eher in Richtung einer nachhaltigen Wirtschaftsweise zu bewegen, zu der sie von sich aus wegen der persönlichen Haftung ohnehin tendieren.

Ein anderer Weg zur Nachhaltigkeit führt über die vermehrte Inanspruchnahme der Genossenschafts- und Stiftungsform. Für sie gilt zwar, dass keine persönliche Haftung der Kapitalgeber besteht, dass also nur das Kapital haftet. Aber die Kapitalanteile werden nicht an der Börse gehandelt und sind daher nicht der Spekulation ausgesetzt. Das Kapital gehört nicht mehr dem ursprünglichen Kapitalgeber. Es ist in gewissem Sinne »neutralisiert«. Es gibt nicht mehr ein Eigentums-, sondern nur noch ein Nutzungsrecht am Kapital. Die Unternehmung, die das Nutzungsrecht hat, kann sich daher – auch wenn sie selbstverständlich ebenfalls Gewinne anstrebt, um im Markt bestehen zu können – eher an langfristigen Zielen orientieren und dabei auch die Ressourcen- und Umweltschonung in ihren Zielkatalog aufnehmen. Dies schließt nicht aus, dass sich die Genossenschaft oder Stiftung für das operative Geschäft einer AG oder GmbH bedient.

Die *Genossenschaftsunternehmung* ist als Solidargemeinschaft konzipiert und damit personenbezogen. Jeder Genossenschafter hat einen gleichen Anteil am Genossenschaftskapital und gleiches Stimmrecht. Er kann im Allgemeinen den Anteil (nur) zurückerhalten, wenn er einen neuen Genossenschafter findet, der für ihn einspringt. Der Großteil der Gewinne bleibt in der Unternehmung. Dennoch kann, abhängig von der Gewinnlage, den Genossenschaftern ein Teil des Gewinns als »Zins« ausbezahlt werden. Zur Besonderheit der Genossenschaft als Solidargemeinschaft gehört aber vor allem, dass sie verschiedene konkrete Dienstleistungen für die Genossenschafter erbringt.

Die *Stiftungsunternehmung* ist auf bestimmte Stiftungszwecke ausgerichtet, die vom Stifter oder von den Stiftern festgelegt werden. Das Kapital gehört der Idee nach den Bürgern des Staates, in dem sich die Stiftung befindet. Es kann nicht wieder »privatisiert« werden. Daher hat die Stiftung auch die Möglichkeit, kontinuierliche Marktentwicklungen zu betreiben, die der Umsetzung des Stiftungszwecks entsprechen, und Forschung und Entwicklung darauf auszurichten. Die Stifter können eine Rente erhalten, die aus den Gewinnen oder aus dem Stiftungsvermögen finanziert wird, aber der Großteil der Gewinne wird im Sinne des Stiftungszwecks reinvestiert. Es kann auch eine Beteiligung der Mitarbeiter am langfristigen Erfolg des Unternehmens vorgesehen werden. Die Stiftung wird durch einen Stiftungsrat treuhänderisch für die Gesamtheit der Bürger geleitet. Dieser kooptiert sich selbst. Schließlich unterstehen die Stiftungen der Aufsicht durch eine Stiftungsbehörde, doch ist diese Aufsicht eher formaler Natur, so dass sich die Stiftung auf eigene Initiative frei im Markt entfalten kann. Die Behörde muss nur die Einhaltung des Stiftungszwecks überwachen. Dies wird aber von der Behörde in der Regel so interpretiert, dass Erweiterungen des Stiftungszwecks, die sich von der Sache her aufdrängen, stets möglich sind.

Aufgrund ihrer langfristigen Orientierung ermöglichen Genossenschaften und Stiftungen eine wesentlich engere Abstimmung zwischen dem Produzenten, dem Handel und den Konsumenten. Die gesteigerte Intensität und Offenheit in der Kooperation führt dazu, dass man die tatsächlichen Bedürfnisse genauer kennen und sich darauf einstellen kann. Dies ist neben der geringeren Spekulationsanfälligkeit zweifellos ein wichtiger Grund dafür, dass sich in der Vergangenheit Genossenschaften und Stiftungen als wesentlich krisenresistenter erwiesen haben als Aktiengesellschaften. Dieser Vorteil sollte in Zukunft stärker genutzt werden, um eine stabilere und nachhaltigere Wirtschaftsweise zu realisieren.

III.3 Langfristige Sicherung der Ernährungsgrundlage

Bisher haben wir nur das Sozialprodukt als Ganzes in den Blick genommen und uns gefragt, wie die Wachstumsrate so weit in Grenzen gehalten werden kann, dass unter Zuhilfenahme begleitender Maßnahmen die natürlichen Ressourcen und die Umwelt nicht überbeansprucht werden. Dies genügt aber nicht. Man muss sich auch bewusst machen, dass die einzelnen Teile des Sozialprodukts nicht gleichwertig sind und dass es im Sinne der Nachhaltigkeit auch darum geht, die Versorgung mit lebenswichtigen Gütern langfristig zu sichern. Dazu gehört auch die Aufrechterhaltung einer konsumnahen Ernährungsgrundlage. Das ist eine spezifische Herausforderung, weil die Wertschöpfung in der Landwirtschaft, die die Ernährungsgrundlage bereitstellt, systematisch niedriger ist als in der Industrie und in den übrigen Wirtschaftssektoren, die auf der Industrie aufbauen. Die Landwirtschaft kann daher nicht überleben und die Ernährungsgrundlage nicht bereitstellen, wenn nicht über die Agrarpolitik in irgendeiner Form Transferzahlungen an sie geleistet werden. Dafür müssen die Wirtschaftssektoren mit hoher Wertschöpfung aufkommen. Dies setzt voraus, dass die besondere Wirtschaftsweise der Landwirtschaft anerkannt wird, die ihrer Natur nach nicht auf Maximierung der Wertschöpfung, sondern auf Nachhaltigkeit, d.h. auf Aurechterhaltung ihrer Produktionsgrundlagen, ausgerichtet ist.

*

Die Unterschiede zwischen Landwirtschaft und Industrie bezüglich des Potenzials zur Wertschöpfung sind fundamentaler Natur. Sie beziehen sich sowohl auf die Markt- wie die Produktionsbedingungen.

Zu den Marktbedingungen: Die landwirtschaftlichen Güter sind im Wesentlichen austauschbar. Es ist für den Großverteiler und erst recht für den industriellen Verarbeiter gleichgültig, ob er das Getreide, die Kartoffeln, den Salat, die Äpfel, die Milch und den Käse vom Bauern X oder vom Bauern Y bezieht. Allein der Preis entscheidet. Konkurrenz heißt in der Landwirtschaft daher – von wenigen Ausnahmen abgesehen – immer Preiskonkurrenz. Daran ist eine Vielzahl von Bauern beteiligt, die sich gegenseitig konkurrenzieren. Ein Bauer kann seine Produkte nur absetzen, wenn er höchstens den gleichen Preis verlangt wie die anderen Bauern, und er kann seinen Marktanteil nur vergrößern, wenn er den Preis senkt. Dann müssen aber die anderen nachziehen. Der Markt für landwirtschaftliche Produkte lässt daher nur geringe Margen zwischen Preis und Kosten zu.

Dazu kommt die Unelastizität der Nachfrage. Was der Bauer produziert – die Nahrung –, ist zwar lebenswichtig, aber es handelt sich fast immer um die gleichen Produkte. Der Bedarf danach ist bei einer bestimmten Menge gesättigt. Wenn der einzelne Bauer versucht, durch Ausdehnung des Angebots mehr zu verdienen, oder wenn die Natur es besonders gut meint und eine große Ernte anfällt, so führt dies daher schnell zu einem Preisverfall, ohne dass im Ganzen trotz der Preissenkung wesentlich mehr verkauft werden kann.

Dies ist bei den industriellen Produkten grundsätzlich anders. Die meisten Industriegüter unterscheiden sich in ihrer Qualität je nach der Art der Verarbeitung. Die Konkurrenz kann sich deswegen auch bei hohen Preisen in Form von Qualitäts- und Markenkonkurrenz abspielen. Man spricht von monopolistischer Konkurrenz. Dank der Imagination des Menschen, d.h. aufgrund seiner Erfindungsgabe, können die industriellen Produkte immer stärker differenziert werden. Es lassen sich so immer neue Varianten auf den Markt bringen. Man denke nur an die Autos, deren Aussehen ständig verändert wird! Der industrielle Produzent kann relativ zu den Kosten höhere Preise verlangen und trotzdem den Konkurrenten ausstechen, indem die neuen Produkte oder Produktvarianten den Konsumenten einen echten – oder auch nur vermeintlichen – Zusatznutzen stiften.

Die Industrie hat somit den doppelten Vorteil, einerseits höhere Margen zwischen Preisen und Kosten zu erzielen und andererseits immer neue Chancen zur Ausdehnung der Produktion mit immer neuen Produkten und Produktvarianten wahrnehmen zu können.

Aber nicht nur die Marktbedingungen, auch die Produktionsbedingungen sind ganz unterschiedlich: In der Landwirtschaft ist der Boden gleichzeitig Standort und Produktionsgrundlage, während er für die Industrie nur Standort ist. Die Höhe der Produktion hängt daher für den landwirtschaftlichen Betrieb in entscheidendem Ausmaß von der zur Verfügung stehenden Bodenfläche ab. Diese bildet einen begrenzenden Faktor. Der Ertrag pro Fläche kann zwar durch größeren Maschineneinsatz und Zufuhr von Hilfsstoffen, d. h. von Düngemitteln und Chemikalien zur Schädlingsbekämpfung, in einem gewissen Ausmaß gesteigert werden. Aber diese Steigerung ist begrenzt, weil die Landwirtschaft in die ökologischen Kreisläufe eingeordnet ist. Das hat einmal zur Folge, dass die Maschinen auf ihren Einsatz im jahreszeitlichen Rhythmus warten müssen. Und sie kommen im Jahresverlauf nur kurz zum Einsatz. Man kann ja nicht die gleichen Maschinen für das Ackern, das Säen, das Jäten, das Ernten usw. verwenden. Es droht daher ständig die Gefahr, dass zu hohe Fixkosten anfallen, die nicht amortisiert werden können. Zum anderen ist auch die Möglichkeit zum Einsatz von Düngemitteln und Chemikalien begrenzt, weil sie die Kräfte, die in der Natur wirken, zwar verstärken, aber nicht ersetzen können. Ihr Einsatz kann daher nicht maximiert werden. Man muss sich auf ein Optimum beschränken. Dabei muss auch auf die gesundheitliche Qualität der Produkte und auf die Aufrechterhaltung der Bodenfruchtbarkeit Rücksicht genommen werden.

Demgegenüber kann die industrielle Fabrik auf einer geringen Standortfläche eine große und immer größere Produktionsmenge herstellen, indem die Materialien, welche die Produktionsgrundlage bilden, von außen zugeführt werden. Sie stammen zum großen Teil aus Rohstoffen, die sich an bestimmten Lagerstätten angesammelt haben und nun sozusagen einfach auf ihre Ausbeutung warten. Diese kann von Jahr zu Jahr gesteigert werden, ohne dass wesentlich mehr zusätzliche Bodenfläche verbraucht wird. Der Großteil der Rohstoffvorräte liegt ja nicht auf, sondern unter dem Boden. Mit immer größeren Maschinen, die im Jahresverlauf ohne Unterbrechung eingesetzt werden, wird sowohl die Ausbeutung der Rohstofflager wie die Produktion der Halbfabrikate und Fertigprodukte aufgrund der Möglichkeiten zur Massenproduktion immer effizienter. Die Maschinen können voll genutzt und so die Amortisation der Maschinen gewährleistet werden, indem die Produktion bei gleichzeitiger Senkung der Durchschnittskosten – auf geringer Bodenfläche – in dem Ausmaß erweitert wird, als sich der Kapitaleinsatz erhöht. Dieser Ausweitung sind im heutigen Wachstumsprozess kaum Schranken gesetzt.

Aus beiden Gründen – wegen höherer Margen und wegen der Kostenvorteile, welche die Massenproduktion bietet – ist die Wertschöpfung in der Industrie systematisch höher als in der Landwirtschaft.

Die Industrie profitiert außerdem davon, dass gerade wegen der stärkeren Preiskonkurrenz in der Landwirtschaft die Nahrungsmittelpreise relativ (im Verhältnis zur Bedeutung der Nahrungsmittel für die Existenzsicherung) niedrig sind und deswegen auch die Löhne relativ niedrig gehalten werden können.

*

Unterschiede in der Wertschöpfung bestehen allerdings nicht nur zwischen Landwirtschaft und Industrie, sondern auch innerhalb der globalen Landwirtschaft. Dies ist die zweite wichtige Feststellung. Der generelle Nachteil der geringeren Wertschöpfung in der Landwirtschaft im Verhältnis zur Industrie ist unterschiedlich ausgeprägt in den verschiedenen Regionen der Welt. Er ist dort weniger spürbar, wo noch genügend Boden zur Verfügung steht, der praktisch nur landwirtschaftlich genutzt werden kann, wo also der Verkehrswert des Bodens gleich dem landwirtschaftlichen Ertragswert ist. Hier ist die Möglichkeit zur ständigen Produktionssteigerung bei geringerem Arbeits- und höherem Maschineneinsatz eher gegeben. Dies gilt vor allem für die USA, Kanada, Australien, Neuseeland und große Teile von Südamerika, aber auch für Teile Europas. Dagegen wirkt sich der Nachteil der geringeren Wertschöpfung in der Landwirtschaft in einem europäischen Industrieland deutlicher aus, wo der Boden vielfachen Nutzungsansprüchen ausgesetzt ist, insbesondere der baulichen Nutzung. Hinter ihr steht die wesentlich größere Kaufkraft derjenigen, die von der höheren Wertschöpfung in der Industrie und in dem mit ihr verbundenen Dienstleistungssektor profitieren. Sie können daher auch wesentlich höhere Bodenpreise bezahlen. Dies hat zur Folge, dass hier der Verkehrswert des Bodens weit höher ist als der landwirtschaftliche Ertragswert, soweit dieser überhaupt noch positiv ist. Schon allein dadurch wird eine Ausdehnung der Produktionsfläche und der Betriebsgröße auf ein Maß, das mit den Großbetrieben der Länder mit billigem Boden vergleichbar wäre, ausgeschlossen.

Noch weiter verschärft wird die Benachteiligung der Landwirtschaft in den Industrieländern dadurch, dass die Landwirtschaft auch in den Ländern mit billigem Boden darauf angewiesen ist, die quantitative Produktionsausweitung stets weiter zu forcieren, um ihren auch dort bestehenden Wettbewerbsnachteil gegenüber der Industrie zu kompensieren. Dazu genügt die Ausweitung ihres Binnenmarkts nicht. Auch der Export muss erhöht werden. Um dies zu bewerkstelligen, wird mit staatlichen Exportsubventionen nachgeholfen. Dies hat zur Folge, dass die Weltmarktpreise noch unter die Produktionspreise in den Exportländern zu liegen kommen.

Die Theorie der komparativen Kosten, der zufolge sich bei freiem Handel und freier Konkurrenz zum Vorteil aller von selbst ein Teil der Länder auf die industrielle und ein anderer Teil der Länder auf die landwirtschaftliche Produktion spezialisieren würden, lässt sich nicht generell anwenden, weil sie dem Unterschied in der Wertschöpfung zwischen Industrie und Landwirtschaft nicht Rechnung trägt.[1] Überall, auch in den Exportländern, sind Transferzahlungen nötig, um die Landwirtschaft am Leben zu erhalten. Wir können uns daher nicht auf die Arbeitsteilung gemäß der Theorie der komparativen Kosten verlassen.

Dabei ist zu berücksichtigen, dass die landwirtschaftliche Produktion auch und gerade in den Exportländern gefährdet ist. Die Bebauung des Bodens wird dort immer mehr in einer Weise betrieben, die hohe Risiken birgt: Monokulturen, massiver Chemieeinsatz, Hochzüchtung von Nutztieren, Einsatz von Gentechnologie. Durch Destabilisierung und Ausräumung der Agrarlandschaft, einseitige Fruchtfolge und Versalzung nimmt die Bodenerosion zu. Die Erreger von Pflanzenkrankheiten werden gegen Pestizide und Insektizide zunehmend immun. Die Wasserknappheit wird weltweit immer akuter. Wenn sich zudem die Vorhersagen hinsichtlich der Klimaveränderung bewahrheiten, ist die landwirtschaftliche Produktion besonders in den Gebieten der südlichen Hemisphäre, aus denen ein wesentlicher Teil der Nahrungsmittelimporte stammt, gefährdet. Gleichzeitig schrumpft die Fläche, die für die Produktion von Nahrungsmitteln zur Verfügung steht, weil sie für die Produktion von Biomasse zum Zweck der Energiegewinnung beansprucht wird, die das Erdöl ersetzen soll.

Es kommt hinzu, dass die Weltbevölkerung ständig wächst. Entsprechend erhöht sich der Nahrungsbedarf. Dabei benötigt die Ernährung pro Person wegen des mit dem wachsenden Reichtum steigenden Fleischkonsums eine überproportional größere Fläche zur Bereitstellung der Nahrungsmittel.

Aus allen diesen Gründen ist eine Verknappung der Nahrungsmittelversorgung in der Zukunft vorprogrammiert. Die Landwirtschaft sollte daher überall, auch in den Importländern, gefördert werden, um eine konsumnahe Ernährungsgrundlage zu gewährleisten.

Es geht jedoch nicht nur um die Sicherung der Ernährungsgrundlage, sondern auch um die Erhaltung der Kulturlandschaft und die Besiedelung der ländlichen Räume. Dabei muss auch auf ökologische Erfordernisse Rücksicht genommen werden, insbesondere auf die Aufrechterhaltung der Artenvielfalt. Sie wird sowohl durch forcierte Produktion wie durch Verbuschung und Verwaldung gefährdet. Die nachhaltige Bewirtschaftung des Bodens ist eine wichtige Aufgabe der Landwirtschaft.

Wenn man sich aus diesen verschiedenen Gründen für die Aufrechterhaltung einer konsumnahen Landwirtschaft entscheidet, muss man es den Bauern ermöglichen, durch den Verkauf selbsterzeugter Produkte – unter Berücksichtigung der Nutzung vorhandener Marktpotenziale und mit Hilfe produktionsunabhängiger Direktzahlungen – zumindest einen wesentlichen Teil des Einkommens, das mit einem durchschnittlichen Einkommen in der übrigen Wirtschaft vergleichbar ist, zu verdienen. Wichtig ist auch, dass das bäuerliche Bodenrecht, d.h. insbesondere das Vortrittsrecht des Selbstbewirtschafters bei der Erbteilung, aufrechterhalten wird und Landwirtschaftszonen durch eine entsprechende Raumplanung gesichert bleiben.

Die Landwirtschaft ist grundsätzlich auf Nachhaltigkeit ausgerichtet, weil sie auf einer Produktionsgrundlage – dem Boden – aufbaut, die sich von Jahr zu Jahr regeneriert. Dies gilt allerdings nur, wenn der Boden auch nachhaltig bewirtschaftet und die Landwirtschaft nicht gezwungen wird, mit der Maximierung der Wertschöpfung in der Industrie Schritt zu halten. Sonst wird sie überfordert, durch diese Überforderung in ihrer Existenz bedroht und damit der Nahrungsmittelversorgung im wörtlichen Sinne der Boden entzogen.

III.4 Nachhaltiger Ressourcenhaushalt

Im vorigen Kapitel haben wir die Sicherung der Ernährungsgrundlage behandelt, die im Sinne der Nachhaltigkeit Priorität haben muss. Im Zusammenhang mit der Nachhaltigkeit muss aber noch ein anderer Schwerpunkt gesetzt werden: der sparsame Umgang mit erneuerbaren und nichterneuerbaren Ressourcen. Den Ausgangspunkt der diesbezüglichen Überlegungen bildet das Nachhaltigkeitspostulat des Brundtland-Reports, der der Rio-Konferenz von 1992 zugrunde lag. Dort heißt es: »Eine nachhaltige Entwicklung ist eine Entwicklung, die die Bedürfnisse der Gegenwart befriedigt, ohne zu riskieren, dass künftige Generationen ihre eigenen Bedürfnisse nicht befriedigen können.« Ökonomisch gesprochen heißt dies: Wir sollten die Zukunft nicht einfach abdiskontieren bzw. abzinsen, d.h. die natürlichen Ressourcen und die natürliche Umwelt nicht heute so verbrauchen, dass den künftigen Generationen nur noch ein schäbiger Rest übrig bleibt. Diesem Postulat liegt die Erkenntnis zugrunde, dass ein solcher Endverbrauch tatsächlich droht, dass wir uns zumindest im Trend auf einen solchen Verbrauch zubewegen. Deswegen muss die Forderung gestellt werden, diesem Verbrauch im Sinne der Nachhaltigkeit Grenzen zu setzen und diese konsequent einzuhalten.

Was bedeutet dies aber konkret für die ökologische Nachhaltigkeit? Darüber sagt der Brundtland-Report sehr wenig. Er äußert sich dazu nur vage. Diese Vagheit hat dazu geführt, dass man sich, wenn es um die Konkretisierung geht, vielen weit ausholenden Beschreibungen der Nachhaltigkeit zum Trotz immer wieder an den ursprünglichen Begriff der Nachhaltigkeit klammert, der aus der Waldwirtschaft stammt, weil er der einzige ist, der griffig ist. Durch ihn wird aber gerade das ökologische Blickfeld, das ja im Zentrum der Nachhaltigkeit stehen sollte, in gefährlicher Weise eingeschränkt. Er muss erweitert werden, um den künftigen Generationen tatsächlich Gerechtigkeit widerfahren zu lassen.

Die waldwirtschaftliche Nachhaltigkeit ist definiert als das Postulat, nicht mehr Holz zu schlagen als nachwächst, d.h., keinen Raubbau zu treiben, den Wald nicht zu übernutzen. Dieses Postulat ist einsichtig, aber eben sehr eng. Denn Nachhaltigkeit ist auf diese Weise zwar für alle erneuerbaren oder regenerierbaren Ressourcen definiert, d.h. für alle Ressourcen, die wie der Wald nachwachsen, also auch für die landwirtschaftlichen Produkte, die Fischerei und die Nutzung der freien Natur – aber *nur* für solche und zudem nur für ihre *wirtschaftliche* Nutzung, wie es im Fall des Waldes die Gewinnung von Holz für Bau- oder Heizzwecke ist.

Wenn man von diesem Konzept ausgeht, wird suggeriert, dass nur erneuerbare Ressourcen genutzt werden dürfen, einfach weil Nachhaltigkeit sonst nicht definiert ist. Das heißt: Die nichterneuerbaren Ressourcen, deren Vorräte endlich sind, dürften dann überhaupt nicht genutzt werden, weil sie eben nicht nachwachsen. Nur so können sie ja nachhaltig erhalten bleiben. Mit einer so strengen Deutung des Nachhaltigkeitsbegriffs kommen wir aber in ein logisches Dilemma: Wozu sollen sie erhalten bleiben, wenn sie nicht genutzt werden? Im Übrigen wären wir, wenn wir sie nicht mehr nutzen, jetzt schon dort angelangt, wo wir erst hinkommen, wenn alle Vorräte verbraucht sind!

Um diesem Dilemma auszuweichen, wird vielfach gefordert, dass man die nichterneuerbaren Ressourcen zwar vorläufig noch nutzen dürfe, aber nur bei sukzessivem Ersatz durch erneuerbare Ressourcen. Die Nutzung der erneuerbaren Ressourcen solle in dem Ausmaß zunehmen, wie die Vorräte der nichterneuerbaren abnehmen. Am Schluss, wenn alle nichterneuerbaren Ressourcen verbraucht sind, sollten wir – so ist die Meinung – mit den erneuerbaren Ressourcen allein auskommen.

Eine befriedigende Lösung wäre das aber nur dann, wenn die erneuerbaren Ressourcen trotz der gewaltigen Mehrnutzung weiter nachhaltig genutzt werden könnten, wenn es also möglich wäre, das Nachhaltigkeitspostulat für die erneuerbaren Ressourcen selbst strikt einzuhalten. Dies ist jedoch nicht (mehr) möglich. Die Nutzung der erneuerbaren Ressourcen lässt sich zwar in einem gewissen Ausmaß intensivieren, wie dies insbesondere durch die Modernisierung der Landwirtschaft im 19. und 20. Jahrhundert geschah, aber die Intensivierung hat ihre Grenzen: Man muss sich dem Jahreszeitrhythmus von Saat und Ernte anpassen und geduldig auf das Wachsen der Pflanzen warten. Die Vorräte der nichterneuerbaren Ressourcen hingegen liegen unter dem Boden bereit, sie warten sozusagen nur auf ihre Ausbeutung. Ihre »Ernte« konnte und kann daher von Jahr zu Jahr gesteigert werden. Wir dürfen nicht vergessen, dass das kontinuierliche Wachstum der Wirtschaft seit dem Ende des 18. Jahrhunderts nur dadurch zustande kam, dass immer mehr nichterneuerbare Ressourcen, also vor allem fossile Energieträger wie Kohle und Öl, in den Wirtschaftsprozess einbezogen wurden. So entstand die moderne industrielle Wirtschaft, die die ursprüngliche, auf erneuerbare Ressourcen aufbauende Wirtschaft verdrängte bzw. ergänzte. Dabei konnten gerade wegen der Nutzung der nichterneuerbaren Ressourcen die erneuerbaren Ressourcen zum Teil (wieder) geschont werden. So war etwa die Rückkehr zur nachhaltigen Nutzung des Waldes nur deswegen möglich, weil Stein- und Braunkohle die Holzkohle ersetzte. Die Erfüllung des Postulats der nachhaltigen Waldnutzung hatte also gerade die Nutzung der nichterneuerbaren Energien zur Voraussetzung!

Seit Beginn der industriellen Revolution, also seitdem Holzkohle durch Kohle ersetzt wurde, hat sich der jährliche Ressourcenverbrauch auf das ca. Hundertfache erhöht. Damit stellt sich die Kardinalfrage: Wie sollen heute die nichterneuerbaren Ressourcen durch erneuerbare ersetzt werden, ohne dass bei der enormen Steigerung der Produktion seit der industriellen Revolution die erneuerbaren Ressourcen total übernutzt und in kürzester Zeit durch Raubbau vernichtet werden, nachdem schon bei einem Hundertstel des Verbrauchs die erneuerbare Ressource Wald nur gerade dadurch vor der endgültigen Vernichtung bewahrt wurde, dass die nichterneuerbare Ressource Kohle eingesetzt werden konnte? Wir stehen also vor einem weiteren Dilemma.

Aus diesem scheint es allerdings, mindestens hinsichtlich der Energie, einen Ausweg zu geben: die Nutzung der Sonneneinstrahlung zur Energiegewinnung und die Substitution der nichterneuerbaren Energieträger durch die Sonnenenergie. Man müsse, so heißt es, nur die Sonne zur erneuerbaren Ressource erklären – sie wird nach menschlichen Maßstäben »ewig« scheinen –, um allen Beschränkungen des Raumschiffs Erde zu entkommen, denn die Sonneneinstrahlung auf die Erdoberfläche ist mehr als tausendmal so groß wie der derzeitige Energieverbrauch. Dabei geht es sowohl um die direkte Nutzung der Sonnenenergie, z.B. Wärmegewinnung durch Sonnenkollektoren und Stromgewinnung durch Photovoltaik, als auch um ihre indirekte Nutzung durch Verbrennung von Biomasse – Holz, landwirtschaftliche Abfälle, Klärgas, Energiepflanzen wie Rüben, Raps, Chinaschilf usw. – oder Stromgewinnung aus Wind- und Wasserkraft. Durch die Umstellung von den fossilen Energieträgern Kohle, Erdöl und Erdgas auf die Sonnenenergie würde zudem der CO_2-Ausstoß verringert und somit ein wichtiger Beitrag zum Klimaschutz geleistet. Die Solar-Strategie wird daher oft als Königsweg in die nachhaltige Zukunft propagiert.

Dieser Gedanke übersieht aber die ökologischen Schäden, die mit der Nutzung der Sonnenenergie in ihren verschiedenen Formen verbunden sein können, wenn man glaubt, sie sei so steigerungsfähig, dass sie den Einsatz nichterneuerbarer Energien ohne eine vorhergehende oder begleitende radikale Reduktion des Verbrauchs substituieren kann.

Dabei ist zu beachten: Wir dürfen die erneuerbaren Ressourcen keineswegs nur als Wirtschaftsgrundlage betrachten, wie es der Begriff der Waldwirtschaft mit Betonung auf »Wirtschaft« suggeriert. Der Wald und die übrigen erneuerbaren Ressourcen bilden ja in ihrer Gesamtheit das, was wir die Natur – die Natur im Sinne unseres Lebensraums – nennen. Es geht um die Erde, das Wasser, die Luft, die Pflanzen und Tiere, alles, was sich in den ökologischen Kreisläufen erneuert, getragen vom Boden, angetrieben von der Sonnenenergie, präsent als Landschaft. Nicht nur die Wirtschaftsgrundlagen, sondern vor allem die Lebensgrundlagen müssen nachhaltig aufrechterhalten bleiben!

Das Problem ist: Die Sonneneinstrahlung ist auf biologische – und nicht auf technische – Nutzung programmiert. Indem sich die Erde um sich selbst und die Sonne dreht, wird die ganze Erdoberfläche in bestimmten tageszeitlichen und jahreszeitlichen Rhythmen »bedient«. So kann sich das Leben überall entfalten. Mit der wechselnden Sonneneinstrahlung kommt der Wasser- und Windkreislauf zustande. Die Sonneneinstrahlung ist somit natürlicherweise durch Dezentralität und Diskontinuität gekennzeichnet. Um die Sonnenenergie im technischen Sinne umzufunktionieren und ökonomisch zu nutzen, muss daher ein großer zusätzlicher Aufwand geleistet werden. Vor allem benötigt man wegen der Dezentralität der Sonneneinstrahlung große Boden- und Raumkapazitäten, um die Sonnenenergie – in welcher Form auch immer – aufzufangen, während wegen der Zentralität der Nutzung in den wirtschaftlichen Ballungszentren weite Transportwege mit entsprechenden Transportverlusten zu überwinden sind. Zudem sind wegen der Diskontinuität der Sonneneinstrahlung auf der einen Seite und dem kontinuierlichen Bedarf an Energie auf der anderen Seite große Speicher- und Reservekapazitäten nötig. Dies führt zu einem weiteren Raumbedarf, der zum ursprünglichen Bedarf für die Gewinnung der Sonnenenergie noch hinzukommt. Es ist daher falsch, nur von Sonnenenergie zu sprechen, wenn man von der Nutzung der Sonne als Energiequelle im technischen Sinne spricht. Die richtige Bezeichnung ist vielmehr *Sonnen-Boden-Energie*. Der Ausweitung der Energieressourcen durch Einbezug der Sonnenenergie steht eine zusätzliche Beanspruchung der knappsten Ressource, die wir haben, gegenüber, nämlich des Bodens. Daraus ergibt sich eine Konfliktsituation.

Die Bodenbeanspruchung kann in zwei Formen auftreten: zum einen als Beeinträchtigung der Landschaft, die oft mit der Reduktion der Artenvielfalt Hand in Hand geht, zum anderen als Reduktion der für andere Nutzungsarten vorgesehenen Standortflächen. Die Beeinträchtigung des Landschaftsbildes und der Artenvielfalt erfolgt durch die Wasserkraftnutzung, welche die künstliche Stauung der Flüsse nötig macht, und zwar gerade auch durch Kleinwasserkraftwerke, welche die Fischpopulation gefährden; des Weiteren durch die Photovoltaik außerhalb der Siedlungsgebiete, wenn sie zur Verspiegelung der Abhänge in den Hügel- und Berggebieten führt; aber auch durch die Windenergie, welche die vielfältige Natur- und Kulturlandschaft in einen eintönigen Technopark verwandelt und den natürlichen Lebensraum physisch und psychisch verengt. Die Anpflanzung von Energiepflanzen wie Rüben, Raps, Chinaschilf zur Energiegewinnung verdrängt die Standortfläche für den Anbau von Kulturpflanzen zur Nahrungsmittelproduktion und erschwert somit, wegen der zusätzlichen Bodenbelastung durch Intensivanbau, die heute (endlich!) in Aussicht genommene Förderung der ökologischen Landwirtschaft.

Aus diesen Gründen ist die Idee »Alle nichterneuerbaren Energien sind schlecht, alle erneuerbaren sind gut« und es gelte daher einfach, die nichterneuerbaren durch erneuerbare Energien zu ersetzen, gefährlich. Sie lässt die notwendige Selektion der erneuerbaren Energien nicht zu, die die Voraussetzung dafür ist, dass die Natur als Lebensraum erhalten bleibt bzw. nicht noch schneller zerstört wird, als es ohne Nachhaltigkeitspostulat der Fall wäre. Es gilt vielmehr zu differenzieren!

In erster Linie ist daran zu denken, dass es sowohl bei der direkten wie bei der indirekten Nutzung der Sonnenenergie Möglichkeiten zur *Doppelnutzung* des Bodens gibt. Dabei ist insbesondere an die Wärmegewinnung durch Sonnenkollektoren auf den Dächern der Häuser, die Photovoltaik in überbauten Gebieten, die passive Nutzung der Sonnenenergie, die Verbrennung von Holz aus einem nachhaltig genutzten Wald (der mehrere Funktionen hat!), die Verbrennung von landwirtschaftlichen Abfällen sowie die Nutzung von Deponie- und Klärgas zu denken. In allen diesen Fällen entsteht kein oder wenig zusätzlicher Bodenverbrauch. Auch die übrigen Umweltbelastungen lassen sich auf ein Minimum reduzieren. Es muss daher für die erneuerbaren Ressourcen ein Nachhaltigkeitskonzept entwickelt werden, das sich dem Konzept der Waldwirtschaft wieder insoweit annähert, als es die Nutzung unter das Postulat der Erneuerbarkeit der erneuerbaren Ressourcen stellt, darüber hinaus aber auch die Schonung der Natur mit einbezieht.

*

Zusätzlich gilt es, für die nichterneuerbaren Ressourcen ein eigenes Nachhaltigkeitspostulat aufzustellen, das einer ihnen adäquaten Logik folgt. Diese legt nahe, die Nutzung der nichterneuerbaren Ressourcen dann als nachhaltig zu bezeichnen, *wenn ihr Vorrat durch exponentielle Minderung des Verbrauchs nie vollständig verbraucht wird.* Man kann dieses Postulat als *exponentielle Spar-Regel* (englisch: *compound savings rule*) bezeichnen. Diese Regel wird im Folgenden anhand der Nutzung der fossilen Energieträger konkretisiert.

Die Höhe der notwendigen Minderungsrate ist einmal von der Größe der Vorräte im Vergleich zur heutigen Produktion abhängig. Wir müssen uns daher zuerst eine Vorstellung davon machen, wie groß die vermutlich abbaubaren Vorräte der fossilen Energien sind. Grob geschätzt können wir für Kohle, Erdöl inklusive Ölsand und Ölschiefer sowie Erdgas zusammen vom rund Tausendfachen des heutigen Jahresverbrauchs ausgehen.[1] Dabei handelt es sich, dies ist zu betonen, nicht um die schon festgestellten Reserven, sondern um die vermutete Menge der

Ressourcen, die aufgrund geologischer Überlegungen im Boden vorhanden und voraussichtlich technisch förderbar ist. Ich gehe von dieser Hypothese aus.

Berechnen wir nun mit Hilfe der Summenformeln für geometrische Reihen aufgrund dieser Schätzung die Lebensdauer der fossilen Energieträger, so ergibt sich: Bleibt der Verbrauch immer gleich, beträgt die Lebensdauer logischerweise 1000 Jahre. Wenn der Verbrauch aber zum Beispiel pro Jahr um 0,5 Prozent steigt, verringert sich die Lebensdauer der Ressource auf 360 Jahre; wenn der Verbrauch jedes Jahr um 5 Prozent steigt, sogar auf 81 Jahre. Umgekehrt, wenn sich der Verbrauch jedes Jahr um eine bestimmte Rate *mindert*, wird die Lebensdauer wesentlich verlängert. Man kann sich dann fragen, wie groß die Minderungsrate im Minimum sein muss, damit die Ressource *nie* vollständig erschöpft wird, also immer noch etwas übrig bleibt und in diesem Sinne nachhaltig genutzt wird. Die Antwort ist: Bei einem tausendjährigen Vorrat ist eine jährliche Reduzierung von 0,1 Prozent nötig. Das heißt: Mindestens ein Promille des Verbrauchs des jeweiligen Vorjahres muss global jedes Jahr reduziert werden, damit die fossilen Energieträger nie ganz verbraucht werden. Dies ist für die nächsten 100 Jahre, sogar für die nächsten 500 Jahre nicht einmal eine übertriebene Forderung. Nach 100 Jahren würde die nötige Einsparung nicht mehr als 10 Prozent gegenüber dem heutigen Verbrauch betragen müssen, und noch nach 500 Jahren nicht mehr als 40 Prozent.[2]

Die Möglichkeiten, die sich durch die exponentielle Spar-Regel ergeben, kann man grafisch verdeutlichen durch Gegenüberstellung verschiedener Abbau-Pfade (siehe Abb. III.3.1). Dabei zeigt sich: Selbst bei einem leicht fallenden Verbrauch (–0,05%) erschöpft sich der Ressourcenvorrat noch nach einer endlichen Anzahl Jahre. Bei einer Reduktion des Verbrauchs von mindestens –0,1 Prozent hingegen geht er nie vollständig zur Neige. Bei einer noch stärkeren Reduktionsrate (–0,2%, –0,3%) sind sogar nach Tausenden von Jahren noch beträchtliche Restvorräte vorhanden, z.B. nach 3500 Jahren bei einer Minderungsrate von

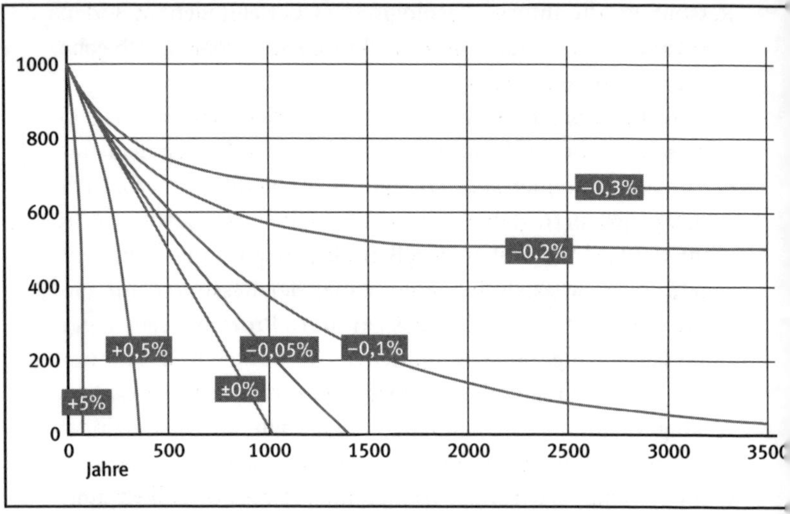

Abbildung III.3.1: *Lebensdauer einer nichterneuerbaren Ressource, deren Vorrat das Tausendfache des heutigen Verbrauchs beträgt, bei einer stetigen Steigerung oder Minderung des jährlichen Verbrauchs (relativ zum jeweiligen Vorjahr)*

0,2 Prozent die Hälfte des Vorrats, bei einer Minderungsrate von 0,3 Prozent noch zwei Drittel.

Allerdings ist zu bedenken, dass der Verbrauch wegen der aus Gründen des Klimaschutzes gebotenen Minderung des CO_2-Ausstoßes noch stärker gedrosselt werden sollte. Die exponentielle Spar-Regel ist folglich als Minimal-Postulat zu verstehen.

Wie und woran sollte nun gespart werden? Im Vordergrund steht die Reduktion des Energieverbrauchs durch die Minderung der Wachstumsraten des Sozialprodukts. Ergänzend geht es um

- eine Erhöhung der Effizienz bei der Energiegewinnung und -umwandlung;
- die vermehrte Anwendung von Wärmekraftkopplung;

- die Konstruktion und Nutzung von Maschinen, Apparaten und Fahrzeugen mit geringerem Energieverbrauch;
- eine Erhöhung der Nutzungsdauer von Produkten;
- Wärmedämmung im Gebäudebereich, insbesondere auch in Altbauten;
- klima- und ökologiegerechtes Neubauen;
- die Umstellung auf weniger energieintensive Strukturen im Verkehrs- und Infrastrukturbereich;
- verkehrsvermeidende städtebauliche Maßnahmen;
- Erziehung zu energiesparendem Verhalten.

In einem gewissen Ausmaß ist natürlich auch ein verstärkter Einsatz von *erneuerbaren* Energieträgern bzw. der direkten und indirekten Nutzung der Sonnenenergie nötig. Aber er kann neben der effektiven Einsparung der Energie mittels Senkung der Wachstumsraten des Sozialprodukts, Erhöhung der Energieeffizienz und Vermeidung allen verschwenderischen Energieeinsatzes nur ergänzende Funktion haben. Nur dann ist es möglich, bei der Wahl der erneuerbaren Energien *selektiv* vorzugehen und so das Nachhaltigkeitskriterium für erneuerbare Energien – den Verzicht auf Übernutzung – (wieder) einzuhalten, und zwar nicht nur in Bezug auf die dauerhafte wirtschaftliche Nutzung, sondern auch in Bezug auf die dauerhafte Aufrechterhaltung der natürlichen Lebensgrundlagen.

Als Fazit ergibt sich aus den vorstehenden Überlegungen eine Ausweitung des ökologischen Nachhaltigkeitskonzepts auf zwei Postulate:

Postulat 1: Die erneuerbaren Ressourcen werden dann nachhaltig genutzt, wenn sie auch bei einer Ausweitung ihrer Nutzung stets erneuerbar bleiben und der Notwendigkeit zur Erhaltung der Natur als Lebensgrundlage Rechnung getragen wird.

Postulat 2: Die nichterneuerbaren Ressourcen werden dann nachhaltig genutzt, wenn ihre Vorräte dank einer exponentiellen Minderung ihres Verbrauchs auch auf lange Frist nicht erschöpft werden und wenn durch die Minderung des Verbrauchs auch die ökologischen Belastungen, die sich aus ihrer Nutzung ergeben, kontinuierlich reduziert werden.

Beide Postulate müssen neben- und miteinander Geltung haben, damit das Nachhaltigkeitspostulat zu einer sinnvollen Leitlinie für die zukünftige Wirtschaftsgestaltung werden kann.

III.5 Eigentum verpflichtet: Patrimonium statt Dominium

Für die nachhaltige Nutzung von Ressourcen und den Umweltschutz ist die Ausgestaltung der Eigentumsordnung von entscheidender Bedeutung. Aber was heißt das genau? Zuerst denkt man, dass es nur zwei Formen des Eigentums gibt – nämlich privates und öffentliches Eigentum – und dass, wenn man über Eigentum redet, es nur um eine Auseinandersetzung über diese beiden Eigentumsformen gehe. Wenn man aber genauer hinschaut, entdeckt man, dass die Eigentumsfrage wesentlich komplexer ist und in ganz verschiedener Hinsicht unterschiedlich geregelt werden kann.

So ist es z. B. keineswegs von vorneherein ausgemacht,

- *wer* Eigentümer sein kann, z.B. nur eine natürliche Person oder auch eine juristische Person privaten Rechts wie die Aktiengesellschaft – oder auch der Staat bzw. staatliche Institutionen?
- *wie*, d.h. mit welchem Akt, man im Sinne der Erstaneignung Eigentümer wird, z. B. durch einfache Okkupation eines noch nicht angeeigneten Stücks Natur, vor allem von Boden und natürlichen Ressourcen, oder – bei Boden – erst durch Bearbeitung desselben; eventuell aber auch durch Schaffung und Zuteilung völlig neuer Eigentumsrechte wie Emissionszertifikate?
- *wann* das Eigentum endet, z. B. nur durch Vertilgung (etwa indem man es aufisst) bzw. Verrottung oder vollständigen Verbrauch – es verschwindet einfach – oder indem man es als Abfall vor dem Haus zur Abfuhr bereitstellt, so dass die Öffentlichkeit sich darum kümmern muss?

- *welche Rechte* mit dem Eigentum verbunden sind, z. B. nur Ausschließung und Nutzung oder auch Verfügung, d. h. Verkauf und Verpfändung?
- *welche Schranken* das Eigentum hat, z. B. im Verhältnis zu Eigentumsrechten anderer oder auch im Verhältnis zu übrigen als fundamental angesehenen Rechten, etwa dem Recht auf eine unversehrte Umwelt?
- *welche Verpflichtungen* mit dem Eigentum übernommen werden, z. B. nur Haftung und Steuer oder auch Sozialpflichtigkeit im weitesten Sinne des Wortes?

Dabei ist festzustellen, dass sich *das Eigentum* im Sinne der Eigentumsgarantie als Gegenstand des Verfassungsrechts und *Eigentumsinhalte* als Gegenstand des Sachenrechts keineswegs decken müssen. So kann z. B. der Staat Eigentümer im Sinne des Sachenrechts sein, eine Gewährung der Eigentumsgarantie an den Staat wäre aber ein Widerspruch in sich selbst. Umgekehrt können obligatorische Rechte Gegenstand der Eigentumsgarantie sein, obwohl sie sich per definitionem vom sachenrechtlichen Eigentum unterscheiden.

*

Die Beantwortung aller dieser Fragen ist auch für die Ökonomie äußerst relevant, denn das Eigentum und nicht, wie die Lehrbücher uns fälschlicherweise glauben machen wollen, die Knappheit ist das konstituierende Element der Preisbildung und damit des Marktes. Zum Beispiel kann ein Badestrand so überfüllt sein, dass fast kein freier Platz mehr zu finden ist, d. h., der Badestrand ist physisch knapp. Trotzdem wird der Zutritt dazu keinen Preis haben, wenn der Badestrand niemandem gehört. Ein anderer Badestrand aber kann ganz leer sein, so dass Platz in Hülle und Fülle vorhanden ist. Trotzdem wird der Zutritt etwas kosten, wenn der Strand einem Eigentümer gehört und dieser ihn einzäunt, sich an den Eingang stellt und Eintritt verlangt.

Das heißt: Knappheit allein schafft keinen Markt. Es muss jemand da sein, der das Gut oder die Nutzung eines Gutes auf dem Markt anbieten und dafür einen Preis verlangen kann. Derjenige, der dies tun darf, heißt Eigentümer (oder Inhaber eines vom Eigentum abgeleiteten Rechts wie z.B. der Pächter). Erst Eigentum schafft also den Markt.

Angesichts dieser Tatsache besteht für die Ökonomie aller Anlass, sich mit den oben genannten Fragen genauer auseinanderzusetzen, denn je nach der rechtlichen Regelung wird der Markt und damit auch die Preisgestaltung und mit der Preisgestaltung auch die Nutzung der Güter und Ressourcen sehr verschieden sein – ganz unabhängig von der physischen Knappheit.

*

Über die Ökonomie im engeren Sinne hinaus muss man sich aber auch unter ökologischen Aspekten bzw. unter dem Gesichtspunkt der Nachhaltigkeit für die Ausgestaltung des Eigentumsrechts interessieren. Dabei geht es um die Grundidee – man könnte auch sagen: die Philosophie – des Eigentums. Es geht um die Frage: In welche Zusammenhänge ist das Eigentum eingebettet, und wozu soll es dienen? Diese Frage ist nicht einfach zu beantworten – sondern zweifach! Es gibt zwei Antworten auf diese Frage, nicht nur in der Theorie, sondern auch in der Praxis. Diese zweifache Antwort und die sich daraus ergebende Doppelschichtigkeit des Eigentums soll im Folgenden eingehender diskutiert werden.

Man muss unterscheiden zwischen dem modernen Eigentumsrecht, das als *dominium* zu bezeichnen ist und heute im Vordergrund steht, und dem traditionellen Eigentumsrecht, das als *patrimonium* zu qualifizieren ist und in Restbestandteilen auch heute noch Geltung hat. Diese Unterscheidung überlagert die Frage nach privatem oder staatlichem Eigentum. Sie liegt sogar quer dazu, weil sowohl privates wie staatliches Eigentum als Dominium oder Patrimonium ausgestaltet sein kann.

Dominium ist Herrschaftseigentum (abgeleitet von *dominus*: Herr). Es ist das römisch-rechtliche Eigentum. Dieses ist im 17. bzw. 18. Jahrhundert nördlich der Alpen allmählich wieder rezipiert und nach der Französischen Revolution in das französische bürgerliche Recht, den Code Napoléon, und von dort aus in alle Kodifikationen des bürgerlichen Rechts der ganzen Welt integriert worden. Es wurde zur Grundlage des wirtschaftlichen Wachstums, das sich zum ersten Mal im römischen Imperium entfalten konnte, im Mittelalter und der frühen Neuzeit zwar wieder einer Stagnation bzw. einem nur sporadischen Wachstum wich, dann aber seit der industriellen Revolution und besonders seit dem Zweiten Weltkrieg zum Siegeszug ansetzte.

Grundlage der Rezeption des römisch-rechtlichen Eigentumsbegriffs war folgende Formulierung: »Dominium est ius utendi et abutendi re sua, quatenus iuris ratio patitur.« Bei der Übersetzung ins Deutsche stellte sich besonders die Frage, was »abutendi« bedeuten soll, wenn von Dominium die Rede ist. Das »ius utendi re sua« ist das Recht zum Gebrauch der eigenen Sache. Heißt nun »abutendi« demgegenüber »Missbrauch« der eigenen Sache? Wenn ja, was wäre damit gemeint? Man begründete diese Übersetzung, indem man sagte, das Eigentumsrecht im Sinne des Dominiums sei so absolut, dass es von außen keine Einrede geben dürfe, die auf einen Missbrauch des Eigentums hinweisen und diesen verbieten könne. Der Eigentümer allein sollte das Recht haben zu entscheiden, wie er das Eigentum nutzen will, gleichgültig ob diese Nutzung von anderen als sinnvoller Gebrauch oder unsinniger Missbrauch beurteilt wird. – Eine andere Übersetzung von »abuti« ist »verbrauchen«. Das heißt: Man darf sein Gut nicht nur *ge*brauchen, sondern auch *ver*brauchen.

Beide Deutungen haben sich in der Rezeption vermischt, indem – so oder so – mit »abuti« der absolute Herrschaftsanspruch des Eigentümers angemeldet wurde. Im Artikel 544 des Code Napoléon heißt es entsprechend: »La propriété est le droit de jouir et de disposer des choses de la manière la plus absolue, pour qu'on ne fasse un usage prohibé par les lois ou par les règlements« (Das Eigentum ist das absolute Recht, die Sachen zu nutzen und über sie zu verfügen, unter dem Vorbehalt, dass man nicht einen Gebrauch davon macht, der durch die Gesetze und Verordnungen verboten ist).[1]

Der Vorbehalt der Gesetzgebung deckt sich mit dem Nachsatz im lateinischen Text »quatenus iuris ratio patitur« (soweit es sich mit der Ratio, der Logik des Gesetzes verträgt). Die Verwendung des Eigentums findet entsprechend der Logik des Eigentumsrechts ihre Grenzen nur im Eigentumsrecht anderer Eigentümer und im Recht der Menschen auf Leben und Unversehrtheit des Körpers. Im Übrigen soll aber die positive Rechtsordnung das Eigentumsrecht schützen. Dies geht auch aus dem »Exposé des motifs« zum Code Napoléon hervor, wo es heißt: »Le principe de propriété est en nous; il n'est point le résultat d'une convention humaine ou d'une loi positive, il est dans la constitution même de notre être, et dans nos différentes relations avec les objets qui nous environnent« (Das Prinzip des Eigentums ist in uns; es ist keineswegs das Resultat der bloßen menschlichen Übereinkunft oder eines positiven Gesetzes, es ist in der Konstitution selbst unseres Seins und in den verschiedenen Beziehungen zu den Objekten, die uns umgeben).[2] Eigentum wird als vorkonstitutionelles Menschenrecht angesehen, als Naturrecht, das einen Absolutheitsanspruch genießt, der von der positiven Gesetzgebung des Staates nur insoweit eingeschränkt werden darf, als dies aus der Eigentumsordnung selbst oder aus anderen Grundrechten folgt.

Dem Dominium steht das Patrimonium gegenüber, abgeleitet von *pater* (Vater), d.h., es handelt sich um Eigentum, das vom Vater geerbt, aber auch an die Kinder vererbt werden und dementsprechend wohl *ge*braucht, aber nicht *ver*braucht werden soll. Es geht um einen schonenden Umgang mit der eigenen Sache. Mit dem Eigentumsrecht im Sinne von *patrimonium* ist daher auch die Pflicht zur Pflege verbunden. Im Grunde war alles Eigentumsrecht in der Welt vor der Begründung des römisch-rechtlichen Eigentums, aber auch nachher wieder bis zur Rezeption derselben in der Neuzeit, Patrimonialeigentum. Es findet sich heute noch in den traditionell orientierten Gesellschaften und auch in Teilen der modernen Rechtsordnungen.

*

Die Natur ist heute durch die Eigentumsansprüche des Menschen im Sinne des Dominiums immer mehr in den Dienst der wirtschaftlichen Produktion gestellt worden – mit dem Resultat einer ungeheuren Steigerung des Sozialprodukts, ein Prozess, der in der westlichen Welt begonnen hat, aber jetzt in großer Geschwindigkeit die ganze Welt erfasst. Immer mehr wird aber auch deutlich, dass die Gefahren, die mit einer solchen Aneignung und dem daraus resultierenden *Ver*brauch von Natur verbunden sind, schließlich den Genuss der so gesteigerten Produktion in Frage stellen können und dies zum Teil auch schon tun. Aus dieser Erkenntnis ist ja die Forderung nach einem nachhaltigen Wirtschaften entstanden, wie sie von der Rio-Konferenz 1992 aufgenommen wurde.

Selbstverständlich können wir nicht mehr zur »alten Zeit« zurückkehren. Trotzdem fragt es sich, ob nicht eine gewisse Rückbesinnung auf das patrimoniale Eigentumsrecht sinnvoll wäre, um Anhaltspunkte für eine Weiterentwicklung des Eigentumsrechts im Sinne seiner Ausrichtung auf die Idee der Nachhaltigkeit zu gewinnen. Das ursprüngliche Eigentum ist ja nicht zufällig im Sinne des Patrimoniums ausgestaltet worden mit der Pflicht zur Pflege und zur Bewahrung der angeeigneten Sache. Der Grund war schlicht und einfach die Erkenntnis, dass der Mensch nicht den Ast absägen soll, auf dem er sitzt bzw. auf dem seine Nachfahren sitzen sollen. Die Nutzung des Eigentums konnte früher mangels Mobilität von Menschen und Waren sowie mangels einer entwickelten Bergbautechnik nicht beliebig erweitert werden. Sie durfte und konnte nur so weit gehen, als die angeeignete Natur an Ort und Stelle in ihrer Substanz nachhaltig bewahrt werden konnte.

Das Eigentum wurde zum Dominium, als man feststellte, dass eine Expansion möglich war, dass der Einzelne oder die Familie bzw. ein Verband von Familien nicht mehr an den erreichten Besitz gebunden war, sondern stets neue Besitztümer erobert werden konnten – nicht nur kriegerisch von anderen Menschen, sondern friedlich durch Ausbeutung der Natur. Warum pfleglich mit etwas umgehen, wenn es stets Ersatz dafür gibt und über den Ersatz hinaus sogar einen ständigen Zuwachs? Dieser Zuwachs ist zweifellos auch heute noch möglich. Die Wirtschaft wächst weiter. Wir fangen aber an, gewisse Grenzen zu spüren, die zum Postulat der Nachhaltigkeit nicht nur als Ideal, sondern als Notwendigkeit führen können.

*

Unter diesem Aspekt kann es durchaus aktuell sein, unsere bürgerlichen Gesetzesbücher und andere bestehende Rechtsgrundlagen genauer zu konsultieren und nach noch vorhandenen Bestandteilen des Patrimoniums zu suchen, die uns in Zukunft weiterhelfen können.[3]

Einige solche traditionelle Bestandteile des Eigentumsrechts finden sich z. B. in den *Regalrechten*. Zu diesen sagt der Schweizer Staatsrechtslehrer Jean-François Aubert: »Les règles dites ›foncières‹, qui sont une variété du monopole fiscal et historique, s'expliquent assez bien par une idée de rationnement; elles portent, en effet, sur des richesses limitées, qu'il convient de distribuer équitablement: aussi la règle des mines, des cours d'eau, de la chasse, de la pêche« (Die Regalrechte, welche eine Form von fiskalischen und historischen Staatsmonopolen sind, erklären sich sehr gut aus der Idee der Rationierung. Sie beziehen sich auf begrenzte Reichtümer, die man gerecht verteilen muss. Daraus ergeben sich Regeln für die Zuteilung der Minen, des Wassers, der Jagd, der Fischerei).[4]

Der Staat kann seine Regalrechte entweder wahrnehmen, indem er selber wirtschaftlich tätig wird, oder indem er die Rechte durch Konzessionserteilung auf Dritte überträgt. Die Konzession ist ein öffentlich-rechtlicher Verwaltungsakt, der vertragsähnliche Elemente aufweist. Im Gegensatz zur bloßen polizeilichen Bewilligung verleiht die *Konzession* ein wohlerworbenes Recht auf Nutzung, das unter dem Schutz der Eigentumsgarantie steht; der Konzessionär ist aber verpflichtet, das verliehene Recht im öffentlichen Interesse zu nutzen. Es werden ihm oft weitere Auflagen gemacht, und er muss in der Regel eine Konzessionsgebühr bezahlen. Mit anderen Worten: Es handelt sich um den klassischen Fall einer Trennung von »Verfügungs-« und »Nutzungseigentum«. Die Verfügung bleibt in den Händen des Staates, die Nutzung aber wird privatisiert. Dieses private Nutzungsrecht ist – im Gegensatz zur bloßen Pacht – als selbständiger, wenn auch bedingter Eigentumsanspruch zu betrachten.

Insgesamt zeigt sich, dass die historischen Regalrechte es ermöglichen, öffentliche Interessen auch im Sinne der Schonung der natürlichen Ressourcen und der Schonung des Landschaftsbildes zur Geltung zu bringen. Allerdings müssen entsprechende Bestimmungen schon bei der Konzessionserteilung festgelegt werden.

Ein weiteres ganz spezielles Eigentumsrecht mit patrimonialem Charakter ist das *Waldeigentum*. Es ist grundsätzlich mit der Pflicht zur nachhaltigen Wirtschaftsweise verbunden, d.h., man darf nicht mehr Bäume schlagen als nachwachsen. Das Nachhaltigkeitsgebot in der Waldbewirtschaftung ist also nicht nur ein Bestandteil des öffentlichen Rechts, wie man oft meint, sondern ist schon lange in das private Recht, das Eigentumsrecht, inkorporiert. Das Postulat der Nachhaltigkeit gilt daher nicht nur dort, wo der Wald in staatlichem Besitz oder im Besitz von Bürgergemeinden oder Waldkorporationen ist, sondern auch dort, wo sich der Wald in privaten Händen befindet. Es kommt also hier, wie besonders hervorgehoben werden muss, nicht darauf an, ob es sich um öffentliches oder privates Eigentum handelt, sondern auf die inhaltliche Ausgestaltung des Eigentumsrechts selbst.

Für die Waldfläche heißt das Nachhaltigkeitsprinzip, dass sie sowohl gesamthaft wie in ihrer regionalen Verteilung erhalten bleiben soll, was konkret bedeutet, dass bei Vernichtung von Wald Realersatz geleistet werden muss.

*

Das von Anfang an auf beschränkte Nutzung angelegte Waldeigentum ist zum klassischen Sinnbild allen umweltkonformen Eigentums geworden. »Anstelle des Raubbaus, also einer Wirtschaftsführung, die einen möglichst hohen Ertrag abwirft, ohne auf die Eignungsgrundlagen Rücksicht zu nehmen«, schreibt Ernst Basler schon 1972, »müssen wir wieder lernen, von den Zinsen zu leben. Die Forstwirtschaft in Europa hat im Laufe der letzten Jahrhunderte diesen Gesinnungswandel bereits vollzogen und hat das sogenannte Prinzip der Nachhaltigkeit zum obersten Grundsatz forstwirtschaftlichen Denkens und Handelns gemacht. Nachhaltigkeit beinhaltet das Streben nach einem dauernden, steten und möglichst gleichmäßigen Holzertrag. Die Analogien zwischen Weltwirtschaft und Waldwirtschaft sind so frappant, dass sich die Anlehnung an diesen Begriff geradezu aufdrängt«.[5]

Die für den Ökonomen interessanteste Institutionalisierung des Patrimonialgedankens findet sich aber im Recht der *Allmende.* Mit diesem Recht wird gerade das verhindert, was man in der ökonomischen Literatur die »Tragik der Allmende« nennt.[6] Diese »Tragik« leitet man von der Vorstellung ab, dass die Allmende – also die Weide – ein rechtsfreier Raum sei, in dem jeder seine Kühe und Schafe ohne Einschränkung grasen lassen könne. Jeder treibt daher so viele Tiere auf die Weide, als ihm möglich ist. Alle wissen zwar, dass auf diese Weise die Allmende übernutzt und dadurch zerstört wird. Eine nachhaltige, also beschränkte Nutzung wäre daher für alle auf die Dauer vorteilhafter. Niemand zieht aber daraus die Konsequenz, weniger Kühe und Schafe auf die Weiden zu treiben, weil jeder weiß, dass, wenn *er* es nicht tut, der Nachbar dafür umso *mehr* Tiere auf die Weide schicken würde. Ein kurzfristiger Verzicht bringt ihm daher auch langfristig keinen Nutzen. Also fahren alle mit der Übernutzung fort.

Genau diese Tragik wird aber durch das faktische Recht der Allmende verhindert, wie es z. B. auch heute noch in der Schweiz gilt. Es werden Allmend- oder, wie es in der Schweiz heißt, Alpgenossenschaften gebildet, die nur eine beschränkte Nutzung erlauben und zusätzlich auch zur Pflege der Allmende verpflichten. Die Anteilsrechte der Alpgenossenschafter werden in sogenannte Stöße aufgeteilt. So hat z. B. der Genossenschafter ein Anrecht auf 10, 20, 30 usw. Stöße (Kühe werden auf die Weide »gestoßen«). Die wesentliche Konzeption dieses Stoßrechts liegt in dem Umstand, dass ein Stoß von Jahr zu Jahr etwas anderes bedeuten kann. Entsprach ursprünglich ein Stoß dem Weideraum, den *eine* Kuh beanspruchte, so wird er sukzessive weniger bedeuten, wenn die Alp entweder durch exzessive Beweidung oder durch Lawinenniedergänge und andere Naturgewalten in ihrer *carrying capacity* beeinträchtigt wird. Der relative Anteil des Genossenschafters bleibt dann zwar gleich, aber für 100 Stöße kann er dann nicht mehr 100 Kühe, sondern vielleicht nur 70 Kühe auf die Alp schicken. So wird dafür Sorge getragen, dass die Alp nicht übernutzt wird. Demselben Grundsatz zufolge beinhaltet das Miteigentum an der Alp auch die Pflicht zur Pflege (Wegebau, Beseitigung von Umweltschäden, Meliorationen usw.).

Die Interpretation des Stoßrechts erfolgt durch gemeinschaftlichen Beschluss der Genossenschafter, wobei entweder jeder Genossenschafter nur eine Stimme hat oder zumindest festgelegt wird, dass kein Genossenschafter, so viele Stöße er auch besitzen möge, allein beschließen kann.

*

Selbstverständlich können wir die noch vorhandenen Bestandteile des Patrimoniums nicht eins zu eins auf die ganze heutige Welt übertragen. Aber wir können uns (wieder) daran orientieren. Im Grunde genommen geht es darum, die Idee der Knappheit, die vorgeblich den Markt dominiert, in Wahrheit aber vollständig diesem und dem ihn konstituierenden Eigentumsrecht des Dominiums untergeordnet ist, mit dem Eigentum so zu verbinden, dass die Knappheit – auch die ökologische Knappheit – effektiv zur Geltung kommt. Das bedeutet aber nichts anderes, als dass es patrimoniale Bestandteile in das Eigentumsrecht einzubauen gilt. Das heißt: Eigentumsrechte dürfen im Wesentlichen nur als Relationen zwischen den Ansprüchen der verschiedenen Eigentümer aufgefasst werden – der eine hat mehr, der andere weniger –, nicht aber als ein für alle Mal definierter Zugriff auf die Natur bzw. die Umwelt. Dieser Zugriff ist vielmehr der *carrying capacity* der Umwelt anzupassen. Die Eigentumsrechte sind nicht primär als umfassend zu konstruieren und dann nachträglich durch diese oder jene Vorschriften einzuschränken, sondern sie sind inhaltlich aufgrund der jeweiligen – regional unterschiedlichen – *carrying capacity* der Umwelt festzulegen.

Die Eigentumsrechte – bildlich gesprochen: die Ausmaße des Weiderechts – müssen von den Patrimonialeigentümern, die die Umwelt genossenschaftlich als Patrimonium verwalten und besitzen, inhaltlich nach Maßgabe der Umweltnutzung bestimmt werden. Dabei geht es darum, ein als durchaus natürlich empfundenes vorrechtliches »Eigentum« rechtlich zu verankern. Nicht zufällig spricht man ja davon, dass »meine« Ruhe durch den Straßenlärm beeinträchtigt wird, »meine« Aussicht verbaut, »meine« oder »unsere« Stadt durch hässliche Bauten zerstört, »unser« Wald abgeholzt, »unser« Wasser verunreinigt wird. Jeder Mensch hat ein selbstverständliches Gefühl dafür, dass die Umwelt, in der er wohnt und arbeitet, ihm gehört, ja gehören *muss*, wenn er psychisch und physisch gesund bleiben will. Er muss – wenn auch nur im Sinne des Miteigentums –

darüber verfügen können wie über seinen Körper oder seine Psyche.

Früher waren die meisten Menschen Sklaven oder mindestens Abhängige, deren Körper und Wille einem anderen gehörten. Die Auflösung dieser persönlichen Abhängigkeit bedeutete nichts anderes als eine Ergreifung des Eigentums an der eigenen Person. Im gleichen Sinne geht es heute darum, die Umwelt – die im Grunde eine Extension der eigenen körperlichen und geistigen Persönlichkeit ist, weil Körper und Geist ohne sie nicht existenzfähig sind – aus der fremden Abhängigkeit zu lösen und in Besitz zu nehmen.

*

Um diese Besitzergreifung im Sinne des Patrimoniums zu konkretisieren und organisatorisch zu verankern, stehen verschiedene Wege offen. Es dürfte sich aufdrängen, je nach dem Charakter des Umweltgutes einen anderen Weg zu wählen. Die drei oben dargestellten älteren Eigentumskonzeptionen können dabei nicht nur als Vorbild, sondern auch als erste Ansatzpunkte dienen. Das heißt:

– *Verstärkte Berücksichtigung der Umweltgesichtspunkte bei den Regalrechten.*
– *Anwendung des Prinzips der nachhaltigen Bewirtschaftung auf die Gesamtheit der Nutzung erneuerbarer Ressourcen*, insbesondere in der Landwirtschaft. Ansätze bestehen heute schon z. B. im bäuerlichen Erbrecht. Diese gilt es mindestens zu bewahren, eher aber auszubauen.
– *Übertragung des Allmendgedankens auf die Nutzung (bzw. die Vernutzung) der Umwelt*, indem regional höchstzulässige Mengen von Emissionen bzw. Schadstoffen festgelegt und den Verursachern der Emissionen gemäß ihren bisherigen Anteilen an den die Emission verursachenden Aktivitäten zugeteilt werden – dies aber unter dem Vorbehalt, dass bei einer Verschlechterung der Umweltsituation die Emissionsrechte gekürzt werden.

Im Weiteren geht es aber auch um Fragen der *Haftung* und ihre Ausdehnung auf den Abfall. Im Fall von Gegenständen, die nicht verrotten, kann man durch Ausdehnung der Haftpflicht bis zu einem gewissen Grad auch den nachhaltigen Umgang mit nichterneuerbaren Ressourcen fördern, denn es kann damit eine längere Nutzung oder das Recycling dieser Erzeugnisse veranlasst werden.

Eine andere Möglichkeit ist die *territoriale Ausdehnung nachbarrechtlicher Schranken und Ansprüche* über die direkten Nachbarn hinaus, entsprechend der über immer größere Distanzen spürbaren Umwelteinwirkungen, die von einer lokalen Stelle ausgehen.

Darüber hinaus geht es um die Überführung der öffentlichrechtlichen Maßnahmen in privatrechtliche Verpflichtungen, so dass sie nicht länger im Widerspruch zu den Eigentumsrechten stehen, sondern mit diesen kompatibel werden.

*

Das Prinzip der Nachhaltigkeit ist aber nicht nur für die Erhaltung der Natur, sondern auch für die Erhaltung der von den früheren Generationen geschaffenen Werke von Bedeutung. Diese gilt es in dem Ausmaß zu bewahren, als in ihnen Arbeitsleistungen inkorporiert sind, die Maschinen und Apparate nicht mehr zustande bringen. Es handelt sich vor allem um die in unseren Siedlungen aus früherer Zeit noch erhaltene Bausubstanz.

Die Qualität der Gebäude ist in hohem Maße abhängig von der Arbeitszeit, die in sie investiert wurde, weil nur die handwerkliche Tätigkeit eine lebendige Differenzierung und Detailgestaltung möglich macht. Damit gelangen wir zum arbeitsökonomischen Kriterium, wonach Arbeitswert nicht vergeudet werden soll. Dies geschieht aber, wenn man Gebäude mit hohem Arbeitswert durch solche mit geringerem Arbeitswert ersetzt. Angesichts der heutigen hohen Löhne können ältere Gebäude mit großem Arbeitswert und entsprechend hoher Qualität trotz höherer Volkseinkommen gar nicht mehr bezahlt werden! Die Grenze für die Erhaltung älterer Gebäude sollte daher so gezogen werden, dass so weit wie möglich alle Gebäude erhalten bleiben, die in einer Zeit gebaut wurden, wo noch die Einkommen bzw. die Finanzierungsmöglichkeiten der Bauherren und die Löhne einigermaßen im Gleichmaß anstiegen, also noch nicht alle Bestrebungen darauf ausgerichtet waren, Arbeit zu sparen. Wenn wir diese Gebäude vernichten, vernichten wir leichtsinnig ein Vermögen, das frühere Generationen im Schweiße ihres Angesichts für uns geschaffen haben und das nun einen Teil des gesamten Volksreichtums darstellt. Es ist nicht ökonomisch, hohe Volks*einkommen* zu schaffen, indem man das Volks*vermögen* vergeudet. Ganz im Gegenteil ist es ökonomisch, das Volksvermögen und damit Werte zu erhalten, die nie mehr in gleichem Ausmaß geschaffen werden können. Wir müssen verhindern, dass unsere Städte und Dörfer ihr Gesicht, ihre Identität vollständig verlieren. Aus dieser Überlegung heraus gilt es, die Grenze zwischen erhaltungswürdigen und nicht mehr erhaltungswürdigen Bauten so zu setzen, dass die noch identifizierbaren Bauten, die das spezifische Siedlungsbild eines Orts prägen und nicht durch Massenproduktion charakterisiert sind, so weit wie möglich erhalten bleiben.

Im Allgemeinen werden die bis 1920 errichteten Bauten als im Prinzip erhaltungswürdig angesehen. Die Zäsur von 1920 lässt sich wie folgt begründen. Nach dem Ersten Weltkrieg änderte sich die Bauweise durch die Anwendung neuer Materialien und neuer Konstruktionsmethoden grundlegend. Hatten die bisher verwendeten Materialien Holz und Stein ein massives, tragendes Sockelgeschoss erfordert und nur kleine Fensteröffnungen zugelassen, die den Bauten starken Mauercharakter verliehen, so ermöglichte die nun übliche Stahlkonstruktion eine vollständige Auflösung der Mauerfassaden. Vor allem aber entstand durch Rationalisierung, Normierung und Serienproduktion eine weltumspannende Uniformität. Indem funktionale Aspekte immer stärker in den Vordergrund traten, verschwand das Dekorative und Ortstypische. Damit gewinnt heute, im Verhältnis zu dieser auswechselbaren Architektur, die ungeheure Vielfalt an Formen, lokalen Ausprägungen und individuellen Variationen eines Motivs – bedingt durch Handarbeit – in der Architektur von vor 1920 unter dem Gesichtspunkt der Lebensqualität einen hohen Wert.

Mit dem Wirtschaftsaufschwung nach dem Ersten Weltkrieg, vor allem aber mit der Expansionsphase nach dem Zweiten Weltkrieg begann eine Zeit, in der die Löhne wesentlich schneller stiegen als das Volkseinkommen und in der sich somit die Tendenz zur Substitution von Arbeit durch Maschinen und Energie verstärkt durchsetzte. Setzt man für die älteren Gebäude die Löhne ein, die heute zu zahlen wären, so ist ihr Wert nicht nur absolut, sondern auch im Verhältnis zum heutigen Volkseinkommen wesentlich höher als der Wert neuer Gebäude. Dabei ist selbstverständlich – im Sinne einer Gegenrechnung – auch der im Allgemeinen höhere Komfort der neuen Häuser zu berücksichtigen. Trotzdem ergibt sich bei einer solchen Arbeitswert-Betrachtung eine bemerkenswerte Höherbewertung der älteren Bauten.

Somit sollte der Abbruch der bis 1920 gebauten Häuser durch eine erweiterte Denkmalschutzgesetzgebung erschwert werden. Nicht der Wert eines älteren Gebäudes müsste bewiesen werden, um seine Erhaltung zu rechtfertigen, sondern umgekehrt: der allfällige Unwert – die Baufälligkeit oder Belanglosigkeit – eines älteren Hauses müsste bewiesen werden, damit die Erlaubnis zum Abbruch gewährt wird.

*

Unsere Betrachtungsweise hat eine normative Auswirkung auf die Gestaltung des Eigentums. Was man marktmäßig verwertet, muss – wenn dem wirtschaftlichen Prinzip Nachachtung verschafft werden soll – individuelles Eigentum sein. Die Begründung dafür hat bereits Aristoteles gegeben; sie wurde später von

Thomas von Aquin wieder aufgenommen und ist schließlich in die Lehre von Adam Smith und in die Nationalökonomie übergegangen. Die wichtigste Begründung für das individuelle Eigentum ist die eindeutige Festlegung der Verantwortung. Wenn – wie Aristoteles darlegt – alles allen gehört und alle »durcheinandergreifen«, fällt der Ertrag anderen zu als demjenigen, der den Aufwand hatte, und Ertrag und Aufwand können einander nicht mehr zugerechnet werden. Sehr schnell wird sich dann die Tendenz durchsetzen, auf Kosten anderer den eigenen Aufwand zu minimieren. Eine große Unwirtschaftlichkeit und Vergeudung wäre die Folge. Ganz anders verhält es sich in Bezug auf die Dinge, die die Lebensqualität unter dem Gesichtspunkt der Nachhaltigkeit begründen. In Bezug auf diese Dinge ist das Haben ganz wesentlich ein Teilhaben. Man »hat« gesunde Luft und frisches Wasser, eine schöne Aussicht, Bilder, Dichtungen und Melodien, Ideen, die Heimat, das Vaterland und eine wohnliche Stadt nur dann wirklich und dauerhaft, wenn auch andere sie besitzen; jeder Versuch einer Einschränkung der Gemeinnutzung wird endlich zur Vernichtung dieser Güter führen. Deswegen müssen diese Güter notwendigerweise in gewissem Sinne im Gemeinbesitz sein.[7]

Damit stellt sich das grundsätzliche Problem der Eigentumsordnung. Es ist relativ leicht zu sagen, dass auf der einen Seite Heimat und Vaterland in Gemeinbesitz sein müssen und andererseits Brot und Milch privat zugeteilt werden sollen. Aber es wird auch konkurrierende Besitzrechte geben müssen: ein Recht aus dem Anspruch auf Marktökonomie und ein Recht aus dem Anspruch auf Lebensqualität. Dies gilt etwa auch für unser Beispiel der Gebäude. Hier muss die Lösung in ausdrücklicher Anerkennung konkurrierender Eigentumsrechte gefunden werden – in einem privaten Eigentum aus der Nutzung der Gebäude für Wohn- und Arbeitszwecke und einem Miteigentum der Allgemeinheit an der Gestalt bzw. der Fassade der Gebäude, die auch alle diejenigen anschauen, die zwar nicht darin wohnen und arbeiten, aber täglich daran vorbeigehen. Sosehr es widerrechtlich ist, jemandem die Nutzung eines Gebäudes zu verweigern, das »ihm gehört«, so muss auch der Abbruch eines wertvollen bzw. die Aufstellung eines hässlichen Gebäudes als Verletzung von Eigentumsrechten der Allgemeinheit gelten. Für die Erhaltung der Umwelt gilt dasselbe. Es ist Sache der Gesetzgebung, den Ausgleich zwischen den konkurrierenden Eigentumsansprüchen zu finden. Zweifellos ist nach dem Überborden der industriellen Nutzungsansprüche im letzten Jahrhundert eine Korrektur im Sinne des Miteigentums an Dingen, die man nur besitzt, wenn viele sie besitzen, notwendig.

*

Generell gilt: Wir können nicht mit der Zielsetzung der Nachhaltigkeit Ernst machen, wenn wir sie nicht auch von der Eigentumsseite her anpacken, indem wir den Patrimonialgedanken neu in der Eigentumsordnung verankern.

III.6 Gemeinschaftsdienste als Ergänzung zu Lohndiensten

(mit YOLANDA KAPPELER)[1]

Ein großer Teil wirtschaftlicher Aktivitäten wird außerhalb von Lohndiensten, d.h. ohne Bezahlung in Geldform, getätigt, sei es als Eigenarbeit, d.h. für sich selbst bzw. innerhalb der Familie, sei es als Gemeinschaftsdienst, d.h. als Arbeit für andere. Der »Lohn« besteht im Ergebnis der Arbeit selbst. Diese Arbeit wird (weitgehend) außerhalb des Geldbereichs erbracht, ist also dem Wachstumsdrang und Wachstumszwang entzogen und daher auch krisenresistent. Aus diesem Grund sollte sie, um die Krisenanfälligkeit der Wirtschaft zu mindern, wieder eine größere Bedeutung erhalten.

Der Anteil dieser Arbeit hat ständig abgenommen, indem entsprechende Leistungen immer mehr vom Markt bezogen werden. Der Austausch über den Markt hat den Vorzug, dass dadurch die Arbeitsteilung und die durch sie ermöglichte Spezialisierung und Produktivitätssteigerung gefördert wird. Es sind damit aber auch entscheidende Nachteile verbunden. Dazu gehört die zunehmende Automatisierung und Mechanisierung der Aktivitäten, die nötig wird, um die Produktivität zu steigern.

1 Dieses Kapitel ist eine gekürzte Zusammenfassung des Memorandums *Gemeinschaftsdienst für alle*, das im Jahr 2000 von der Umweltliberalen Bewegung des Kantons St. Gallen (heute Umweltfreisinnige des Kantons St. Gallen) verfasst worden ist. Die Grundlagen dazu wurden von Frau Yolanda Kappeler, damals Präsidentin der Umweltliberalen Bewegung, und dem Autor dieses Buches gemeinsam erarbeitet. Der Vorschlag hat die schweizerische Situation im Visier, dürfte aber auf alle europäischen Länder übertragbar sein.

Die Leistungserbringung wird dadurch immer unpersönlicher. Dies führt dazu, dass die Menschen in der Arbeitszeit immer weniger untereinander ins Gespräch kommen und sich isolieren, was durch Freizeitkommunikation nicht bzw. nur ungenügend ersetzt werden kann. Ein anderer bedeutender Nachteil ist, dass viele Leistungen, wenn sie nicht automatisierbar sind, gar nicht mehr erbracht werden, weil die Löhne zu hoch und die Leistungen damit zu teuer geworden sind. Wenn die Leistungen nicht mehr erbracht werden, nützt es nichts, dass sie, *wenn* sie erbracht würden, produktiver erbracht würden!

Durch eine Förderung der Gemeinschaftsdienste könnte dem Trend zur Automatisierung und Entpersonalisierung der Arbeit entgegengewirkt werden. Dies böte die Möglichkeit, humansoziale Werte zu verwirklichen und persönliche Vorteile zu gewinnen: beispielsweise die Stärkung des Realitätsbezuges durch Einblicke in Lebenswelten, welche eine Berufslehre oder ein Studium nicht zu vermitteln vermögen, sowie das Erleben von Solidarität, von Rücksichtnahme und mitmenschlichen Begegnungen.

Der Einsatz von Gemeinschaftsdiensten ist in zahlreichen gesellschaftlichen Bereichen notwendig und möglich, so im gesundheitlich-pflegerischen Bereich, im Sicherheitsbereich, im kulturellen und schulischen Bereich, im Natur- und Umweltschutz, in der Jugendarbeit, im Bereich der Ausländerintegration, im Bereich des Vormundschaftswesens und der Behindertenbetreuung.

Wenn neben dem obligatorischen Gemeinschaftsdienst, der von Jugendlichen geleistet wird, auch ein freiwilliger Gemeinschaftsdienst gefördert wird, können fachkundige und berufserfahrene Personen in das System aufgenommen werden. Auf diese Weise sind auch anspruchsvolle Dienste möglich, beispielsweise Entwicklungseinsätze im Ausland oder Einsätze als Kursleiter und Kursleiterin.

Zu betonen ist, dass der Einsatz stets unter Anleitung und Kontrolle von qualifizierten Fachkräften geleistet wird. Es geht um das Aufgreifen »liegen gebliebener« bzw. teuer gewordener, jedoch notwendiger Dienste sowie um Persönlichkeitsstärkung, den Erwerb von Sachwissen und Sozialkompetenz seitens der Dienstpflichtigen.

*

Die folgende Aufzählung soll – ohne Anspruch auf Vollständigkeit – auf einige gesellschaftliche Bereiche hinweisen, in denen ein Arbeitseinsatz sinnvoll und wichtig ist und in denen bisher das Angebot ungenügend ist:

Vormundschaftswesen / Fürsorge

Unterstützungsleistungen für Menschen, welche im Sinne des Vormundschaftsrechts oder der Invalidenversicherung auf Hilfe angewiesen sind;
Hilfsdienste zur Unterstützung von Sozialarbeitern und Sozialarbeiterinnen;
Kontaktpflege mit einsamen Menschen in Spitälern, in Heimen, am Wohnort; Mithilfe im Strafvollzug; Begleitung und Unterstützung von armutsbedrohten Menschen; Assistenzhilfen für Menschen mit Behinderungen.

Familienbereich, pflegerischer Bereich, Altersbetreuung

Hausdienste; Hilfsdienste in der Alters- und Krankenpflege; Transportdienste, Begleitdienste; Hilfsdienste für alleinstehende Menschen.

Öffentliche Sicherheit

Hilfsdienste bei der Sicherung von öffentlichen Plätzen, Bahnhöfen, Tiefgaragen, Schularealen, Sportplätzen, Museen, Ausstellungen etc.

Umweltschutz

Unterstützung der Tätigkeiten von Natur- und Umweltschutzorganisationen; Mithilfe bei Sanierungsaktionen, Arbeiten im Bereich Renaturierung; Behebung von Naturschäden; Hilfsarbeiten in der Forschung über ökologische Zusammenhänge.

Landwirtschaft

Allgemeine Landdienste; Berglandwirtschaft; Landfrauenhilfe; Hilfe im ökologischen Landbau.

Sport

Unterstützung von sportlichen Aktivitäten; Hilfseinsätze im Rahmen von Jugend und Sport; Hilfseinsätze im Seniorensport.

Ausländerintegration

Sprachkurse; Kurse über politische Institutionen und Geschichte; Begegnungszirkel; Unterstützung in der praktischen Lebensbewältigung.

Bildungs- und Erziehungsbereich

Unterstützung von Lehrkräften durch Assistenten und Assistentinnen; Hilfsdienste an Tagesschulen; Mithilfe bei der Betreuung von Kleinkindern in Kinderkrippen und Kinderhorten; Unterstützung von Lehrkräften und Erzieherinnen in heilpädagogischen Sonderschulen; Mithilfe bei der Ausbildung von Jugendlichen mit Lernschwierigkeiten, welche, gestützt auf ein Berufsbildungsgesetz, einen Anspruch auf individuelle Unterstützung geltend machen können; Förderung jugendlicher Ausländer und Ausländerinnen mit mangelhaften Deutschkenntnissen; Integrationshilfe; Mithilfe bei der beruflichen Ausbildung jugendlicher Ausländer im Rahmen von Rückführungsprogrammen; Unterstützung von Spiel und Theater an Schulen und in Heimen; Erziehungshilfen und Unterstützungsdienste für überforderte Eltern; Mithilfe bei der Moderation von Selbsthilfegruppen.

Jugendarbeit

Unterstützungsdienste für Jugendtreffen, Jugendlager, Jugendprojekte, Jugendparlamente, Jugendzentren, für kulturelle Aktivitäten von Kindern und Jugendlichen etc.

Entwicklungszusammenarbeit

Unterstützung der Einsätze im Rahmen bestehender staatlicher und privater Organisationen.

*

Der Gemeinschaftsdienst sollte ein Obligatorium sowie freiwillige Dienste umfassen. Denkbar ist die folgende Regelung: Der obligatorische Gemeinschaftsdienst wird in der Regel zwischen dem 18. und 22. Lebensjahr geleistet. Wer Militärdienst oder Zivildienst leistet, ist davon ausgenommen. Der Zivildienst sollte aber so weit wie möglich in den Gemeinschaftsdienst integriert werden. Die Dauer beträgt zehn Monate, aufteilbar in zwei fünfmonatige Einsätze. In besonderen Fällen (z.B. bei Invalidität) kann eine Dispensation erteilt werden. Entsprechend den finanziellen Verhältnissen wird dann aber eine Ersatzabgabe erhoben.

Freiwillige Einsätze sind für Erwachsene im Erwerbsalter und für Rentner vorzusehen. Sie können in zwei Formen erfolgen:

- als Dienste in den verschiedenen Bereichen;
- als Leitung oder Unterstützung von Ausbildungskursen für die jugendlichen Teilnehmer.

Der obligatorische Gemeinschaftsdienst beginnt mit einem Einführungskurs in die spezifische Arbeit. Weitere fachübergreifende Kurse, welche schwergewichtig der Stärkung der sozialen und kommunikativen Kompetenzen dienen, bilden einen integralen Bestandteil der Dienstpflicht. Die Kurse werden im Allgemeinen von Fachpersonen der jeweiligen Institution oder Organisation oder gegebenenfalls von freiwilligen Kursleitern und Kursleiterinnen angeboten. Im Bereich der begleitenden fachübergreifenden Bildung und Ausbildung ist zu denken an Kurse wie Erste Hilfe, Umgangsformen und Gesprächsführung, vertrauensförderndes soziales Verhalten, Konfliktmanagement, Arbeitstechniken, Präsentation, Projektmanagement sowie Kurse handwerklicher und musisch-künstlerischer Art. Denkbar sind auch Kurse zur Verbesserung der informationstechnologischen Kompetenz, welche von dienstleistenden Jugendlichen an ihre Altersgenossen erteilt werden.

Die Verpflegung übernimmt die jeweilige Organisation bzw. Institution, bei welcher man den Dienst leistet; in allen anderen Fällen wird Spesenersatz geleistet. Die Dienstleistenden übernachten zu Hause, allenfalls bei der jeweiligen Organisation bzw. Institution oder in speziellen Unterkünften.

Der absolvierte Gemeinschaftsdienst und besuchte Kurse sowie die Mithilfe bei der Konzeption und Durchführung der Leitung von Kursen werden in einem Ausbildungsdokument aufgeführt. Es dient zum Nachweis von Zusatzqualifikationen auf dem Arbeitsmarkt.

Für den freiwilligen Gemeinschaftsdienst sind folgende Rahmenbedingungen zu schaffen:

- keine Nachteile bei der Altersvorsorge;
- Entschädigung für noch nicht pensionierte Personen aus der Erwerbsersatzversicherung;
- Spesenersatz für Auslagen.

Arbeitslose und Ausgesteuerte sowie Asylsuchende können in den Gemeinschaftsdienst integriert werden. Die Arbeitslosen werden aus der Arbeitslosenversicherung, Ausgesteuerte werden aus der Fürsorge entschädigt.

✶

Alle diese Vorschläge sind als Diskussionsgrundlage gedacht. Sie müssen den unterschiedlichen Bedingungen in den verschiedenen Ländern angepasst werden. Entscheidend ist, dass der Gemeinschaftsdienst so organisiert wird, dass er für die Beteiligten nicht nur dadurch einen Wert hat, dass sie später oder bei einer anderen Gelegenheit zu dessen Nutznießer werden, sondern dass er einen unmittelbaren und einsehbaren Eigenwert besitzt.

III.7 Das Subsidiaritätsprinzip im Umweltschutz

Bisher haben wir konkrete Maßnahmen zur Umsetzung des Nachhaltigkeitspostulats erörtert. Deren Einführung und Ausgestaltung ist Gegenstand der politischen Willensbildung. Es muss daher nicht nur das Ergebnis, sondern auch das Verfahren der politischen Entscheidungsfindung daraufhin überprüft werden, ob es den Anforderungen einer nachhaltigen Wirtschaftsweise entspricht.

Gemäß dem Subsidiaritätsprinzip sollte in staatlichen Gebilden, die durch mehrstufige Entscheidungsebenen geprägt sind, die Kompetenzverteilung so geregelt werden, dass die Entscheidungen möglichst sachgerecht ausfallen. Dies betrifft die Kompetenzverteilung vor allem in föderativen Staaten wie auch die Aufteilung der Kompetenzen in der Europäischen Union zwischen der Gemeinschaft und den Mitgliedstaaten. In der Europäischen Union ist das Subsidiaritätsprinzip sogar ausdrücklich als Grundsatz festgeschrieben.

Insbesondere stellt sich die Frage, wie die Kompetenzen zur Regelung des Umweltschutzes und der nachhaltigen Entwicklung so aufgeteilt werden können, dass den entsprechenden Anliegen Priorität eingeräumt wird. Dazu gehören neben den Vorschriften für Produkte und Produktionsanlagen auch der Natur- und Landschaftsschutz, der Artenschutz, der quantitative Gewässerschutz und der Lärmschutz, und somit neben den Umweltschutzmaßnahmen im engeren Sinne auch die Maßnahmen im Bereich der Raumordnung und der Verkehrsplanung. Will man die ökologischen Anliegen zur Geltung kommen lassen, so müssen den Nutznießern des Umweltschutzes stärkere Mitspracherechte zuerkannt werden.

Bedeutet dies nun eine möglichst große Dezentralisierung oder eine möglichst große Zentralisierung der Entscheidungsbefugnisse? Diese Frage kann nicht einheitlich beantwortet werden. Vielmehr ist hier, einmal mehr, zu differenzieren.

Die grundsätzliche Problematik liegt in der räumlichen Dimension der Umweltprobleme und in der Tatsache, dass bei Umweltfragen Nutznießer und Geschädigte ökonomischer Tätigkeiten und der damit verbundenen Umweltbeanspruchung geografisch unterschiedlich verteilt sind. Dabei sind zwei Möglichkeiten zu unterscheiden.

Erste Möglichkeit: Die ökonomischen Nutznießer der Umweltbeanspruchung sind mehr oder weniger lokal bzw. regional konzentriert, die Geschädigten hingegen sind relativ weit verstreut. Dies betrifft z. B. die Herstellung von Produkten, die nicht bei der Produktion, sondern erst beim Konsum Abfälle erzeugen, welche die Umwelt gefährden. Es werden an Ort und Stelle Arbeitsplätze geschaffen, die Böden werden aufgewertet, es entstehen lokal neue Gewinnchancen. Demgegenüber sind die Schäden weit verteilt und fallen überregional an: Verschmutzung der Flüsse, Bodenerosion, Entstehung von Großrisiken, Klimaveränderung und so weiter. Das heißt: Die lokalen Anwohner haben einen großen wirtschaftlichen Vorteil an der Nutzung der Umwelt und nur einen kleinen Anteil an den Umweltschäden.

Zweite Möglichkeit: Die ökonomischen Nutznießer der Umweltbeanspruchung sind weit verstreut, aber die Geschädigten sind lokal konzentriert. Solche lokalen Schäden sind z. B. Lärm und Luftverschmutzung in der Nähe von Autobahnen und Flugplätzen, Gesundheitsrisiken in der Nähe von Abfalldeponien, Atommülllagern und Sondermüllverbrennungsanlagen. Der Vorteil solcher Bauten und Anlagen kommt hingegen vielen zugute. Die Autofahrer aus aller Welt freuen sich an der raschen Durchfahrt, und die Erzeuger von Abfällen können weiterhin gut schlafen, denn es gilt: Aus den Augen, aus dem Sinn. Zwar können auch die Nachbarn solcher Bauten und Anlagen in einem gewissen Ausmaß von ihnen profitieren, aber die Umweltschäden überragen bei ihnen in der Regel die Vorteile.

Es liegt nun auf der Hand, dass der Umweltschutz umso stärkeres Gewicht hat, je mehr beim Entscheidungsmechanismus die von den Umweltschäden Betroffenen bzw. an der Umwelterhaltung Interessierten bei den Entscheidungen mitwirken können.

Das bedeutet, dass die Umweltpolitik im ersten Fall an Bedeutung gewinnt, wenn, je nach dem Radius der Ausbreitung der Umweltschäden, Entscheidungen auf höherer Ebene getroffen werden. Im zweiten Fall kommt es hingegen gerade darauf an, dass im Rahmen regionaler Regelungen den Anwohnern eines durch Umweltschäden gefährdeten Ortes oder einer durch Umweltschäden gefährdeten Region Entscheidungs- bzw. Mitentscheidungsrechte zugestanden werden bzw. dass sie solche Rechte behalten. Wir sehen: Subsidiarität kann sowohl eine Delegation der Entscheidungen nach unten als auch nach oben bedeuten, wenn man von den Menschen ausgeht, die durch die Umweltschäden betroffen werden.

Konkret heißt dies im Sinne des Subsidiaritätsprinzips:

– Bei Fragen des Naturschutzes, des Landschaftsschutzes und des Artenschutzes ist es für die Durchsetzung von Umweltanliegen wichtig, dass nicht nur lokal entschieden wird, sondern dass überregionale Instanzen schließlich die Entscheidungsbefugnis haben. Im Bereich des Artenschutzes geht es vor allem darum, seltene Tiere und Pflanzen zu schützen. Was selten ist, entscheidet sich aber nur überregional. Ein extremes Beispiel: Edelweiß kommt an den Standorten, wo es vorkommt, oft in großen Mengen vor. Aber diese Standorte sind sehr selten. Nur überregionale Instanzen können daher überhaupt eine solche Seltenheit wahrnehmen. Oder: Die Einzigartigkeit von Moorlandschaften hat auf lokaler Ebene geringere Bedeutung gegenüber den Nutzungsinteressen; die Schutzinteressen kommen erst auf überregionaler Ebene wirklich zur Geltung. Deswegen sollten z. B. die Maßnahmen, welche den Biotop- und Artenschutz betreffen, überregional geregelt werden. – Ebenso sind Entscheidungen über den Klimaschutz, der a priori universellen Charakter hat, der globalen Ebene zuzuordnen.

- Bei allen Baufragen hingegen – Straßen oder Anlagen betreffend – ist es umgekehrt. Für die Durchsetzung von Umweltanliegen ist es notwendig, dass die Anwohner, möglichst über direktdemokratische Mitwirkung, mindestens aber über Einspracheverfahren bzw. Verbandsklagen, ein Entscheidungs- oder Mitentscheidungsrecht behalten bzw. erhalten. Dies betrifft z. B. das Mitentscheidungsrecht bei Straßenbauten mit überregionalem Charakter, insbesondere Autobahnen, da die mit der Straße verbundenen Schäden (Lärm, Abgase, Verunstaltung der Landschaft) die Anwohner belasten, ohne dass sie einen wesentlichen ökonomischen Vorteil davon haben. Das Gleiche gilt für Bauten, die der Abfallbeseitigung dienen, wie Mülldeponien, Atommüllkavernen, Sondermüllverbrennungsanlagen. Die Anwohner wehren sich dagegen, weil sie Gesundheitsrisiken und andere Belastungen befürchten. Um solche Mitspracherechte beizubehalten oder verwirklichen zu können, müssen regionale Kompetenzen den Vorrang haben, weil hier das Mitspracherecht eher gesichert ist.

Allgemein lässt sich sagen: Das Engagement für den Umweltschutz hängt eng zusammen mit ökologischer Interessiertheit bzw. ökologischer Betroffenheit. Diese steht wieder in Zusammenhang mit der räumlichen Struktur der Umweltprobleme.

Die heutige Ordnung der räumlichen Kompetenzstaffelung ist so beschaffen, dass vielfach die ökonomischen Gesichtspunkte den Ausschlag geben bzw. dass angestrebt wird, diese noch stärker zum Zuge kommen zu lassen. Es gilt daher, im Interesse der Umwelt überall dort, wo es um die lokale Betroffenheit geht, an Entscheidungskompetenzen auf der unteren

Ebene festzuhalten bzw. solche Kompetenzen neu zu schaffen. Dort hingegen, wo die Umweltschäden vor allem global fühlbar werden, sind Kompetenzen auf höhere Ebenen zu übertragen.

III.8 Ein Ökologischer Rat als Vertreter der Interessen künftiger Generationen

(mit CLAUS WEPLER)

Die Vorschläge im vorigen Kapitel hatten zum Ziel, denjenigen Menschen ein politisches Mitspracherecht zu geben, die durch die wirtschaftliche Tätigkeit anderer geschädigt werden. Es geht aber nicht nur um das räumliche Auseinanderfallen von Kosten und Nutzen, das durch das Subsidiaritätsprinzip ausgeglichen werden kann. Neben der räumlichen Dimension ist auch die zeitliche zu berücksichtigen. Um diese soll es im Folgenden gehen.

Die Mitglieder von Legislative und Exekutive sind an kurze zeitliche Horizonte gebunden: einmal, da sie sich zur Sicherung von politischer Unterstützung an das Interessenkalkül der einflussreichen, gut organisierten Sonderinteressen anpassen, zum Zweiten, weil ihre Aktivität meist an kurze Wahlperioden gebunden ist. Diese Kurzsichtigkeit des politischen Systems wird verstärkt durch ein ebenso kurzsichtiges Verhalten auf der individuellen Ebene der Wahlbürger. So kann man davon ausgehen, dass ein Individuum, das in die Zukunft hineinreichende Entscheide zu treffen hat, die dabei relevanten Kosten- und Nutzenfaktoren umso geringer bewerten wird, je weiter sie in der Zukunft anfallen.[1] Dieses als Myopie bezeichnete Verhalten führt dazu, dass eigene Vorteile eher in der Gegenwart gesucht bzw. nur dann in die Zukunft verschoben werden, wenn künftige eigene Gewinne als sehr wahrscheinlich angesehen werden. Wähler neigen somit zu einer gegenwartsbezogenen Politikbeurteilung. Sie orientieren sich dabei vor allem an Maßnahmen, »die sich unmittelbar und merklich auf individuelle Lebensbereiche auswirken«[2], also besonders auf die Sicherung und den Zuwachs des persönlichen Einkommens. So entsteht die Tendenz, bei gesellschaftlichen Entscheiden, die die Wohlfahrt oder die Verfügungsrechte kommender Generationen betreffen, deren künftigen Nutzen – z. B. aus der Existenz einer intakten Natur – systematisch zu gering zu achten.

Die zeitliche Reichweite der ökologischen Problematik lässt somit, wie bereits Hans Jonas festgehalten hat, grundsätzliche »Zweifel« aufkommen »an der Zulänglichkeit repräsentativer Regierung, ... den neuen Anforderungen gerecht zu werden. Denn [ihren] Grundsätzen und Verfahren gemäß bringen sich nur *gegenwärtige* Interessen zu Gehör und ... erzwingen Berücksichtigung. Ihnen sind öffentliche Autoritäten Rechenschaft schuldig, und dies ist die Art und Weise, wie die Respektierung von Rechten konkret zustande kommt. ... Die *Zukunft* aber ist in keinem Gremium vertreten; sie ist keine Kraft, die ihr Gewicht in die Waagschale werfen kann. Die Nichtexistente hat keine Lobby, und die Ungeborenen sind machtlos. Somit hat die ihnen geschuldete Rechenschaft vorerst keine politische Realität im gegenwärtigen Entscheidungsprozess hinter sich, und wenn sie sie einfordern können, sind wir, die Schuldigen, nicht mehr da«.[3] Das durch das Übergewicht heutiger Interessen verzerrte Ergebnis des politischen Prozesses ist damit, wie Vittorio Hösle hervorhebt, als undemokratisch zu qualifizieren: »Das klassische Argument für die Demokratie ... lautete bekanntlich, diejenigen Menschen, die von einer Entscheidung betroffen seien, müssten diese Entscheidung selbst fällen; nur so sei langfristig zu verhindern, dass ihre legitimen Interessen unterdrückt würden. An dem Argument selbst ist nicht zu rütteln, nur folgt aus ihm, dass die gegenwärtige Form der Demokratie nicht legitim ist ... Illegitim sind unsere Entscheidungen nicht an sich, sondern weil es keine prozeduralen Mechanismen gibt, die die Berücksichtigung der Interessen der von diesen Entscheidungen Betroffenen garantieren.«[4]

Nimmt man diesen Befund ernst, so stellt sich zwingend die Frage, wie das geltende politische System verändert oder ergänzt werden kann, um die Anerkennung der legitimen Interessen der Zukunft sicherzustellen. Wie können die »prozeduralen Mechanismen« beschaffen sein, die eine institutionelle Garantie der Rechte der kommenden Generationen geben? Jonas verweist auf einen gangbaren Weg, wenn er zur politischen Durchsetzung des Prinzips Verantwortung »die alte Frage [erhebt] nach der Macht der Weisen oder nach der Kraft der Ideen im politischen Körper, wenn sie nicht mit Selbstsucht verbündet sind«.[5] Gesucht wird der *Treuhänder*, der unabhängig von kurzfristigen Interessen die Anliegen der Zukünftigen vertritt und als Gegengewicht gegen die dominierenden Partikularinteressen der Gegenwart agieren kann.

Dabei ist selbstverständlich keine wirkliche Stellvertretung der noch nicht Geborenen möglich. Man kann aber davon ausgehen, dass sie ein Interesse an einer menschenwürdigen Existenz haben und dass es deswegen gilt, die Wirtschafts- und Lebensgrundlagen als deren Voraussetzungen zu erhalten. Es ist dafür zu sorgen, dass das politische Entscheidungssystem nicht der Myopie der gegenwärtigen Generationen unterstellt bleibt.

Ein Ökologischer Rat als Institution nachhaltiger Wirtschafts- und Umweltpolitik

Aus den bisherigen Überlegungen geht hervor, dass der Übergang zu einer nachhaltigen Wirtschaftsweise nicht nur eine Änderung der Rahmenbedingungen der Wirtschaft erfordert, sondern auch eine institutionelle Reform: der Durchsetzung der langfristigen Interessen im Sinne der Aufrechterhaltung der Wirtschafts- und Lebensgrundlagen muss eine größere Chance gegeben werden. Das bedeutet, dass in den demokratischen Entscheidungsprozess eine zusätzliche Institution eingeführt werden muss, die eine treuhänderische Vertretung der Interessen künftiger Generationen an der Erhaltung von Natur und Umwelt wahrnehmen kann.

Eine solche Institution könnte ein Ökologischer Rat sein, der aus anerkannten Fachleuten in ökologischen Fragen aus dem Bereich der Wissenschaft besteht.[6] Seine Einführung drängt sich sowohl auf europäischer wie auf nationaler oder regionaler Ebene auf, d.h. überall dort, wo der politische Entscheidungsprozess nach den Regeln der repräsentativen Demokratie organisiert ist. Die besondere Berücksichtigung von Wissenschaftlern bei der Besetzung des Ökologischen Rats ist durch die Komplexität der ökologischen Zusammenhänge gerechtfertigt, die sich nur mit Hilfe naturwissenschaftlicher und gesellschaftswissenschaftlicher Erkenntnisse und Methoden erfassen und adäquat beurteilen lassen. Die Wissenschaft hat deswegen heute, ob sie will oder nicht, für die langfristige Erhaltung der Lebens- und Wirtschaftsgrundlagen eine politische Verantwortung. Diese ist deutlich zu machen und in die staatlichen Entscheidungsmechanismen einzubeziehen.

Die Beteiligung der Wissenschaft an den politischen Entscheidungsprozessen erfolgt bis heute vor allem im Rahmen von Gutachteraufträgen. Diese sind jedoch oft interessengebunden und haben sporadischen Charakter. Die wissenschaftliche Beratung in dieser Form reicht daher nicht aus, um das Gewicht, das der Wissenschaft gebührt, so zur Geltung zu bringen, dass die *allgemeinen* Interessen *systematisch* wahrgenommen werden. Der vorgeschlagene Ökologische Rat ist ein Ort, wo die Wissenschaft autonom, in eigener Verantwortung, ihre Kompetenz zur Bewahrung der natürlichen Grundlagen ausüben kann.

Wesentlich ist, dass der Ökologische Rat als Bestandteil des demokratischen Systems institutionalisiert wird und seine Legitimation auch von diesem erhält. Insofern sind die Bestimmungen über die Auswahl der Mitglieder des Ökologischen Rats und über die Verfahren zu ihrer Wahl von großer Bedeutung für seine Legitimation: diese ergibt sich einerseits aus der wissenschaftlichen Kompetenz der Ratsmitglieder, andererseits aus der

Wahl durch das oberste Organ der repräsentativen Demokratie, das Parlament. Der Ökologische Rat ist dann ein demokratisches Organ im ursprünglichen Sinne, weil er dazu verhilft, dass die von gesellschaftlichen Entscheiden betroffenen Menschen – der zukünftigen *und* der heutigen Generation – an diesen Entscheidungen partizipieren können. Im Einzelnen ließe sich der Ökologische Rat in folgender Weise konkretisieren:

- Der Ökologische Rat besteht aus insgesamt 24 Sachverständigen in ökologischen Fragen, die durch ihre wissenschaftliche Leistung und anerkannte Reputation ausgewiesen sind. Dabei sind die verschiedenen naturwissenschaftlichen und sozialwissenschaftlichen Disziplinen gleichermaßen zu berücksichtigen. Um die Unabhängigkeit der Mitglieder zu sichern, sollten sie für sieben Jahre gewählt werden, wobei eine Wiederwahl ausgeschlossen ist. Die Ratsmitglieder haben dann kein Interesse daran, mit ihren Beschlüssen eine erneute Amtsperiode zu sichern. Die Wahl des Ökologischen Rats erfolgt durch das Parlament, wobei zwölf Mitglieder aufgrund von Vorschlägen offiziell anerkannter Umweltverbände, die restlichen zwölf Mitglieder aufgrund von Vorschlägen der Parlamentsfraktionen gewählt werden. Die Anzahl der von den einzelnen Fraktionen vorzuschlagenden Kandidaten richtet sich nach der jeweiligen Fraktionsstärke im Parlament.
- Die Kompetenzen des Ökologischen Rates müssen einerseits genügend groß sein, um die Beachtung ökologischer Erfordernisse zu einer selbstverständlichen Voraussetzung der politischen Entscheidungsfindung zu machen. Das repräsentativ-demokratische System darf aber andererseits nicht in Frage gestellt werden. Daher muss der endgültige politische Entscheid in jedem Fall dem Parlament vorbehalten werden. Unter diesen Bedingungen könnte der Ökologische Rat mit folgenden Befugnissen ausgestattet werden:

- Der Ökologische Rat kann jederzeit zuhanden der Öffentlichkeit bestimmte, den Erhalt von Natur und Umwelt betreffende Themen und Vorschläge zur Diskussion stellen. Er kann solche Vorschläge aber auch der Regierung unterbreiten, die dazu Stellung nehmen muss.
- Bei allen Gesetzes- und Budgetvorlagen hat der Ökologische Rat das Recht zur Stellungnahme und zu Änderungsvorschlägen. Er muss in den Kommissionen und Ausschüssen sowie im Plenum des Parlaments angehört werden, wenn er darum ersucht. Entscheidet der Ökologische Rat mit Zweidrittelmehrheit gegen eine Vorlage, so kann diese erst nach einer bestimmten Frist und nach erneuter Beratung in den Kommissionen wieder auf die Tagesordnung des Plenums gesetzt werden.
- Um die Berücksichtigung ökologischer Belange auch im nachgeordneten Verwaltungsverfahren sicherzustellen, sollte der Erlass von Verordnungen in (näher zu definierenden) besonders umweltrelevanten Bereichen von der Zustimmung des Ökologischen Rats abhängig gemacht werden. Dies trägt der Tatsache Rechnung, dass heute bei der Realisierung von Umweltschutzmaßnahmen den Verordnungen zur Ausführung von Umweltgesetzen eine entscheidende Rolle zukommt, wobei die Verbände der Wirtschaft systematisch beteiligt werden und deswegen einen großen Spielraum zur Einflussnahme haben. Zur Wahrnehmung der Umweltanliegen könnte hier der Ökologische Rat ein Gegenwicht bilden.

Neben seiner Rolle als Katalysator von allgemeinen Umweltinteressen und als politisches Kontrollorgan hätte der Ökologische Rat natürlich auch eine im üblichen Sinne beratende Funktion. Er könnte sowohl von der Regierung als auch vom Parlament aufgefordert werden, Stellungnahmen zu spezifischen Sachfragen abzugeben. Wahrnehmen kann er diese Funktion allerdings nur dann, wenn er von seinen Kapazitäten her dazu in der Lage ist. Der Ökologische Rat muss mit einer Infrastruktur ausgestattet werden, die es ihm erlaubt, seine Aufgaben zu erfüllen und im politischen System als Wegbereiter einer nachhaltigen Entwicklung zu dienen.

Wirtschaftliches Wachstum – Fortschritt oder Raubbau?

Antrittsvorlesung 1969 an der Hochschule St. Gallen, heute Universität St. Gallen (HSG)

Unter wirtschaftlichem Wachstum versteht man im Allgemeinen die Erhöhung des sogenannten realen Volkseinkommens oder des Sozialprodukts. Man muss von einem *sogenannten* realen Volkseinkommen sprechen, weil der Gesamtumfang der real zur Verfügung stehenden Güter und Dienstleistungen beziehungsweise die Größe der Wachstumsrate nicht direkt gemessen werden kann, sondern aus der Wachstumsrate des nominalen, das heißt in Geldwerten gemessenen Volkseinkommens errechnet werden muss. Da in der Steigerung des nominalen Volkseinkommens die Preissteigerung mit enthalten ist, kann man nach allgemeiner Auffassung die Wachstumsrate des realen Volkseinkommens dadurch erhalten, dass man die Erhöhung des nominalen Volkseinkommens durch die Erhöhung des Preisniveaus dividiert oder – wie man auch sagt – das nominale Volkseinkommen mit dem Preisindex deflationiert. Ob man aber dadurch wirklich den Gesamtumfang der uns zur Verfügung stehenden Güter und Dienstleistungen bzw. dessen Wachstumsrate und durch Umrechnung auf den Kopf der Bevölkerung die effektive Erhöhung des Wohlstands bzw. der Lebensqualität des Wohlstandes errechnen kann, ist nicht ausgemacht und verpflichtet uns, vom *sogenannten* realen Volkseinkommen zu sprechen.

Wachstumsrate und Lebensstandard

Seit dem Zweiten Weltkrieg wächst in Westeuropa dieses sogenannte reale Volkseinkommen jährlich um etwa vier bis viereinhalb Prozent und pro Kopf der Bevölkerung etwa um drei Prozent. Was bedeutet nun diese Wachstumsrate? Was verändert sich eigentlich, wenn die Wirtschaft *wächst*? Insbesondere: Handelt es sich dabei in jeder Hinsicht nur um ein *Mehr*, also um einen Fortschritt, oder handelt es sich um ein *Weniger*, also letzten Endes um einen Raubbau am bereits Vorhandenen? Um diese Frage zu präzisieren, wollen wir zuerst die Begriffe *Fortschritt* und *Raubbau* definieren, wobei wir einfach den *Brockhaus* zu Hilfe nehmen können. Der *Brockhaus* versteht unter Fortschritt »die Aufeinanderfolge von Formen oder Zuständen in dem Sinne, dass die zeitlich späteren zugleich die wertmäßig höheren sind«; das wäre in Bezug auf die Wirtschaft eine lang andauernde Verbesserung der Lebensqualität, die geradlinig in die Zukunft führt. Raubbau bedeutet hingegen – immer nach dem *Brockhaus* – »eine Wirtschaftsführung, die einen möglichst hohen Ertrag anstrebt, ohne auf die Erhaltung der Erzeugungsgrundlagen Rücksicht zu nehmen«, also – wie wir hinzufügen können – eine Wirtschaftsführung, die auf die Dauer wieder zu einer Verminderung des Ertrages, das heißt, auf das Ganze gesehen, wieder zu einer Senkung der Lebensqualität führen muss.

Wenn wir also fragen, ob es sich beim wirtschaftlichen Wachstum um Fortschritt oder Raubbau handle, so fragen wir, ob die Lebensqualität immer parallel zur Wachstumsrate ansteigen wird oder ob wir heute auf Kosten der Zukunft leben, sei es, dass sich das sogenannte reale Volkseinkommen wieder zurückbilden oder aber die Änderung der Lebensqualität immer mehr von der Wachstumsrate des Volkseinkommens abweichen wird. Mit anderen Worten: Handelt es sich beim wirtschaftlichen Wachstum um eine Gewinngröße, bei welcher der Aufwand bereits abgezogen ist, um einen Nettoertrag also, oder handelt es sich um eine Bruttoertragsgröße, von welcher der Aufwand ganz oder teilweise noch abgezogen werden muss, wenn man den Gewinn beziehungsweise den Nettoertrag – die Erhöhung der Lebensqualität – errechnen will?

Im letzteren Fall würde sich die Frage stellen, ob der Aufwand nicht den Ertrag schließlich übersteigen, den Gewinn in Verlust verwandeln könnte, so dass anstelle des Fortschritts der Raubbau dominieren würde. Handelt es sich also sozusagen um ein eindimensionales Problem, bei dem nur die eine Größe, die Gewinngröße errechnet werden muss, die dann zu maximieren ist, oder um ein zweidimensionales Problem, bei dem Ertrags- und Aufwandsgröße gegenübergestellt werden müssen, so dass nicht eine Maximal-, sondern eine Optimallösung zu suchen ist?

Saint-Simon und das Goldene Zeitalter

Eine erste Antwort ergibt sich, wenn man die tatsächliche Entwicklung betrachtet. Wirtschaftliches Wachstum haben wir im Grunde seit Beginn der Menschheit, insbesondere seit der sogenannten neolithischen Revolution, als der Mensch sich nicht mehr damit begnügte, zu jagen und zu sammeln, und begann, Landwirtschaft zu betreiben. Aber früher ging das Wachstum so langsam vor sich, dass es als solches kaum in Erscheinung trat. Erst die technische und monetäre Revolution des 18. Jahrhunderts und die darauf aufbauende industrielle Revolution des 19. und 20. Jahrhunderts haben es in einer Weise beschleunigt, dass es als dominierendes Phänomen hervortritt. Am Anfang dieses steilen Aufstiegs fiel vor allem der mit dem Wachstum verbundene Ertrag ins Auge, während allfällige negative Begleiterscheinungen kaum beachtet wurden; die Idee des Fortschritts dominierte.

1814 schrieb Henri de Saint-Simon, einer der sogenannten Frühsozialisten, den berühmt gewordenen Satz vom Goldenen Zeitalter:

> Die Phantasie der Dichter hat das Goldene Zeitalter in die Kindheit des Menschengeschlechts verlegt, in die frühe Zeit der Unwissenheit und Rohheit. Dorthin sollte vielmehr das eiserne Zeitalter verwiesen werden. Das Goldene Zeitalter des Menschengeschlechts liegt nicht hinter uns, es liegt vor uns: Es liegt in der Vervollkommnung der gesellschaftlichen Ordnung. Unsere Väter haben es nicht erblickt, unsere Kinder aber werden eines Tages dorthin gelangen; an uns ist es, ihnen den Weg zu bahnen.[1]

Das Losungswort, mit dem das Tor zum Goldenen Zeitalter aufgeschlossen werden sollte, hieß: *l'industrie* – die Arbeit, welche den Menschen zum Herrn der Natur macht, die Produktion, zuerst mit menschlicher Arbeitskraft und Werkzeugen, dann aber vor allem die Produktion mit technischer Energie und Maschinen. Man kann sich heute, da wir uns an die immer schneller voranschreitende Entwicklung gewöhnt haben, kaum vorstellen, welche Begeisterung damals dieses Losungswort entfachte.

Ich stelle nun die Frage: Haben wir dieses Goldene Zeitalter in Westeuropa und allen entwickelten Ländern nicht weitgehend erreicht? Haben wir nicht alle die Nöte und Leiden, unter denen die Menschen seit der Vertreibung Adams und Evas aus dem Paradies gelitten haben, zum großen Teil überwunden – den Hunger, das Frieren, die Pest, die Unterdrückung –, und haben wir nicht den Schweiß, mit dem man sein Brot essen soll, aus dem Angesicht gewischt? Nie in der Menschheitsgeschichte konnte man sich, mindestens in den industrialisierten Ländern, so reichlich ernähren, sich so gut kleiden und so bequem wohnen, nie war die ärztliche Betreuung so groß und die Lebenserwartung so hoch, noch nie hatte man so viel Bewegungsfreiheit, und noch nie musste man so wenig gehorchen, während die Möglichkeiten, seine Fähigkeiten zur Geltung kommen zu lassen und schöpferische Kräfte zu entfalten, noch nie so groß waren wie heute.

Ich glaube, wir müssen zugeben, dass wir in Westeuropa in dieser Hinsicht tatsächlich nahe an das Goldene Zeitalter herangekommen sind, das Saint-Simon prophezeite. Noch sind zwar in zweierlei Hinsicht wesentliche Fortschritte anzustreben, um die Leiden der Menschen zu vermindern: die Schaffung einer internationalen Ordnung, welche die Entstehung von Kriegen verhindert, wozu auch die Wachstumsförderung der übrigen Teile der Welt gehört, und eine weitere Entwicklung der medizinischen Kunst mit dem Ziel, den Tod bis an die natürliche Altersgrenze hinauszuschieben. In beiderlei Hinsicht sind aber mindestens Aussichten für einen Erfolg vorhanden, so dass wir bald auch in Bezug auf diese Probleme an einem Kulminationspunkt angelangt sein könnten, während er in anderer Hinsicht praktisch schon erreicht ist. Viele neue Erfindungen tragen ja bereits heute nur noch wenig zum Wohlbefinden bei und werden eigentlich mehr nur um ihrer selbst willen – als L'art pour l'art oder als Spielereien – betrieben. Ihr Grenznutzen ist bereits sehr niedrig geworden.

Der Preis der technischen Zivilisation

Wenn wir also in dieser Hinsicht feststellen, dass – so groß noch die Möglichkeiten neuer Erfindungen theoretisch und praktisch auch sind – im Grunde »uns nicht mehr viel zu tun noch übrig bleibt«, um mit Hilfe technischer Mittel das Glück zu verwirklichen, so stellen wir gleichzeitig fest, dass sich neue Probleme auftun und immer größer werden, die verhindern, dass wir überhaupt je einen absoluten Kulminationspunkt erreichen, das heißt das Paradies auf Erden verwirklichen können. Ja, es besteht die Gefahr, dass wir den Kulminationspunkt des Glücks schon bald wieder hinter uns lassen müssen. Diese Überlegung drängt sich deswegen auf, weil die Probleme, die mit der Technisierung und Industrialisierung des Lebens zusammenhängen, immer größer werden. Sie wurden schon im 19. Jahrhundert, vor allem in dessen zweiter Hälfte, von den Kultur- oder Zivilisationskritikern diagnostiziert. Ihre Kritik wurde jedoch durch die zwei Weltkriege in den Hintergrund gedrängt. Erst mit der neuen Industrialisierungswelle nach dem Zweiten Weltkrieg wurde sie wieder aktuell.

Tatsächlich kommt man heute nicht mehr darum herum festzustellen, dass das wirtschaftliche Wachstum einen Aufwand erfordert, über den man sich bisher noch zu wenig Rechenschaft abgelegt hat. Ich nenne nur die bekannten Phänomene Wasserverschmutzung, die Verunreinigung der Luft, das unbewältigte Problem der Abfallbeseitigung, den Lärm, von dem bereits der 1910 verstorbene Bakterienforscher Robert Koch sagte: »Man wird dereinst den Lärm bekämpfen müssen wie heute die Pocken und die Cholera«, die Verbarrikadierung der Landschaft, die zunehmende Hässlichkeit oder – um mit Alexander Mitscherlich zu sprechen – »die Unwirtlichkeit« unserer Städte, die künstliche Steigerung des Glücksgefühls durch Narkotika und Pillen und die dadurch hervorgerufenen gesundheitlichen Schädigungen, die Entfremdung des Menschen von seiner Arbeit, das Nachlassen der Dienstleistungen aller Art, die mit der Kommerzialisierung der Kunst verbundene Minderung ihres Niveaus, schließlich die allgemeine Isolierung des Menschen, die auf die Dauer pathologische Erscheinungen hervorrufen muss. Es geht also beim Raubbau nicht nur um eine drohende Vernichtung unserer Produktionsgrundlagen, sondern auch um eine Störung unserer psychischen Grundstruktur.

Eine Lücke in der Wachstumstheorie

Handelt es sich nun aber bei den von vielen Kulturkritikern beschworenen Vorstellungen des Raubbaus – das ist die entscheidende Frage – nur um Vorstellungen frustrierter Ästheten und schockierter Wasserbiologen oder aber um ein Problem, mit dem sich ein Nationalökonom befassen muss? Handelt es sich also bei dem Raubbau, wie wir ihn eben beschrieben haben, um ein Randproblem, dessen Lösung wir getrost den technischen Wissenschaften und allenfalls der Psychologie überlassen können, oder um eine dem wirtschaftlichen Wachstum immanente Erscheinung? Um dies zu ergründen, müssen wir die einzelnen Faktoren, auf denen das Wachstum beruht, daraufhin untersuchen, inwieweit sie selber dem Gesetz des Fortschritts beziehungsweise dem Gesetz des Raubbaus unterworfen sind.

Wenn wir die herrschende Wachstumstheorie daraufhin befragen, können wir feststellen, dass sie das Problem des Raubbaus nicht kennt. Dies wird deutlich, wenn wir die einzelnen Faktoren der volkswirtschaftlichen Produktionsfunktion, die der herrschenden Wachstumstheorie zugrunde liegt, untersuchen. Diese Produktionsfunktion lautet: Das Sozialprodukt, d.h. das sogenannte reale Volkseinkommen, ist abhängig erstens vom Arbeitseinsatz, zweitens vom Kapitaleinsatz und drittens von einer Restgröße, die man als technischen Fortschritt bezeichnet. Dabei stellt man sich vor, dass eine gleichzeitige Erhöhung des Arbeits- und Kapitaleinsatzes um einen bestimmten Prozentsatz zu einer Erhöhung des Sozialproduktes – des sogenannten realen Volkseinkommens – um den gleichen Prozentsatz führt, dass also das Sozialprodukt proportional zum Arbeits- und Kapitaleinsatz wachse. Man spricht von einer linear-homogenen Produktionsfunktion. Alles überproportionale Wachstum wird dann dem als technischer Fortschritt etikettierten dritten Faktor zugeschrieben.

Als eigentlicher Faktor des Wachstums wird also von der Wachstumstheorie die dritte Größe, der technische Fortschritt, bezeichnet. Die Wachstumstheoretiker geben zwar zu, dass dieser dritte Faktor nach Gottfried Bombach »ein Sammelbegriff sei, ein *catch all*, für alles das, was sich jenseits von Arbeit und Kapital nicht im Einzelnen identifizieren lässt«.[2]

Nichtsdestoweniger bleibt man aber bei der Vorstellung, dass der technische Fortschritt bzw. die Forschung der eigentliche Wachstumsfaktor sein müsse, da er der einzige Faktor ist, der keiner Beschränkung unterliegt. Die *matière grise*, der graue Rohstoff, das heißt der menschliche Geist, regeneriert sich ständig und wird im Gebrauch immer leistungsfähiger, ist also als reines Geschenk der Schöpfung zu betrachten, bei dem – vom Ausbildungsaufwand abgesehen – überhaupt kein Aufwand einzusetzen ist, so dass dessen Ertrag von vorneherein einen Nettoertrag darstellt. Es handelt sich – per definitionem – um einen reinen Fortschrittsfaktor.

In dieser volkswirtschaftlichen Produktionsfunktion fehlt jedoch eine *vierte Größe*; es fehlt als explizite Größe der Abbau der uns von der Natur gegebenen Güter beziehungsweise deren allmählicher Einbezug in das reale Volkseinkommen. Es ist ja von vorneherein merkwürdig, dass in der Produktionsfunktion der Wachstumstheorie ein Faktor fehlt, der in den früheren Produktionstheorien eine große Rolle gespielt hat und sogar zeitweise als der einzige relevante Faktor neben der Arbeit angesehen wurde, nämlich der Faktor Boden, den wir als Pars pro Toto, als Teil, der die gesamte Natur repräsentiert, ansehen können. Der heute herrschenden Wachstumstheorie liegt offensichtlich die Auffassung zugrunde, dass bei dem ganzen Wachstumsprozess dieser Rohstoff Natur keine Rolle spielt.

Diese Auffassung ergibt sich aus der Vorstellung, dass dieser Rohstoff nach Beendigung des Schöpfungsprozesses nicht mehr wachse und dass ein Faktor, der nicht wächst, auch nichts zum wirtschaftlichen Wachstum beitragen könne. Das ist jedoch eine Fehlüberlegung. Vielmehr zeigt sich bei genauerer Analyse – und das ist meine Hauptthese –, dass es sich beim Wachstumsprozess in Wirklichkeit weitgehend um einen Substitutionsprozess handelt, nämlich um die Substitution von Größen, die nicht im realen Volkseinkommen bzw. im Sozialprodukt berücksichtigt werden, durch solche, die darin Eingang finden. Der Substitutionsprozess erscheint also nur deshalb als Teil eines realen Wachstumsprozesses, weil das reale Volkseinkommen, mit dem das Wachstum gemessen wird, in Wirklichkeit gar nicht so real ist.

Dieser Substitutionsprozess besteht darin, dass Güter aus dem Vorrat der Natur, die in der Nationalökonomie als *freie Güter* bezeichnet werden, solange sie geldwirtschaftlich noch nicht genutzt sind, mehr und mehr im Produktionsprozess verbraucht werden. Diese freien Güter werden bei der Berechnung des realen Volkseinkommens nicht berücksichtigt, obwohl sie als solche bisher schon in ihrer Naturalform, sei es individuell oder im Kollektivgebrauch, genutzt worden sind und genutzt werden. Das Gleiche gilt bis zu einem gewissen Grad auch für landwirtschaftlich genutzte Güter beziehungsweise Produktionsfaktoren, soweit sie nicht in den Marktwert der landwirtschaftlichen Produktion eingehen.

Kommen wir wieder auf die Frage der Wachstumstheorie zurück, welchem Faktor das überproportionale Wachstum des Sozialprodukts zugeschrieben werden muss, das heißt auf die Frage nach dem Wachstum, das über die Erhöhung des Arbeits- und Kapitaleinsatzes hinausgeht, so lautet die Antwort gemäß der hier vertretenen These: Das überproportionale Wachstum ist nicht allein aus dem technischen Fortschritt, sondern auch aus dem vermehrten Gebrauch des Rohstoffs Natur beziehungsweise des Raubbaus an diesem – nicht vermehrbaren – Vorrat zu erklären. Dies bedeutet aber nichts anderes, als dass der dritte Faktor der volkswirtschaftlichen Produktionsfunktion in zwei getrennte Faktoren – technischer Fortschritt einerseits und Abbau des Rohstoffs Natur beziehungsweise Raubbau an diesem Rohstoff andererseits – zu zerlegen ist.

Die Rolle der Geldschöpfung

Um nun unsere These überprüfen zu können, müssen wir den Weg des wirtschaftlichen Wachstums und insbesondere des beschleunigten Wachstums verfolgen. Es hat seinen Ursprung in der multilateralen Tauschwirtschaft, welche durch die Einführung und Verbreitung des Geldes möglich wird. Die Einführung des Geldes, mit dem man sich beliebige Güter kaufen kann, ermöglicht die Trennung von Produktion und Konsum, aufgrund dieser Trennung die Arbeitsteilung zwischen den Produzenten und aufgrund der Arbeitsteilung die Herstellung immer größerer Massen einheitlicher Produkte an einem Ort, in einem Betrieb, und in diesem Zusammenhang wiederum die Einführung und die Spezialisierung der Maschinen, soweit sie der menschliche Erfindungsgeist schon bereitgestellt hat. Gleichzeitig werden aber immer mehr Produktionsfaktoren aus den Produktionsbereichen, in denen die Trennung von Produktion und Konsum noch nicht oder nur am Rande stattgefunden hat, das heißt aus den sogenannten freien Ressourcen der Natur und aus der Landwirtschaft, in den Industrialisierungsprozess einbezogen.

Auf welche Weise geht dieser Attraktionsprozess vor sich? Er wird durch die Geldschöpfung in Gang gesetzt. Das neu geschaffene Geld fließt auf dem Wege der Kreditgewährung der Industrie und dem Handel zu. Die Geldschöpfung wird dabei durch die Gewinnmöglichkeiten induziert, die sich die Geldschöpfer, d.h. vor allem der Staat und die Banken, und die Geldnehmer, d.h. die Industrieproduzenten und Händler, teilen. Die Geldschöpfung ist für den Industrialisierungsprozess deswegen nötig, weil in einer arbeitsteiligen Wirtschaft der Industrieproduzent die Maschinen bzw. der Händler die Rohstoffe und Waren bereits kaufen und bezahlen muss, bevor sich die Maschinen bezahlt gemacht haben beziehungsweise die Rohstoffe und Waren verkauft worden sind. Aufgrund dieser vorzeitigen Bezahlung gelangt mehr Geld zu den Konsumenten, die auf diese Weise in der Lage sind, insgesamt mehr als früher für die Produkte zu bezahlen. Dies ist eine zwingende Notwendigkeit, wenn der Produktionsprozess in einer arbeitsteiligen Geldwirtschaft – im Gegensatz zur Naturalwirtschaft – aufrechterhalten bzw. gesteigert werden soll. In einer Geldwirtschaft muss ein Gewinn entstehen, d.h., die gesamten Geldeinnahmen müssen höher sein als die gesamten Geldausgaben. Beim Übergang von der Naturalwirtschaft zur Geldwirtschaft steigen aber auf jeden Fall die Geldausgaben, denn der Produzent muss ja nun, um zu produzieren und zu verkaufen, vorher Rohstoffe und gewisse Produktionsmittel bezahlen, während er früher nur das verkaufte, was er mit seiner eigenen Hände Arbeit geschaffen hatte. Wenn aber die Geldausgaben steigen, müssen notgedrungen auch die Geldeinnahmen steigen, damit ein Gewinn erzielt werden kann. Es wird also ein automatischer Prozess in Gang gesetzt, in dem die Kreditaufnahme zu höherem Geldumlauf, der höhere Geldumlauf zu höheren Gewinnen, die höheren Gewinne wieder zu neuen Möglichkeiten der Kreditaufnahme führen. Dabei wird gleichzeitig dank der neuen Kombination der Produktionsfaktoren mit dem technischen Fortschritt innerhalb der Industrie der Realaufwand pro Produktions*einheit* gesenkt. Der gesamte Realaufwand allerdings wird wegen der starken Erweiterung der Produktion vergrößert. Denn mit Technik, das heißt mit Erfindungsgeist allein, kann ja nichts produziert werden, es braucht dazu die natürlichen – die sogenannten freien oder landwirtschaftlich genutzten – Güter, das heißt die Ressourcen, die noch nicht industriell genutzt wurden. Die sogenannten freien Güter wie Wasser, Luft usw. werden aber industriell verwertet, ohne überhaupt in die Kostenkalkulation einzugehen, auch wenn sie volkswirtschaftlich gesehen reale Kosten darstellen. Die agrarisch genutzten Ressourcen wie Boden und Arbeitskräfte werden von der Industrie angezogen, weil diese wegen der höheren Wertschöpfung – dank der im industriellen Prozess möglichen Produktdifferenzierung – in Zusammenhang mit der besseren Ausnutzung des Kapitaleinsatzes höhere Löhne beziehungsweise Bodenpreise zahlen kann.

Die Kostenfunktion der »freien Güter«

Wir sehen also, dass der der Geldwirtschaft immanente Wachstumsmechanismus nicht nur die Einführung neuer Techniken, sondern auch die Überführung von Produktionskräften aus dem Gemeingebrauch beziehungsweise dem landwirtschaftlichen Gebrauch in den geldwirtschaftlichen Gebrauch durch die Industrie bewirkt. Dieser Substitutionsprozess geht auch dann weiter, wenn die sogenannten freien beziehungsweise landwirtschaftlich genutzten Güter knapp werden, d.h. in Wirklichkeit keine freien Güter mehr darstellen. Wenn dieser Prozess sich fortsetzt, muss wegen der Beschränktheit des Rohstoffs Natur schließlich einmal der Nutzenentgang durch Entzug dieser Güter aus der kollektiven bzw. der landwirtschaftlichen Nutzung höher werden als der Wert, der durch diesen Prozess dem Sozialprodukt hinzugeführt wird. Von diesem Moment an muss man konsequenterweise einen Teil des wirtschaftlichen Wachstums und schließlich das wirtschaftliche Wachstum überhaupt als ökonomischen Raubbau bezeichnen. Der Fortschritt zu einem höheren Lebensstandard hört dann auf, obwohl – wie Condorcet in seinem berühmten, 1794 erschienen Buch *Entwurf einer historischen Darstellung der Fortschritte des menschlichen Geistes*, welches man als die Bibel des Fortschritts bezeichnen kann, richtigerweise dartut – »der Vervollkommnung der menschlichen Fähigkeiten keine Grenzen gesetzt sind«. Einer Umsetzung dieser Vervollkommnung des menschlichen Geistes in eine höhere Lebensqualität sind aber aufgrund der Begrenztheit der Natur, zu der auch die menschliche Psyche gehört, sehr wohl Grenzen gesetzt.

Bei dieser Betrachtungsweise ist maßgebend – und damit komme ich auf meinen Ausgangspunkt zurück –, dass dieser Substitutionsvorgang in der Berechnung des Sozialprodukts, das heißt des sogenannten realen Volkseinkommens und damit der Wachstumsrate, nicht oder kaum zum Ausdruck kommt, d.h., dass auch die bloße Substitution von freien oder landwirtschaftlich genutzten Gütern durch Industrieprodukte, weil sich die Industrien dank dem Geldschöpfungsprozess ständig höhere Preise leisten können, als Erhöhung des Sozialprodukts erscheint. Dies ergibt sich daraus, dass der Preisindex, mit dem das nominale Volkseinkommen deflationiert wird, die aus dem Substitutionsvorgang resultierende Preissteigerung nicht oder nicht vollständig wiedergibt, sei es, weil die Güter, welche substituiert werden, gar nicht im Preisindex enthalten sind, sei es, weil die zur Preissteigerung führende vermehrte Nachfrage nach neuen Industrieprodukten in einem Preisindex, der auf dem Vergleich der Preise gleichbleibender Produkte aufbaut, ex definitione nicht berücksichtigt werden kann.

Diese Überlegungen zeigen uns, dass es notwendig war, von einem *sogenannten* realen Volkseinkommen zu sprechen, weil eben dieses reale Volkseinkommen nur einen Teil der real zur Verfügung stehenden Güter und Dienstleistungen ausweist und eine relative Erhöhung des einen Teils auf Kosten des anderen fälschlicherweise für eine absolute Steigerung, also für einen echten Fortschritt ausgibt. So ist es schließlich denkbar, dass die Lebensqualität beziehungsweise der effektive Wohlstand sogar sinkt, während das sogenannte reale Volkseinkommen absolut und pro Kopf der Bevölkerung ansteigt, ja dass sogar die Lebensqualität um so viel mehr sinkt, als die so errechnete Wachstumsrate sich erhöht! Es zeigt sich also, dass eine eindimensionale Betrachtungsweise auf die Dauer zu völlig absurden Ergebnissen führen muss und dass dieser Zeitpunkt angesichts der weitgehenden Erschöpfung der freien oder noch freizusetzenden Ressourcen in Natur und Landwirtschaft bald gekommen sein wird. Wir müssen daher heute zu einer zweidimensionalen Betrachtungsweise übergehen, bei der Bruttoertrag und Aufwand des Wachstums gegenübergestellt werden.

Die Optimierung der Wohlfahrt

Aus diesen Überlegungen ergibt sich die Konsequenz, dass es sich beim wirtschaftlichen Wachstum sicher nicht um eine Maximierungsaufgabe, sondern um eine *Optimierungsaufgabe* handelt. Wo es aber um ein Optimierungsproblem geht, da ist immer der Nationalökonom oder Volkswirt auf den Plan gerufen, denn dann handelt es sich darum, ökonomisch zu denken, d.h. zu versuchen, mit einem vorgegebenen Aufwand einen möglichst großen Ertrag herauszuwirtschaften oder aber einen vorgegebenen Ertrag mit einem möglichst geringen Aufwand zu erzielen. Zu diesem Zweck muss allerdings die Wachstumstheorie aus dem naiven Saint-Simonismus, dem sie im Grunde immer noch verhaftet ist, herausgeführt werden.

Dies ist jedoch leichter gesagt als getan. Denn es bedeutet nichts anderes, als dass die in letzter Zeit modern gewordene Kosten-Nutzen-Analyse, die man bisher nur auf einzelne Projekte angewendet hat, auf das »Gesamtprojekt Wachstum« ausgedehnt werden muss, d. h., dass nach Kosten und Nutzen beziehungsweise Aufwand und Ertrag des Wachstums und nicht mehr nur nach dem Wachstum selbst gefragt wird. Das Wachstum ist aber bisher so definiert worden, dass es eine messbare Größe darstellt; alle realen Größen werden ja mit ihrem Geldwert aufaddiert und erst nachträglich durch den Preisindex dividiert. Gerade durch diese Messung werden aber – wie wir gesehen haben – die echten Kosten-Nutzen- beziehungsweise Aufwand-Ertrags-Überlegungen verfälscht.

Welchen Maßstab können wir dann aber anlegen? Man wird nicht darum herumkommen, die Probleme im Einzelnen zu analysieren und sie so zu formulieren, dass sie für die Politik durchschaubar und operationell handhabbar werden. Im Ganzen gesehen handelt es sich darum, den durch die Geldwirtschaft überforcierten Wachstumsprozess so zu steuern, dass die freien und freigesetzten Ressourcen, die heute in Wirklichkeit die knappsten Ressourcen sind, nicht unnütz verschleudert werden. Dies kann grundsätzlich auf zwei Weisen geschehen, entweder mit Hilfe einer die Marktwirtschaft ergänzenden Planung, das heißt mit Geboten und Verboten, oder aber durch Umstrukturierung der Marktwirtschaft, indem volkswirtschaftliche Kosten in privatwirtschaftliche Kosten umgesetzt werden beziehungsweise die sparsame Verwendung der noch vorhandenen Ressourcen privatwirtschaftlich belohnt wird. Hier mitzuhelfen dürfte die vornehmste Aufgabe des Nationalökonomen werden. Vielleicht erhält mit dieser Aufgabe die Nationalökonomie sogar erst ihre eigentliche strategische Bedeutung.

Anhang

Anmerkungen

Wachstumszwang und Wachstumsdrang ... (S. 11–25)

1 Durch diese Entwicklung hat die Wachstumsdebatte eine neue Belebung erfahren. Vgl. dazu Hinterberger, Friedrich et al. (Hg.) (2009), *Welches Wachstum ist nachhaltig? – Ein Argumentarium*, Wien.

zu I.1 (S. 29–39)

1 *Neue Zürcher Zeitung*, 11./12. März 1989.

zu I.2 (S. 40–48)

1 Schwab, Gustav, und Richard Carstensen (1959), *Sagen der Griechen und Römer*, Reutlingen.

zu I.3 (S. 49–63)

1 Kallimachos (1948), *Hymnes. Texte établi et traduit par Emile Cahen*, 3. Aufl., Paris, S. 305–315. Der Erysichthon-Text wurde für diesen Text aus dem Griechischen ins Deutsche übertragen von Urs Wyss.

2 Ovid (1977), *Metamorphosen*, ins Deutsche übertragen von E. Rösch, Darmstadt, S. 312–319.

3 Ovid (1757), *Métamorphoses*, ins Französische übertragen vom Abbé Barnier, Zweiter Band, Paris, S. 285.

4 Marx, Karl (1972), *Das Kapital*, Erster Band, Berlin, S. 163.

5 Ronsard, Pierre de (1990), »Gegen die Holzfäller im Wald von Gâtine«, ins Deutsche übertragen von H. Helbling, in: Kemp, Friedhelm, und Werner von Koppenfels (Hg.), *Französische Dichtung*, Erster Band, München, S. 183.

6 Ebenda, S. 525.

zu I.4 (S. 64–70)

1 Platon (1974), *Die Gesetze*, übersetzt von R. Rufener, Zürich.

2 Die Zahl 5040 ist gleich 7! = 1 x 2 x 3 x 4 x 5 x 6 x 7.

3 5040 : 12 = 420 = 20 x 21.

zu II.1 (S. 73–97)

[1] Diese Feststellung trifft auch auf die sogenannte endogene Wachstumstheorie zu, mit der die orthodoxe Produktionsfunktion verfeinert wurde. An die Stelle des »technischen Fortschritts« tritt vor allem das Wachstum des »Humankapitals«, d.h. des durch fortlaufende Aus- und Weiterbildung »angereicherten« Arbeitspotenzials, ergänzt durch Faktoren wie die Agglomerationsvorteile, von denen angenommen wird, dass sie von selbst im historischen Prozess zunehmen. Der Beitrag der Natur bleibt weiterhin aus der Produktionsfunktion ausgeschlossen. Für eine Übersicht über die endogene Wachstumstheorie vgl. Bretschger, Lucas (1996), *Wachstumstheorie*, München.

[2] Vgl. dazu Krauthammer, Jeffrey A. (1988), »Nonrenewable Resource Scarcity«, in: *Journal of Economic Literature* 36, S. 2065–2107.

[3] Quesnay, François (1921), *Allgemeine Grundsätze der Regierung eines ackerbautreibenden Reiches*, übersetzt von V. Born, Jena, S. 23.

[4] Turgot, Anne Robert Jacques (1924), *Betrachtungen über die Bildung und Verteilung des Reichtums*, übersetzt von V. Born, Jena, S. 43.

[5] Locke, John (1967), »Die zweite Abhandlung über die Regierung«, in: *Zwei Abhandlungen über die Regierung*, übersetzt von H. J. Hoffmann, Frankfurt/Main, S. 220.

[6] Ebenda, S. 225.

[7] Ebenda, S. 224.

[8] Ebenda, S. 232.

[9] Ebenda, S. 232.

[10] Vgl. Binswanger, Hans Christoph (2009), *Geld und Magie*, Hamburg.

[11] Smith, Adam (1910), *Der Reichtum der Nationen*, Erster Band, übersetzt von M. Stirner, Leipzig, S.160.

[12] Ricardo, David (1972), *Grundzüge der Politischen Ökonomie*, übersetzt von H. Waenting, Frankfurt/Main, S. 70.

zu II.2 (S. 98–119)

[1] Egli, Emil (ohne Jahresangabe), *Die Natur in Not*, Bern und Stuttgart, S. 7.

[2] Herder, Johann G. (1914), *Ideen zur Philosophie der Geschichte der Menschheit*, Berlin, S. 9.

[3] Es handelt sich allerdings nicht um einen vollständigen Ausgleich, so dass immer noch ein Rest des Kapitalisierungsprozesses erhalten bleibt: »Every year approximately 10^{47} (about 100 billion tons) of organic matter is produced on the earth by photosynthetic organism. An approximately equivalent amount is oxidized back to CO_2 and

H_2O during the same time interval as a result of the respiratory activity of living organisms. But the balance is not exact.« Odum, Eugene P. (1971), *Fundamentals of Ecology*, 3. Aufl., Philadephia, S. 24.

4 Vgl. zum Leben in Ökosystemen: Tschumi, Pierre A. (1972), »Umwelt als beschränkender Faktor für Bevölkerung und Wirtschaft«, in: von Walterskirchen, Martin P. V. (Hg.), *Umweltschutz und Wirtschaftswachstum*, Frauenfeld und Stuttgart, S. 20f.; Odum, Eugene P. (1971), *Fundamentals of Ecology*, S. 24ff.; Ehrlich, Anne H. (1970), *Population, Resources, Environment*, San Francisco, S. 161ff.; Rose, Sanford (1970), »The Economics of Environmental Quality«, in: *Fortune* (Februar-Ausgabe), S. 120f.; Catton, William R., Jr. (1980), *Overshoot – the Ecological Basis of Revolutionary Change*, Urbana und Chicago.

5 Vgl. zur mathematischen Natur der logistischen Funktion: Jöhr, Walter Adolf (1972), »Bedrohte Umwelt. Die Nationalökonomie vor neuen Aufgaben«, Anhang II, in: Walterskirchen, Martin P. (Hg.), *Umweltschutz und Wirtschaftswachstum*, a.a.O., S. 105ff.; Ginsburg, Theo (1971), »Energieproduktion und Umweltbelastung« und »Die Tragik der Allmende«, *Neue Zürcher Zeitung* vom 17. und 24. November.

6 Asimov, Isaac (1970), *Grünes Licht für das Leben*, Frankfurt/Main, S. 147ff.

7 Rostow, Walt W. (1960), *Stadien wirtschaftlichen Wachstums. Eine Alternative zur marxistischen Entwicklungstheorie*, Göttingen.

8 Ebenda, S. 22.

9 Vgl. zur Darstellung des Rückkoppelungsprozesses: Meadows, Donella L. et al. (1972), *The Limits to Growth*, New York, S. 96ff.

10 Jünger, Friedrich G. (1949), *Die Perfektion der Technik*, 2. Aufl., Frankfurt/Main, S. 19f.

11 Ginsburg, Theo (1972), »Energieproduktion und Umweltbelastung« und »Die Tragik der Allmende«, *Neue Zürcher Zeitung* vom 17. und 24. November.

12 Vgl. als Ergänzung zu diesem Ansatz: Rogall, Holger (2008), *Ökologische Ökonomie – eine Einführung*, Wiesbaden.

13 Krutilla, John V. (1967), »Conservation Reconsidered«, in: *American Economic Review* (September-Ausgabe), S. 778.

zu II.3 (S. 120–135)

1 Vgl. Frey, René L., Staehelin-Witt, Elke, und Hansjörg Blöchliger (Hg.) (1991), *Mit Ökonomie zur Ökologie. Analyse und Lösungen des Umweltproblems aus ökonomischer Sicht*, Basel und Frankfurt/Main, S. 41ff.; Varian, Hal R. (1989), *Grundzüge der Mikroökonomik*, München und Wien, S. 20ff.

2 Vgl. Endres, Alfred (1985), *Umwelt- und Ressourcenökonomik*, Darmstadt, S. 11ff.

3 Vgl. Musgrave, Richard A., Musgrave, Peggy B., und Lore Kullmer (1987), *Die öffentlichen Finanzen in Theorie und Praxis*, Band 1, 4. Aufl., Tübingen, S. 60ff.; Zimmermann, Horst, und Klaus-Dirk Henke (1987), *Finanzwissenschaft*, 5., Aufl. München, S. 39ff.

4 Coase, Ronald H. (1960), »The Problem of Social Cost«, in: *Journal of Law & Economics* 3, S. 1ff. Deutsche Übersetzung: »Das Problem der sozialen Kosten«, in: Assmann, Horst D., Kirchner, Christian, und Erich Schanz (Hg.) (1978), *Ökonomische Analyse des Rechts*, Kronberg/Taunus, S. 146ff.

5 Die Restverschmutzung ist außerdem in dem Sinne optimal, als sowohl bei einer größeren wie einer geringeren Reinigung bzw. Restverschmutzung die Summe der volkswirtschaftlichen Kosten, zu denen sowohl die Kosten der Säuberung wie der aus der Verschmutzung resultierende Minderertrag gehören, größer wäre.

6 Vgl. Minsch, Jürg (1988), *Ursache und Verursacherprinzip im Umweltbereich. Zur theoretischen Fundierung einer verursacherorientierten Umweltpolitik*, St. Gallen, S. 69ff.

7 Der Begriff der Transaktionskosten stammt von Ronald Coase. Er hat ihn bereits 1937 in die Ökonomie eingeführt. Insofern kann man davon ausgehen, dass es ihm selber beim von George Stigler so genannten Coase-Theorem vor allem darum ging, Verhandlungslösungen in die ökonomische Diskussion einzuführen und nicht die Äquivalenz von Erlaubnis- und Verbotsprinzip zu postulieren. Vgl. Coase, Ronald H. (1937), »The Nature of the Firm«, in: *Economia* 4, S. 386ff.

8 Vgl. Musgrave, Richard A., Musgrave, Peggy B., und Lore Kullmer (1987), a.a.O. S. 63f.

9 Vgl. Wicke, Lutz (1991), *Umweltökonomie*, 3. Aufl., München, S. 391ff.

10 Vgl. Minsch, Jürg (1992), »Grundlagen und Ansatzpunkte einer ökologischen Wirtschaftspolitik«, in: Glauber, Hans und Reinhard Pfriem (Hg.), *Ökologisch wirtschaften*, Frankfurt/Main.

[11] Vgl. Binswanger, Hans Christoph (1990), »Abschied von der ›Restrisiko-Philosophie‹: Herausforderungen der neuen Gefahrendimension«, in: Schüz, Mathias (Hg.), *Risiko und Wagnis. Die Herausforderung der industriellen Welt*, Band 1, Pfullingen, S. 257ff.

zu III.1 (S. 139–149)

[1] Siehe Fisher, Irving (2007), *100%-Money*, Kiel.

[2] Ebenda, S. 13f.

[3] Ebenda, S. 13ff.

[4] Siehe Huber, Joseph, und James Robertson (2008), *Geldschöpfung in öffentlicher Hand*, Kiel.

[5] Ebenda, S. 23.

[6] Ebenda, S. 23f.

[7] Ebenda, S. 29.

[8] Ebenda, S. 22.

[9] Siehe Geitmann, Roland (2007), »Grundeinkommen. Eine Idee mit einer langen Geschichte«, in: *Zeitschrift für Sozialökonomie* 154 (September-Ausgabe), S. 3–6.

[10] Siehe Werner, Götz W. (2006), *Das Grundeinkommen – Interviews und Reaktionen*, Stuttgart.

[11] Siehe Kennedy, Margrit, und Bernard A. Litaer (2004), *Regionalwährungen*, München.

[12] Siehe Gesell, Silvio (1920/1991), *Die natürliche Wirtschaftsordnung*, Gesammelte Werke Band 11, Lütjenburg.

[13] Siehe Steiner, Rudolf (1965), *Nationalökonomischer Kurs*, Dornach.

[14] Vgl. dazu auch Hagenauer, Helmut et al. (2000), *Vision einer sozialen und verantwortungsbewussten Lebensgestaltung*, ohne Ortsangabe.

zu III.2 (S. 150–160)

[1] Eucken, Walter (1952), *Grundsätze der Wirtschaftspolitik*, Bern und Tübingen, S. 28ff.

[2] Vgl. Binswanger, Hans Christoph (2006), *Die Wachstumsspirale*, Marburg, S. 319f.

zu III.3 (S. 161–167)

[1] Vgl. dazu auch Binswanger, Mathias (2009), *Globalisierung und Landwirtschaft*, Wien.

zu III.4 (S. 168–178)

1 Gemäß World Energy Council, *Report 1995*, betragen die sicheren Reserven plus die vor der Nutzungsschwelle stehenden Ressourcen von fossil biogenen Energieträgern 5090 Gigatonnen Öläquivalente (gtoe). Dazu kommen zusätzliche geschätzte Vorräte im Betrag von 5300 gtoe. Gehen wir davon aus, dass die Hälfte davon praktisch abbaubar sein wird, kommen wir auf einen Betrag von 7740 gtoe. Dem steht ein jährlicher Verbrauch von 7,0 gtoe gegenüber. Diese Schätzungen können sich verändern. Da es hier nur darum geht, die exponentielle Spar-Regel zu verdeutlichen, soll diese Schätzung genügen.

2 Diesen Berechnungen liegt die Formel für die Summe einer geometrischen Reihe zugrunde. Gemäß dieser Formel ist der Vorrat einer Ressource nach n Jahren erschöpft, wenn

$$R = a\,[1 + (1+i) + (1+i)^2 + \ldots + (1+i)^{n-1} = \sum_{t=0}^{n-1} a\,(1+i)^t$$
$$= a\left[\frac{(1+i)^n - 1}{i}\right]$$

mit

R = der vermutete Vorrat der fossilen Energieträger,

i = die Vermehrungsrate ($i>0$) oder Verminderungsrate ($i<0$) des Verbrauchs,

a = der gegenwärtige Jahresverbrauch.

Für $n \rightarrow \infty$, $i < 1$ gilt:

$$R = a \cdot \frac{1}{|i|}$$

Daraus ergibt sich, dass für $|i| = \frac{a}{R}$ der Vorrat nie bzw. erst nach »unendlicher« Zeit erschöpft wird.

In unserem Beispiel ist R = 1000 und a = 1.

Der Jahresverbrauch nach einer bestimmten Anzahl Jahre bei einer Reduktion von 1 Promille pro Jahr errechnet sich wie folgt:

t	Jahresverbrauch (JV)
0	1
1	$1/1-0{,}001) = 0{,}999$
2	$1(1-0{,}001)^2 = 0{,}999^2$
.	.
.	.
.	.
n	$1/(1-0{,}001)^n = 0{,}999^n$

Für n = 100 ist $JV_{100} = 1 \cdot 0{,}999^{100} \approx 0{,}90$. Die notwendige Reduktion des Jahresverbrauchs nach 100 Jahren ist somit 1 – 0,90 = 0,10 oder 10 Prozent. Für n = 500 ist $JV_{500} = 1 \cdot 0{,}999^{500} \approx 0{,}60$. Die notwendige Reduktion des Jahresverbrauchs nach 500 Jahren ist somit 1 – 0,60 = 0,40 oder 40 Prozent.

zu III.5 (S. 179–195)

1 Zitiert nach Negro, Franco (1963), *Das Eigentum*, München, Berlin, S. 83.

2 Zitiert nach: ebenda, S. 83.

3 Vgl. zu den folgenden Ausführungen: Binswanger, Hans Christoph (1978), *Eigentum und Eigentumspolitik*, Zürich, S. 102ff.

4 Aubert, Jean-François (1967), *Traité de Droit Constitutionnel Suisse*, Neuchâtel, S. 695.

5 Ernst Basler, Ernst (1972), *Strategien des Fortschritts*, Frauenfeld/Stuttgart, S. 78.

6 Siehe dazu Hardin, Garrett, und John Baden (Hg.) (1977), *Managing the Commons*, San Francisco.

7 Betreffend die Formen des Gemeinbesitzes vgl. Binswanger, Hans Christoph (1974), »Können wir das Wirtschaftswachstum steuern?«, in: *Schweizerisches Jahrbuch der Neuen Helvetischen Gesellschaft*, S. 49.

zu III.6 (S. 196–201)

1 Dieses Kapitel ist eine gekürzte Zusammenfassung des Memorandums *Gemeinschaftsdienst für alle*, das im Jahr 2000 von der Umweltliberalen Bewegung des Kantons St. Gallen (heute Umweltfreisinnige des Kantons St. Gallen) verfasst worden ist. Die Grundlagen dazu wurden von Frau Yolanda Kappeler, damals Präsidentin der Umweltliberalen Bewegung, und dem Autor dieses Buches gemeinsam erarbeitet. Der Vorschlag hat die schweizerische Situation im Visier, dürfte aber auf alle europäischen Länder übertragbar sein.

zu III.8 (S. 207–219)

1 Vgl. Pearce, David W., und R. Kerry Turner (1990), *Economics of Natural Resources and the Environment*, New York, S. 211ff., und Hampicke, Ulrich (1992), *Ökologische Ökonomie*, Opladen, S. 137ff.

2 Leipold, Helmut (1988), »Ordnungspolitische Konsequenzen der ökonomischen Theorie der Verfassung«, in: Cassel, Dieter, Ramb, Bernd-Thomas, und H. Jörg Thieme (Hg.), *Ordnungspolitik*, München, S. 257–283.

[3] Jonas, Hans (1984), *Das Prinzip Verantwortung*, Frankfurt/Main, S. 55 (Hervorhebung im Original).

[4] Hösle, Vittorio (1991), *Philosophie der ökologischen Krise*, München, S. 127.

[5] Jonas, Hans (1984), a.a.O., Frankfurt/Main, S. 55f.

[6] Für die Europäische Union wurde ein solcher Rat bereits von einigen Vertretern der Rechts- und Wirtschaftswissenschaften vorgeschlagen. Vgl. Binswanger, Hans Christoph (1994), »Europäische Umweltunion«, in: *GAIA* 3(1) (Januar-Ausgabe), S. 2–3.

Wirtschaftliches Wachstum … Antrittsvorlesung (S. 215–228)

[1] Saint-Simon, Claude-Henri de (1977), »Über die Reorganisation der europäischen Gesellschaft«, in: *Ausgewählte Schriften*, Berlin Ost, S. 133–194.

[2] Bombach, Gottfried (1960), »Wirtschaftswachstum und Stabilität«, in: Bombach, Gottfried et al.: *Wachstum und Konjunktur*, Darmstadt und Opladen, S. 7–109.

Bibliografische Verweise

Originaltitel und Ersterscheinungsorte der den einzelnen Kapiteln zugrunde liegenden, meist stark überarbeiteten Texte

Einleitungskapitel: Erstveröffentlichung in diesem Band.

Kapitel I.1: Erstveröffentlichung unter dem Titel: »Wo Geldwirtschaft entsteht, verändert sich der Mensch – ein Beispiel aus Sibirien«. In: Binswanger, Hans Christoph, *Geld & Natur. Das wirtschaftliche Wachstum im Spannungsfeld zwischen Ökonomie und Ökologie.* Stuttgart und Wien 1991, S. 13–24.

Kapitel I.2: Erstveröffentlichung unter dem Titel: »Midas«. In: Weis, Mathias, und Heiko Spitzeck, *Der Geldkomplex. Kritische Reflexion unseres Geldsystems und mögliche Zukunftsszenarien.* Bern, Stuttgart, Wien 2008, S. 13–29.

Kapitel I.3: Erstveröffentlichung unter dem Titel: »Der Frevel Erysichthons als Ursprung der ökologischen Krise«. In: Binswanger, Hans Christoph, *Die Glaubensgemeinschaft der Ökonomen.* München 1998, S. 11–27.

Kapitel I.4: Erstveröffentlichung unter dem Titel: »Die ökologische Utopie – Zu Platos ›Gesetzen‹«. In: Braun, Hans-Jörg (Hg.), *Utopien – Die Möglichkeit des Unmöglichen.* Zürich 1987, S. 33–39.

Kapitel II.1: Erstveröffentlichung unter dem Titel: »Natur und Wirtschaft – Die Blindheit der ökonomischen Theorie gegenüber der Natur und ihrer Bedeutung im Wirtschaftsprozess«. In:

Meyer-Abich, Klaus M. (Hg.), *Frieden mit der Natur.* Freiburg, Basel, Wien 1979, S. 149–173.

Kapitel II.2: Erstveröffentlichung unter dem Titel: »Das ökonomisch-ökologische System«. In: Binswanger, Hans Christoph, *Geld & Natur. Das wirtschaftliche Wachstum im Spannungsfeld zwischen Ökonomie und Ökologie.* Stuttgart und Wien 1991, S. 42–64.

Kapitel II.3: Erstveröffentlichung unter dem Titel: »Theoretische Grundlagen der Umwelt- und Ressourcenökonomie – Traditionelle und alternative Ansätze« (gemeinsam mit Jürg Minsch). In: Hauff, Michael von, und Uwe Schmid (Hg.), *Ökonomie und Ökologie. Ansätze zu einer ökologisch verpflichteten Marktwirtschaft.* Stuttgart 1992, S. 41–66.

Kapitel III.1: Erstveröffentlichung in diesem Band.

Kapitel III.2: Erstveröffentlichung in diesem Band.

Kapitel III.3: Erstveröffentlichung unter dem Titel: »Wachstum allein ist nicht alles. Grundlegende Überlegungen zur Agrarpolitik«. In: *Agrarische Rundschau* 3/2007, S. 21–23.

Kapitel III.4: Erstveröffentlichung unter dem Titel: »Nachhaltiger Ressourcenhaushalt«. In: *Naturkonservativ heute. Jahrbuch der Herbert-Gruhl-Gesellschaft,* Band 3. Essen 2003, S. 101–106.

Kapitel III.5: Erstveröffentlichung in »Dominium und Patrimonium – Eigentumsrechte und -pflichten unter dem Aspekt der Nachhaltigkeit«. In: Held, Martin, und Hans G. Nutzinger (Hg.), *Eigentumsrechte verpflichten. Individuum, Gesellschaft und die Institution Eigentum.* Frankfurt/Main und New York 1998, S. 126–142.

Kapitel III.6: Erstveröffentlichung in diesem Band (gemeinsam mit Yolanda Kappeler).

Kapitel III.7: Erstveröffentlichung unter dem Titel: »Umweltschutz und Subsidiaritätsprinzip. Weiterentwicklung der Entscheidungsprozesse in der Europäischen Union« (gemeinsam mit Claus Wepler). In: Riklin, Alois, und Gerard Batliner (Hg.), *Subsidiarität. Ein interdisziplinäres Symposium.* Baden-Baden 1994, S. 411–431.

Kapitel III.8: Erstveröffentlichung unter dem Titel: »Ein ökologischer Rat als Vertreter der Interessen künftiger Generationen« (gemeinsam mit Claus Wepler). In: Brandenberg, Andreas (Hg.), *Standpunkte zwischen Theorie und Praxis. Festschrift für Hans Schmid.* Bern 1995, S. 599–617.

Schlusskapitel: Erstveröffentlichung unter dem Titel: »Wirtschaftliches Wachstum – Fortschritt oder Raubbau?« Antrittsvorlesung 1969, Hochschule St. Gallen (heute Universität St. Gallen HSG). *Neue Zürcher Zeitung*, Nr. 351 vom 31. Juli 1970.

Personenverzeichnis

Über den Autor

Hans Christoph Binswanger, Professor em. für Volkswirtschaftslehre, studierte VWL in Zürich und Kiel und wurde 1969 als ordentlicher Professor für Volkswirtschaftslehre an die Universität St. Gallen berufen. Von 1967 bis 1992 war er Direktor der Forschungsgemeinschaft für Nationalökonomie. Von 1992 bis 1995 wirkte er als Direktor des neu gegründeten Instituts für Wirtschaft und Ökologie. Er spezialisierte sich in Umwelt- und Ressourcenökonomie, Geldtheorie und ökonomische Theoriegeschichte.

Hans Christoph Binswanger veröffentlichte zahlreiche Bücher, darunter auch *Geld und Magie. Eine ökonomische Deutung von Goethes Faust* (Murmann 2005) und *Die Wachstumsspirale* (Metropolis 2006). Der Autor wurde u. a. mit dem Bundesnaturschutzpreis und dem Binding-Preis für Natur- und Umweltschutz sowie dem Adam Smith-Preis für marktwirtschaftliche Umweltpolitik ausgezeichnet.

Wolfgang Kersting

Verteidigung des Liberalismus

Mit einem Nachwort von
Ludger Heidbrink

240 Seiten, ISBN 978-3-86774-073-9

Wie bringen wir wirtschaftliche Freiheit und sozialen Ausgleich zusammen? Wie lauten die neuen Leitsätze gesellschaftlichen und marktwirtschaftlichen Handelns? Wer den ideengeschichtlichen und argumentativen Unterbau für die Beantwortung dieser Fragen sucht, wird in diesem grundlegenden Essay fündig.

MURMANN

Norbert Bolz

Profit für alle

Soziale Gerechtigkeit neu denken

192 Seiten, ISBN 978-3-86774-075-3

Norbert Bolz plädiert für einen neuen Geist im Kapitalismus. Statt auf den Staat setzt er auf die »Generation WIR«, die füreinander eintritt und voneinander profitiert. Das große Thema des 21. Jahrhunderts ist die Produktion sozialen Reichtums. Im Internet wird dieser Reichtum bereits sichtbar. Es geht für die Menschen immer mehr darum, sich zu verknüpfen und im Spiel zu bleiben. Norbert Bolz plädiert für die Hinwendung zur Kraft jedes Einzelnen, zu den Stärken jedes Menschen. Am Ende steht der »Profit für alle«:

»Norbert Bolz entlarvt die Rhetorik der sozialen Gerechtigkeit.« *FOCUS*

MURMANN